Journeys Out of the Body

The Classic Work on Out-of-Body Experience

靈魂出體之旅

對「生命」根本真理的探索記錄

羅伯特・A・門羅——著
Robert A. Monroe

心夜明、空青——譯

目錄

譯者序

當生命看似偶然地向你揭示一個全新的未知領域，當你心中無盡的好奇與巨大的恐懼同時現身，你會因懼怕無意識中的浪湧而退回已知世界，躲在熟悉的日常背後，日復一日安全無虞卻悵然若失地生活著；還是克服恐懼，運用理性和分析能力，用數十年時間堅持不懈地孤獨探索著，並將結果公之於眾？

後者就是本書作者門羅的選擇。

羅伯特·艾倫·門羅（Robert Allan Monroe, 1915-1995），曾是位成功的商人和媒體人。一九五八年，四十三歲的門羅在研究「於睡眠中進行學習的可行性」這一議題兩年後，開始體驗到本書所說的「出體」現象。從此，他的人生和職業都轉向了新的方向。

在接下來的二十多年裡，門羅繼續探索和研究出體現象，並教導他人如何出體遨遊更廣闊的世界。

一九七二年，他創立了門羅研究所（Monroe Institute）①，研究聲音對人類行爲以及出體現象的影響，並教導更多人學習「出體」這一技能。同年，他出版了第一本著作《靈魂出體之旅》（*Journeys Out of the Body*），即本書。書中他以特有的客觀性和對細節的高超觀察力，詳細記錄了早期出體的過程，如實報告了參與驗證「出體眞實性」實驗的全過程。作爲研究出體經歷的先驅，這本書在當時（乃至現在）都是這一領域的經典之作。

門羅出身於學術家庭，又受過高等教育並從事過多種職業，擁有相當水準的心理學、通信技術、哲學和醫學知識。較之宗教文獻與其他神祕學修習者的表達，他的文字更具理性和實用性，沒有太多深奧的詞彙，所以對於我們這些從小習慣了「科學思維」的現代人來說就更易於理解。

由於其技術背景和客觀報告的目的，原文中有些部分讀來頗有「學術報告」的風格。爲便於廣大讀者理解，我們在翻譯中對技術性術語都做了註釋，稍稍淡化了整本書的學術性。但文中使用大量表格和統計分析方法，以及展現了多方專家參與的各種實驗記錄，仍能使我們充分直觀地體會到作者對待自身「出體實驗」的科學嚴謹態度。

拋開技術背景，門羅也有長期的撰稿工作經歷，因此語言寫作功底相當深厚。這常常使

全書皆為譯者註：

①門羅研究所（門羅學院），網址為 www.monroeinstitute.org。

身爲譯者的我們，不由地隨著他的筆觸在技術性與文學性之間反覆跳躍，大費思量。所以在第三次審核完成之後、終稿之前，我們又召開了近百次的語音會議，反覆推敲審核，交稿時間只得一延再延（在此感謝橡樹林出版社編輯及工作人員的耐心與理解）。若要將這個過程細說，也會成爲一部絕不亞於本書厚度的文本（笑）。好在一切努力都是值得的，無論是門羅的著作還是「出體」這一領域，都值得被認眞對待。

本書的英文原作出版於二十世紀七十年代，書中的作者個人簡介並不完整，因此我們在譯爲中文時，參考了門羅研究所官網的資料，對作者的生平簡介以及其第二、三本著作的相關資訊進行了補充，如下。

一九八五年，門羅的第二本著作《出體遠征》（*Far Journeys*）出版，書中講述了他對出體領域的進一步研究和發展，及其出體團隊的探索成果。一九九四年，他的第三本也即最後一本著作《終極之旅》（*Ultimate Journey*）問世。這是他對其人生、對三十多年出體經歷的最終總結，也是他對「生命」根本眞理的探索記錄，更是他在尋找人類進化方向時所給出的個人答案。

門羅先生已於一九九五年去世，享壽七十九歲。我們曾參與翻譯美國能量療癒大師芭芭拉・安・布藍能（Barbara Ann Brennan）的第三本著作《光之手3：核心光療癒》。書中描述了布藍能與門羅的宿世緣分，以及她在門羅去世時的超感知力所見。她看到門羅來到靈性世界的門羅研究所，與數年前去世的妻子重逢，許多「那一邊」的朋友也都在歡迎他的「歸來」。

從一九五八年到一九九五年的三十七年間，當大部分人在夜晚和白天的夢境中重複著有意義或無意義的「生命日常」時，一個靈魂無數次輕盈地離開肉體，自由翱翔在無邊無際的宇宙中。跟隨著不朽的好奇心，他的探索將永不止息，只是在一九九五年三月十七日以後，他將無需再回到那具名叫「羅伯特·艾倫·門羅」的人類軀體之中。

進行這種探索的或許不只他一人，如作者在本書中所言，其實每個人都在夢境中遨遊於「第二狀態」的廣大世界。我們每個人都是靈魂的求索者，只是大部分人尚未意識到而已。

也許你對「靈魂的存在」還持懷疑態度，但未知的世界就在這裡，在你的「無意識」這片浩瀚海洋之中。你可以否認，可以忘卻，但它總會用各種方式提醒著你它的存在。

這就是你打開本書的原因。

心夜明、空青

二〇二二年一月

作者序

自本書出版前定稿的那段日子以來，這個世界和我的個人生活都變化甚多。

我公開加入了一個「離經叛道」的團體，裡面的人常常被稱為「通靈人」「異能者」「怪人」，更客氣一點的說法，是認為他們研究的是「超心理學」。這番體驗倒也頗有趣味。本書的出版算是「揭了我的老底」，暴露了我作為一名相當正統的商業高管身分之下的「真面目」。

然而，由此導致的許多結果完全出乎我的意料，我原本的一些顧慮只是杞人憂天。例如，我曾經（也仍然）紮根並活躍在商業的物質世界中，這一點在我編審本書材料的過程中恰恰提供了極大幫助。

另一方面：我本該更加信任自己熟知的「商業頭腦」。我一直堅信，商業和工業人士會尊重「價值」，而不問出處。只要有用，就為我所用。不過，我還是很關注公司（我時任經理）的董事會成員們看到這本書以後會作何反應（誰會希望這樣一個「不穩定」的人管理他們數百萬美元的業務呢）。本書出版後的第一次董事會是在美國佛羅里達州勞德代堡（Fort

Lauderdale）舉行的，當時沒有人提到我的書，我也沒提。然而，後來我們乘上董事長的遊艇，準備順著運河前往鄉村俱樂部用餐，航行途中，董事長的妻子從甲板下方走上來，拿著一本《靈魂出體之旅》。

「鮑勃①，你能給我簽個名嗎？」她問道。我簽了名，感到驚訝又難爲情。其實我完全沒必要這樣。

「你的書很有意思，」董事長一邊駕駛遊艇駛向碼頭，一邊回頭大聲說，「我妻子是眞正的靈媒。不先經過她解讀，我是不會下大單生意的。而且，確實蠻靈的。」

毋庸置疑，沒有人叫我辭職。事實上，我發現公開披露自己生活中這「私人」的一面對我的商業人脈幾乎沒什麼負面影響，反而爲我開拓了許多寬闊的新道路，眞是完全出乎我的意料。誰能料到，我會在史密森尼學會②這樣莊嚴保守的機構裡談論靈魂出體的經歷！但事實是，這確實發生了。

①鮑勃（Bob）是「羅伯特」（Robert）的簡稱。

②史密森尼學會（Smithsonian Institution），是美國一系列博物館和研究機構的集合組織，大致相當於其他國家的國家博物館系統。

我的另一個失算，或者看似是失算之處是：有人說這本書在當時太過超前，人們對於書中這類內容的嚴肅關注，是最近才顯著提升的。可能確實如此，然而在短短四年內③就促成了這種變化的，到底是什麼？我覺得將其類比爲「先有雞還是先有蛋」的問題比較恰當，這本書曾經、也仍是一個正進行連鎖反應的催化過程的一部分。這個催化過程簡單說就是：擁有離奇經歷很正常，對於那些因限於當前物理科學水準而無法複製或測量的事件與活動，一定要平常心看待。生命在肉體死亡後仍然存在，就是這種事件之一。

在出版時，我還做了一個決定：我的意識心智或自我還經驗不足及/或訓練不夠，不能完全控制這種「超自然」探索的範圍。這首先是測試的無聊所致，這種在物質世界裡的出體，採用了枯燥的「三點一線」方式。誰會想要反反覆覆耗費一個小時穿得「全副武裝」（接上儀器，設法進入很微妙的離體狀態），出體後卻只是從臥室來到廚房（或從維吉尼亞到加利福尼亞或到堪薩斯州）。其次，許多解釋都遠超我意識心智的理解和控制範圍——也就是說，這個物質的、有意識的「我」，對於出體後「去哪裡」和「做什麼」這類問題都非常茫然。因此，我做了一個重要決定。大多情況下，我會進入有意識的出體狀態，然後把掌握方向的「船舵」交給全我（靈魂？）。而當前的意識自我，則作爲整體的一部分「隨波逐流」。結果我感受到了：狂喜、啓發、迷惑、敬畏、謙卑、安心——這時的出體體驗和探索遠遠超出我的想像，其中的大部分體驗很顯然屬於一個對我展開的教育計畫，其中傳授的功課我目前仍在一點點吸收。我覺得這個問題很簡單。最終，要把材料落到實用性的「有價值」的水平，需要一次意識上量子躍遷式的巨變。

這是什麼意思？那種意識巨變會在肉體活著的時候就發生嗎？還是會在另一個實相中，在死後發生？指導者，即幫助者們是誰？在研究所，我們眞的可謂是一點一滴地朝答案靠近。是的，我們於一九七二年成立了一處研究所。

我們的工作激發了物理學家、心理學家、生物化學家、工程師、教育家、精神病學家、公司總裁以及統計學家們的興趣，他們相繼與我們合作，其中許多人在我們的顧問委員會任職。迄今爲止，我們已收到一萬一千多封信件，許多人在信中表示，讀過本書以後他們如釋重負。終於可以不必先做精神病鑒定，就能正常談論這個祕密了。因此，這本書完成了它的使命。

至今，已有超過七百人次參加了我們的研究和實驗培訓。我們的第一支探索小隊有六名成員。還有五十多人正在等待我們的新增設備到位，以進行最後的訓練，而且等待的人數也

③從作者第一次出版本書到第二次再版間隔了四年。

與日俱增。我們希望能在短期內擴大研究所空間、增加設備和擴招工作人員，以便容納等待中和新增的學員。今年（一九七七年），參加門羅研究所的培訓項目將有資格獲得專業學院和大學的學分。

與此同時，我們的六人探索小隊帶回數據的速度之快，超過了我們處理數據的速度，遠比我一個人積累數據來得更加迅速和豐富。我們處理的數據數量相當驚人，除在聯合行動中以外，六個隊員互相間都不知道他人的出體經歷，但他們帶回的數據卻具有一致性④，這給一些研究者留下深刻印象。詳細情況將記錄在我另一本尚在籌備的書中⑤。

四年時間，發生了太多事。這更讓人意識到世界正在發生的加速變化——尤其是人類需求的變化。

爲了此次再版，我又一次仔細審閱了本書。根據出版後這幾年的經驗，我可以很高興地說，書本內容沒有什麼需要改變的。核心要素還是一樣。從我當時的實驗水準來看還是準確的。有一點我們確切了解：你使用左腦來閱讀這些句子，就已經對訊息進行了第一層過濾。

羅伯特·A·門羅

美國維吉尼亞州，阿夫頓，一九七七年

對門羅研究所的活動感興趣或有過自發出體經歷的讀者，請聯繫⑥：

門羅應用科學研究所（Monroe Institute of Applied Sciences）

郵政信箱：57號（P.O. Box 57）

美國維吉尼亞州，阿夫頓，郵遞區號：22920（Afton, Virginia 22920）

---

④一致性（consistency），表示在出體實驗中的經歷或結果遵循相似模式且可重複出現

⑤作者寫此序言時，他的第二本書尚未出版。

⑥此處是作者一九七七年此書再版時提供的地址，最新聯繫方式請到其網站 www.monroeinstitute.org 獲取。

引言

在我們這個「行爲導向」的社會中，一個人躺下睡覺實際上就算是「淡出畫面」了。我們會一動不動地躺上六到八個小時，所以就沒有了「行爲表現」，停止「積極思考」，也不再做「正事」。我們知道，人人都會做夢，但是教育孩子時，我們卻說夢和其他睡眠中的經歷不重要，不像白天的事情那麼「眞」實要緊。因此，大多數人都習慣忘記自己做過的夢，而且就算有時候確實記得夢的內容，也通常會認爲夢不過是荒誕不經之物。

的確，心理學家和精神病學家會探查患者的夢，尋找其人格障礙的有用線索；但即使在這種應用場景中，夢和其他夜間體驗通常被認爲是不「眞實」的，也得不到重視，只是被作爲人體計算機的某種內部數據處理的產物。

在對夢的這種普遍貶低之中，雖然也有一些特例，但我們當今社會的絕大多數人仍然認爲，夢不是「體面」的人應該關注的東西。

那麼，對於這種普遍信念中的一個「特例」，即有人聲稱在睡眠或其他無意識中有過各種體驗，且覺得這些體驗不僅使他印象深刻，還是眞實發生過的，我們該如何看待他呢？

假設此人聲稱，在前一天晚上，他在一個大城市上空翱翔，隨後很快認出這個城市就是紐約。此外，他告訴我們，這個「夢」不僅栩栩如生，而且他當時還知道這不是夢，他眞的是在紐約上空。儘管我們提醒他睡著的人不可能眞的自己飛到紐約上空，但這種「我眞的在那裡」的信念卻會伴隨他的餘生。

對於說這種話的人，我們大概會忽視他，或者我們會禮貌（或者不那麼禮貌）地告知，他有點神經衰弱或者瘋了，並建議他去看心理醫生。如果他堅持自己的經歷是眞實的，特別是如果他還有過其他奇怪經歷的話，我們可能會好心好意地，考慮把他送進精神病院。

另一方面，這位「旅行者」如果比較明智，會很快明白要對自己的經歷守口如瓶。但通過與許多這類人進行交談，我發現唯一一個的問題是，他可能會擔心自己是否精神失常。

爲了討論之便，我們讓「旅行者」更難應付一些。假設他接著講述，在紐約上空飛了一段時間以後，他飛進了你的公寓。在公寓裡，他看到你和另外兩個他不認識的人在談話。他詳細描述了那兩個人，還提到了他在場的那一分鐘左右你們話題中涉及的幾件事。

讓我們假設他這番話是正確的，當時你確實正和兩個人交談，而這兩人恰好符合我們「旅行者」的描述。那麼現在，我們怎麼看？

通常我們對這種假設情況的反應是：這眞的非常有趣。但由於我們知道這是不可能的，因而不必認眞考慮其意義。或者，我們會訴諸「巧合」一詞來安慰自己。要撫慰不安的頭腦，「巧合」這個詞多妙啊。

然而對於我們那追求安寧的頭腦來說，不幸的是，這種例子有成千上萬個，報告者都是正常人，所體驗的經歷也都與上述情況類似。我們所面對的，並不是純粹的假設。

這種現象被稱爲「遠行遙視」「星體投射①」，或者更科學的術語是「出體體驗」。能被我們正式定義爲「出體體驗」的事件，擁有以下特徵：在這個事件中，體驗者（一）似乎能感知到某種環境的某一部分，而這從當時他的肉體所處的位置是不可能感知到的；（二）知道當時自己不是在做夢或幻想。體驗者當時擁有正常意識，雖然他可能從理智上推斷這種事不可能發生，他還是會感覺到所有正常的批判能力悉數都在，因此知道自己不是在做夢。此外，他不會在醒來以後判定這是一場夢。那麼，我們要怎樣理解這種奇怪現象呢？

如果想在科學領域尋找「出體」的來源，我們會一無所獲。一般來講，科學家們根本不關注這類現象。這與科學文獻中關於「超感官知覺（ESP）②」的研究情況非常相似。就目前的物質性世界觀而言，諸如心靈感應③、遙視、預知和念力④等現象是「不可能」的。既然不可能存在，大多數科學家就懶得費心去看那些表明它們確實發生過的證據；因此，不看證據，他們就更加堅信這種現象不可能發生。這種支撐自己舒適信念系統的「循環論證」

絕非科學家獨有，但這的確導致了一個結果，即對ESP以及出體的科學研究少之又少。

儘管缺乏科學方面的「硬」數據，但閱讀現有材料，人們仍然能得出一些明確結論。

首先，「出體」是普遍性的人類體驗，這不是說有過出體經歷的人數很多，而是在各個時期的歷史記錄中均有跡可循，並且文化背景迥異的出體者，其體驗卻有明顯的相似之處。你可以找到美國堪薩斯州家庭主婦們關於出體的報告，其內容與古埃及或東方地區關於出體的描述非常相似。

第二，出體經歷通常難得一遇，千載難逢，像是「意外」發生的。疾病有時會引發出體現象，尤其是幾乎致命的疾病。巨大的情緒壓力有時也會引發。大多情況下，人們在睡眠中就出體了，自己也不知道是怎麼發生的。在極罕見的情況下，似乎可以有意識地進行出體。

---

①星體投射（Astral projection），又稱為「星光體投射」或「靈魂出體」，認為有一個星光體（astral body）可以脫離肉體，進行靈魂出體的旅行。

②超感官知覺（extrasensory perception, ESP），亦稱「超感知覺」，俗稱「第六感」。這種能力被認為不使用經驗和理性推斷，而是透過正常的五種感官之外的管道接收訊息。

③心靈感應（telepathy），指不借助任何感官或物理途徑，將信息傳遞給另一個人的現象或能力。

④念力（psychokinesis），亦稱為「念動力」，即通過意念力作用於物質世界的規律，比如折彎鐵勺或隔空移物。

第三，出體通常是人們一生中印象最深刻的經歷之一，會從根本上改變一個人的信念。其影響通常會被表達爲「我不再相信所謂死後生命或靈魂不朽了，我是眞的知道自己死後仍會存在」。這個人覺得，他已經直接體驗到在脫離肉體的情況下也能存活，並保持著意識，從而知道他擁有某種靈魂，將在肉體死亡後繼續存活。這在邏輯上不通，因爲即使出體不只是一場有趣的夢或一種幻覺，它仍然發生在肉體活著的時候，因此這種體驗可能是依賴於肉體的。然而，那些眞正經歷過出體體驗的人毫不在意這一反駁。因此，不管人們對出體的「眞實性」有什麼立場，它顯然是一種值得投入大量心理學研究的體驗。我確信，「靈魂存在」這一想法就是來自於人類早期的出體經歷。考慮到「靈魂」這一觀念在我們大多數宗教的重要性，以及宗教在人們生活中的重要性，科學界竟能如此輕易地對這個問題掩耳盜鈴，眞是令人難以置信。

第四，對於經歷過出體的人來說，其體驗通常是快樂非凡的。經我粗略估計，在經歷過出體的人中，有百分之九十到九十五的人對這一體驗感到非常高興，並認爲很好玩，而有百分之五的人則對此非常恐懼，因爲發生出體時，他們對此唯一的理解是自己正瀕臨死亡。然而，當人們事後解釋自己的出體體驗時，其反應可能都相當負面。幾乎每次在我就這個話題發表演講時，過後都會有人前來感謝我。他們之前有過同樣的經歷卻無法找到解釋，故而擔心自己是「瘋掉了」。

第五，在一些出體例子中，出體者對遙遠地方事件的描述準確無誤，並且其準確程度絕非「巧合」。無論如何，這樣的情況不多，但有一些。爲了解釋這種情況，我們必須假設，要麼出體的「幻覺」體驗與超感官知覺相結合了，要麼在某種意義上，這個人眞的「在那裡」。如此，出體就變得非常眞實了。

我們關於出體的大部分知識都來自「難得一遇」式的經歷，這一事實帶來了兩個嚴重的劣勢。首先，大多數人不能隨意產生出體體驗，所以我們無法在精確的實驗室條件下進行研究。第二，當一個人突然被拋入非常新奇的環境中一小段時間，他可能無法很好地進行客觀觀察。他會太興奮，忙於應付陌生的新環境。因此，那些只是「難得一遇」的出體報告都非常粗糙。在研究出體時，那種訓練有素的出體「旅行者」將會是極好的受試者。這些人要能自己隨意出體，並且具備優秀報告人的特徵，即擅長客觀觀察和描述。

你將要閱讀的這本書十分難得。我相信，這是描述幾百次出體經歷的第一手資料，而我相信作者是一個優秀的報告人。這類著作在出版界可謂百年難遇。

羅伯特·門羅是一位成功的商人，十幾年前，他意外擁有了出體經歷。他出身於學術家庭，接受的教育超出一般水準，由於意識到這些經歷不同尋常，他從一開始就對出體經歷進行系統性地記錄。他的經歷本身我不再贅述，本書中的敘述已經足夠引人入勝和清晰明瞭，在此我無需多言。此處我倒是要提一提他具備的優秀報告人特質，正是這一點使我對他的報告內容信心滿滿。

當大多數人經歷過一次深刻體驗，尤其當這個人是一名宗教信徒的話，仔細詢問他們後，你通常會發現，他們對該經歷的最初描述，不是在描述所發生事件的實情，而是描述他們對事件的主觀詮釋。舉個例子，我們假設一個人遇到的真實情況是，他發現在半夜時分，自己飄浮在肉體上方的空中；在吃驚不已的同時，他察覺到房間那頭有一個模糊的身影，然後一圈藍色的光從左到右飄過這個人影。接著，這個人失去意識，醒來後發現自己回到肉體中。優秀的報告人基本上會描述上述場景，但許多人會信誓旦旦地說出這樣的話，「昨天夜裡，上帝的恩典將我不朽的靈魂從肉體的墳墓中喚醒，隨後一位天使現身了。作爲上帝恩寵的象徵，天使向我展示了代表『一體性』的符號。」

當我質詢他們具體情況時，常常能發現諸如此類的極大扭曲，但是大多數出版書籍中刊登的出體經歷都沒有經過這類質詢。他們描述的「上帝意志導致了出體」，將「模糊的人影」當成「天使」，「藍色圓圈是『一體性』的象徵」，這些都是人們對經歷的主觀詮釋，而不是經歷本身。大多數人意識不到自己的大腦對事物進行自動詮釋的程度之高，他們還以爲自己感知的就是事物的本來面目。

在爲數不多的出版過相關書籍的出體者當中，羅伯特．門羅獨一無二之處在於，他認識到自己的大腦會在多大程度上試圖解釋自身經歷，將其強行套上自己熟悉的模式。因此，他的報告價值非凡，因爲他非常努力地試圖「如實描述」。

在一九六五年九月至一九六六年八月期間，我們有機會進行了最初的一系列實驗室研究，這期間我獲准使用了美國維吉尼亞大學醫學院腦電圖（腦電波）實驗室的設施。

我們一共進行了八次實驗，要求門羅在身上連接著各種生理指標儀器的情況下出體。實驗要求他在出體期間設法移動到隔壁房間，既要觀察監控記錄設備的技術人員的活動，還要讀取位於離地面六英尺高的一個架子上的五位隨機數字。我們對他在出體時的腦電波、眼球運動和心率（心電圖）進行了監測。

不幸的是，實驗室並不是個能供人長時間一動不動躺著的舒適環境。我們在記錄室安放了一張軍用簡易床，因爲那裡沒有床。記錄腦電波的連接器中有一種耳電極，是夾子型的，會對耳朵造成刺激，對肉體放鬆有一定的阻礙。

最初的七個晚上，他都沒能成功出體。在第八天晚上，他有了兩次極短的出體，在本書第四章，他較爲詳細地描述了這次實驗。在第一次短暫出體中，他見到了一些不認識的人在一處未知地點交談，因此無法查證這是「幻想」還是他真實感知到了遠處發生的事件。在第二次短暫出體中，門羅先生說，出體後他無法很好地控制自己的移動，所以沒有看到隔壁房間的隨機數字。但他確實正確描述出了實驗室的技術員不在房間這一事實，一名男子（後來被確認爲是她的丈夫）和她一起在走廊裡。作爲一名超心理學家⑤，我不能說這「證明」了門羅真的感知到了遠處發生的事件：在事後很難對這類事件證僞。儘管如此，對於將這不尋常現象帶入實驗室的首次嘗試來說，我覺得有這樣的結果可算是相當鼓舞人心了。

一九六八年夏天，門羅先生來加州拜訪我，這是我第二次有機會與他進行實驗合作。我們進行了一次單獨實驗，環境比上次舒適得多：有一張正常的床，不再是軍用簡易床，我們用來測量腦電波的電極也和上次不一樣，更舒適一些。這一次，門羅成功進行了兩次短暫的出體。

第一次出體一結束，他幾乎立即就醒了，並估計說，這次出體持續了八到十秒。他醒來之前的腦電波記錄再次顯示出了階段一⑥模式，那段時間內可能只出現過一次快速動眼⑦。他的血壓指標突然下降，這種情況穩定地持續了八秒鐘，然後突然又恢復正常。

就門羅的經歷來說（見第四章他對這種技術的描述），他報告說，自己「滾出」肉體，到了實驗房間與記錄室之間的走廊上，待了幾秒鐘，然後感到必須返回肉體，因爲出現了呼吸困難。在這期間，我和助手瓊・克勞福（Joan Crawford）一直在閉路電視上觀察他，看到他醒來前將手臂移開了喉嚨一點。

門羅再次嘗試出體，這一次出體將會在ESP方面提供證據，他要在出體後去到記錄室，讀取記錄室架子上的數字。腦電波波形顯示，他主要處於淺睡眠，所以四十五分鐘以後，我通過對講機呼叫他，提醒他說，我們需要他嘗試再一次出體。過了一會兒，他報告說剛剛出體了一次，但由於不確定自己的方位，便沿著一根電線行進，以爲會到達記錄室，結果卻到了外面一個從未見過的陌生地點。他確定自己完全迷失了方向，於是回體了。他對該地點的描述很像這棟建築裡的一個內部庭院，如果他無意間走了與記錄室相反的方向，確實會到那。我不能絕對肯定，他當天早些時候參觀我的辦公室時從未見過這個院子，所以這次出體經歷本身並不能很好地證明出體的超自然屬性。

---

⑤超心理學（parapsychology），又稱為心靈學、靈魂學，主要研究一系列被稱為的超自然現象，主要包括瀕死體驗、輪迴、出體、前世回溯、預言、遙視和念力等。

⑥階段一（Stage 1），人類正常睡眠周期分為非快速動眼睡眠期（NREM）和快速動眼睡眠期（REM），其中前者又有四個階段，其中階段一是入睡階段，腦電波頻率漸緩，振幅漸小。

⑦快速動眼（REM, Rapid Eye Movement），快速眼動睡眠是哺乳動物和鳥類擁有的獨特睡眠階段，特點是眼球隨機快速移動，伴隨著全身肌肉張力較低，且睡眠者傾向於做生動的夢。

在生理變化方面，出體期間他再次表現出階段一的做夢模式，整個過程中只有兩次快速動眼，而且這一次血壓沒有明顯下降。

門羅的體驗、歷代諸多著名神祕主義者的經歷以及ESP的種種數據都表明，我們目前的物質性世界觀是相當局限的，而現實的維度比我們目前概念中的要廣闊得多。我和其他研究人員都試圖以一種可接受的方式來呈現這類經歷，其結果卻可能不那麼盡如人意。我會舉出兩個例子。與門羅合作的以下兩次「實驗」對我個人來說都驚歎不已，但卻很難用我們常規的科學標準來評估。

在第一系列的實驗室實驗做完後不久，我從美國東海岸搬到了加州。搬家幾個月後，我和妻子決定做一次實驗。在某天晚上，我們兩人會強力地專注半個小時，以幫助門羅出體並來到我們家。如果他事後能描述出我們家的樣子，這將爲他的出體提供超心理學方面的有效數據。那天下午，我給門羅打了電話，只告訴他我們會在那天晚上某個不確定的時間，嘗試指引他橫穿美國到我們家來，但沒有告訴他任何進一步的細節。

那天晚上，我隨機選擇了一個我認爲門羅肯定已經睡著的時間點。我選擇的是加州時間晚上十一點，也就是東海岸時間凌晨二點。晚上十一點，我和妻子開始專注意識。十一點五分，電話鈴響了，我們被打斷。我們沒有接電話，而是繼續努力保持專注，直到晚上十一點半。第二天早上我打電話給門羅，只告訴他，實驗結果令人振奮，並讓他單獨記錄他的出體經歷，以便隨後與我們的獨立記錄進行比較。

在實驗當晚，門羅的經歷如下（摘自他寄給我的筆記）：「夜晚平淡無奇，我終於在凌晨一點四十分左右上床睡覺，但仍然非常清醒（身體南北朝向）。貓咪也在我床上。用了很長時間平靜頭腦後，一股溫暖的感覺掃過全身，沒有意識中斷，也沒有睡前的感覺。我幾乎立刻感覺到有東西（或有人）在左右搖晃我的身體，然後開始拽我的腳！（我聽到貓發出抱怨的叫聲。）我立即意識到這與查理的實驗有關，就懷著全然的信任，沒有表現出通常（對陌生人）的戒備。我的雙腿繼續被拉扯著，我終於設法讓『第二身體』的一隻胳膊出來了，然後舉起這隻手臂在黑暗中摸索。過了一會兒，拉扯感停止了，一隻手抓住了我的手腕，先是輕柔地，然後非常、非常果斷地把我從肉體裡輕輕鬆鬆地拽了出來。我仍然對他（它）保持著信任，還有點激動。我表達了去找查理的意願，如果他（它）是想帶我去那裡的話。對此，我得到的反饋是肯定的（儘管感覺對方沒有人格個性，非常『公事公辦』）。由於那隻手緊緊抓住我的手腕，我能感覺到這隻手上方的一部分手臂（略有些汗毛，是強壯男性的手臂）。但是我『看』不到這是誰的手臂。我還聽到自己的名字被叫了一次。

「然後我們開始移動，好像氣流在身體周圍流動的熟悉感覺。經過短暫的旅行後（持續時間似乎有五秒鐘），我們停了下來，那隻手也鬆開了我的手腕。萬籟俱寂，漆黑一片。然後我飄進了一個地方，似乎是一個房間……」

門羅後面的筆記我就不再引用了，不過我要補充一點，即他結束這次短暫旅行，起床給我打電話時，是他那邊的凌晨二點零五分。因此，時間恰好就是我和妻子開始專注的時候：在我們開始專注大約一分鐘左右，他感覺到有股力量在拉扯他出體。另一方面，他對我們家的描述，以及我和妻子正在做的事情卻不怎麼符合事實：他「感知」到的我們房間裡的人太多了，他「感知」到我做了一些我實際上沒在做的事，他對房間本身的描述也相當模糊。

我對此該作何感想？超心理學家在面對實驗條件不理想的現象時，就常常會遇到這類令人沮喪的情況。要說這個事件確實屬於超自然現象，證據還不充分，但又很難簡單地得出「什麼都沒發生」的結論。我們常識性的假設往往認爲，物質世界就是呈現在我們面前的這個「所見即所得」的世界，而個體（或其感官）如果身處某個地點，便能觀察到所處的環境，否則就不能。簡單粗暴地擁護這種假設當然最舒服了。文獻中記載的一些出體經歷似乎符合這一假設，而另一些出體經歷則錯綜複雜，既有關於物質情形的正確感知，也有對於（對我們普通觀察者來說）不存在或未發生事件的「感知」。在本書中，門羅就描述了許多這種混雜的經歷，尤其是當他出體後似乎與人們有過「交流」的時候，但是對方卻對此一點印象都沒有。

第二次令人費解的「實驗」發生在一九七〇年的秋天，我在前往華盛頓參加會議的途中到門羅家短暫拜訪，當時他住在維吉尼亞州。當晚我在他家過夜，提前告知他如果他出體了的話，就到我的臥室嘗試把我從肉體裡拉出來，這樣我也可以體驗出體。我當時意識到自己提出這個要求時的心情有些矛盾：一部分的我希望他成功，但另一部分的我卻不希望。稍後再說這一點。

那天的黎明（我睡得有些不安穩，時不時被光線弄醒），我正做著夢，這時我模糊記得門羅是要幫我出體的。我有了一點清醒意識，並在夢的世界裡感覺到身體周圍出現一種「振動」，一種包含著某種程度的莫名威脅的振動。儘管產生了恐懼，我仍然認爲應該嘗試出體，但就在那時，我失去了意識，只記得過了一會兒醒來後，意識到實驗失敗了。一週後，我收到了一封來自紐約同事的信，他就是著名的超心理學家史丹利·克里普納博士⑧。這封信的到來，讓我開始懷疑這次實驗是否眞的「失敗」了。信中講述了他的繼女卡麗（我蠻喜歡這孩子的）的經歷。就在我做「夢」的同一天早上，卡麗主動對父親說，那天早上她在去

⑧史丹利·克里普納（Dr. Stanley Krippner, 1932-），美國心理學家和超心理學家。

學校的路上，看到我在紐約的一家餐廳裡。大概就在我正做那個夢的時候。她和她父親都不知道我當時是在東海岸（維吉尼亞州所在位置）。

我對此又該作何感想？那是我多年來第一次有意識地嘗試出體（在我記憶中，之前從來沒有成功過），雖然對這次出體沒有有意識的記憶，但一個朋友卻說看到我在紐約的一家餐廳。更令人費解的是，就算我當時眞的出體了，也壓根不想去紐約的餐廳，儘管拜訪卡麗和她的家人總是非常愉快，但我一向非常不喜歡餐廳那類的地方。這是巧合嗎？又是這種情況，我永遠無法將這些經歷作爲科學證據提出來，但又不能將其判爲是毫無意義的。

這第二次實驗中，我觀察到了自己對出體的態度——儘管我不太樂意承認——那就是我有點害怕出體。一部分的我對於從科學角度研究出體現象興趣濃厚，另一部分的我對於能親身體驗出體興奮不已。而第三部分的我知道出體體驗很像死亡，或要開啓我的一部分心智去到未知的領域，這第三部分的我一點也不想要繼續探索。如果出體是「眞實」的，如果門羅所述的現象無法被簡單判爲是一種有趣的幻想或夢境，人類的世界觀將會發生根本性的轉變。這種轉變將是一場陣痛。

心理學家對於人性中的一點是相當確信的，那就是人類抗拒改變。我們想要世界是我們所認爲的樣子，即使我們認爲這世界並不讓人愉快，但至少我們可以預見可能會發生哪些事情。而變化和不確定則有可能引發令人不安的事件，尤其是不能滿足我們自身欲望、個人意志和個體小我的變化。

在介紹本書時，我一直都盡量以談論與出體相關的直截了當的科學研究內容爲主，但是現在，我們要步入有可能是該主題最重要的方面了。門羅的經歷著實令人恐懼。他的經歷涉及了死亡，而死亡在我們的社會中並不是一個體面的話題。我們把這個話題留給神父和牧師來撫慰人心，我們偶爾會拿它開玩笑，並且對他人的死亡有很多激進的幻想，但我們並不會眞的去思考它。這本書會讓你思考死亡。你不會喜歡書中描述的某些事，也不會喜歡本書帶給你的一些想法。

「把羅伯特．門羅歸類爲瘋子就好了！」這個想法多麼誘人，但我建議你不要這樣。我也不建議你把他說的一切都奉爲絕對眞理。他是一個優秀的報告人，一個我極其尊敬的人，但他只是一個人，成長於特定文化和特定時代中，因此其觀察力是有限的。如果你牢記他的限制性，同時去認眞關注他描述的出體經歷，你可能會感到不安，但也可能學到一些非常重要的東西——儘管害怕。

如果你自己也有過出體體驗，本書可能會幫助你減少恐懼，或者將你的這種潛能發展成一項有價值的天賦。

仔細閱讀本書，並覺察自己的反應。如果你真的想親自體驗出體，祝你好運！

查爾斯．T．塔特 ⑨

美國加利福尼亞州戴維斯市，一九七一年一月十日

⑨查爾斯．T．塔特（Charles T. Tart, 1937-），美國心理學家和超心理學家，致力於研究意識的轉變狀態，曾多年擔任美國加利福尼亞大學戴維斯分校的心理學教授。

1 魔杖一揮，輕而易舉？

以下內容通常會出現在前言或序言中。之所以放在這裡，是因爲我假設大多數讀者會習慣性地跳過前言，直奔正文。但就我要講述的故事而言，以下內容才是一切的重點所在。

公開並出版本書所承載的材料，主要目的是：（一）通過盡可能廣泛的傳播，拯救其他一些人——哪怕只有一個人，把他們（他）從沒有明確答案的領域中因反覆試錯而痛苦不堪且非常恐懼的遭遇中拯救出來；獲知別人也有過同樣的經歷，他或許會得到安慰。他會認識自身的這種現象，從而避免心理治療的折磨，或者避免最壞情況，即精神崩潰並被送到精神病院；以及（二）不久或未來的一些年後，我們文化中的正統、公認的科學界能擴展其視野、概念、假設和研究範圍，將本書指出的道路和門徑進一步拓寬，使人類對自身及周遭完整環境的知識和理解得到極大的提升。

如果上述兩個目標中的其一或全部都能實現，無論在何時或何地得以實現，這樣的回報已然能令我心滿意足了。

本書對於這些材料的呈現方式，不是專程爲了任何特定科學團體而設計，而是主要希望用科學家和非專業人員均能理解的語言，做出盡可能明確具體的描述，避免模稜兩可的籠統陳述。不過對於相同的主題，物理學家、化學家、生命科學家、精神病學家和哲學家等多個領域的專家，也可以用各自更加技術性或更專業的術語來陳述和詮釋。這種情況也是可以預見的。這將表示本書的溝通計畫是切實可行的，即書中這種「直白」的話語確實能把正確含義傳播到一個廣泛的範圍，而不只是傳達給某一領域的小部分專家。

同樣能預見到的是，其中的很多詮釋會相互矛盾。有些概念一旦被接受爲事實，某些人一生的教育和經驗都會淪爲廢紙，而心理過程中最難的就是去客觀看待這種概念。然而，許多已被公認爲「事實」的概念，其支撐證據遠不如本書所提供的更直接有力，但它們的確被「接受」了。我希望本書的數據也能擁有同樣的待遇。

這一「客觀看待」確實是所有心理過程中最難的一種。一生中有一次能做到，就足夠了。

讓我們看看，我這極爲個人化的體驗是從何開始的吧。

一九五八年春天，我與相當正常的家人們過著相當正常的生活。因爲我們都熱愛自然，喜歡寧靜度日，所以住在鄉村。唯一「非正常」的活動是我所進行的在睡眠中學習的實驗——主要實驗對象就是我自己。

第一個反常跡象發生在一個週日的下午。當時家裡其他人都去了教堂，而我做了一項實驗，即在高度封閉的環境中收聽一種錄音帶。設置這種環境的目的，是降低其他感官信號輸入，以便盡量把注意力集中在單一智能信號源（聽覺）上。對磁帶內容的記憶和回憶度能表明這項技術的成功情況。

在這種隔絕了其他視覺與聲音的環境中，我收聽了錄音帶。其中沒有什麼不正常或不相干的暗示。回想起來，錄音帶中最主要就是強烈暗示要記住和回憶起放鬆過程中發生的一切。帶子正常播放，沒有發生異常。我事後的回憶全面而完整，因爲錄音帶是我自己的工作成果，因此我對它瞭如指掌。也許是太過了解了，因爲對我來說不存在什麼要回憶的「原始材料」或「新材料」。這項技術必須得找其他實驗對象了。

當我的家人回來時，我們一起吃了早午餐，有炒雞蛋、培根和咖啡。飯桌上發生了一些無關緊要的瑣碎爭論，內容與隨後發生的事情無關。

一個多小時後，我的腹部開始劇烈絞痛，像鐵鉗扭絞一樣的痙攣，延伸到胸腔下方的橫膈膜，即太陽神經叢區域。疼痛一直持續，毫無緩解的跡象。

一開始，我以爲是早餐吃的什麼東西導致食物中毒。絕望之下我強迫自己嘔吐，但胃裡空空如也。家裡吃過同樣食物的其他人沒有任何病症或不適。我試著做些運動，走動一下，想著疼痛是因爲腹部肌肉抽筋。闌尾炎是不可能的，因爲我的闌尾已經切除。儘管疼痛，我仍能正常呼吸，心率也正常，也沒有出汗或其他症狀——只是上腹部附近的肌肉僵硬緊張、痙攣緊縮。

我突然想到，也許是錄音帶中的某個因素導致了這一情況。我重聽了錄音帶，檢查了錄音的文字內容，沒有發現什麼異常。要說我遵守了什麼暗示的話，就是「解除任何可能遵從的無意識暗示」這一條。當然，沒什麼效果。

也許我應該立即打電話請醫生過來。不過症狀似乎沒那麼嚴重，疼痛也沒有進一步加劇，但也沒有一絲好轉。最後，我們還是打了電話尋求醫療幫助。但當地所有的醫生要麼不在，要麼都去打高爾夫球了。

從下午一點半，一直到午夜前後，痙攣和疼痛持續不斷。家裡的常備藥也沒能緩解症狀。十二點後的某個時間，我精疲力竭地睡了過去。

第二天清晨醒來，痙攣和疼痛都消失了。原本疼痛部位的肌肉還在痠痛，就像咳嗽多了導致胃部肌肉疲勞，但不痛了。當時爲什麼會腹部痙攣，原因至今不明。之所以在此提及，只是因爲無論在生理還是其他方面，這是第一次不尋常的事件。

現在回想起來，也許那件事就是輕巧的「魔杖一揮」或說是「大錘猛砸」，雖然當時的我還意識不到。

大約三週後，第二個重要事件發生了。這期間我沒有再做錄音帶實驗，因爲我強烈懷疑痙攣一事就與此有關。因此，這第二次異常的發生，並沒有明顯的觸發事件。

這次依然是某個週日下午，家人們又都去了教堂。房子裡安安靜靜的，我躺在客廳沙發上小睡一會兒。我剛剛翻身俯臥（頭朝北，如果這一點有什麼影響的話），這時出現了一束光或射線，似乎是從北方天空照射下來，與地平線大約呈三十度角。就像被溫暖的光線照到。只不過這是在白天，看不見光束，如果眞的有的話。

起初我以爲那是陽光，儘管我的房間是朝北的，不可能有陽光照進來。當光束擊中我的全身時，身體開始劇烈顫抖或是說「振動」。我完全無法動彈，就好像被鉗子夾住一樣。

又驚又怕之下，我想強迫自己移動。那種感覺就像是在試圖掙脫無形的束縛。當我慢慢起身，能在沙發上坐直時，顫抖和振動逐漸消失，我也可以自由移動了。

我站起來，在房間裡走動。就我所知，我當時並沒有失去意識知覺，而且從我躺到沙發上開始，時鐘顯示只過了幾秒鐘。事情全程中我都沒有閉眼，能看到房間，還聽到了室外的噪音。我望向窗外，尤其是北面，雖然我不知道爲什麼要看那裡，也不知道自己期待看到什麼。一切都顯得那麼風平浪靜。我決定出去散個步，想好好思考一下這件怪事。

在接下來的六週內，同樣的奇怪情況又出現了九次。發生的時間和地點各不相同，唯一的共同點是，都發生在我剛躺下休息或睡覺之後。每當這種情況出現時，我都會努力讓自己坐起來，而「顫抖」會逐漸消失。雖然我的身體「感覺到」了顫抖，但在肉體上我看不到任何明顯的振動表現。

我以自己有限的醫學知識設想了大量的可能原因。我想到了癲癇①，但據我了解，癲癇患者在發作時不會有記憶，並會失去感覺。此外，我知道癲癇是遺傳性的，在幼年時就會有發病跡象，而在我的情況中這兩點都不明顯。

第二種可能性，我認爲是大腦病變，比如腦部腫瘤或異物。雖然我的症狀並不典型，但可能是這個原因。我戰戰兢兢地去拜訪了我們的家庭醫生理查德·戈登（Richard Gordon），向他描述了症狀。如果我眞得了什麼病，作爲一名內科醫生和診斷專家，他應該能診斷出來。他也知道我的確切病史。

我從頭到腳做了徹底的身體檢查後，戈登醫生建議，我工作太累了，需要補充睡眠，並減點體重。簡而言之，他沒發現我的身體有什麼問題。我那腦瘤或癲癇的猜測讓他大笑不止。我接受了他的建議，放心回家了。

如果這種現象不是身體原因導致的，我想，那就一定是幻覺，某種夢。所以，如果它再出現，我會盡可能客觀地觀察。就在那天晚上，它再次「如約而至」。大概就在我躺下睡覺後兩分鐘，它出現了。這一次，我決心不再奮力擺脫它，而是一探究竟，看看到底會發生什麼。當我躺在那裡時，那種「感覺」湧入我的大腦，並掃過全身。這不是什麼顫抖，更像是一種「振動」，且頻率穩定不變。感覺就像電擊傳遍全身，區別只是沒有疼痛感。此外，它的頻率似乎比60 Hz（赫茲）低一點，也許只有一半。

雖然害怕，但我仍然盡量忍耐著，試圖保持冷靜。我仍然可以看到周圍房間的景象，但除了振動引起的轟鳴之外，幾乎聽不到任何聲音。我很好奇，接下來會發生什麼。什麼都沒有發生。大約五分鐘後，這種感覺慢慢消失了。我站了起來，感覺一切正常。我的脈搏有點快，顯然是情緒激動導致的，但沒有別的異常。有了這個結果，我對這種情況的恐懼也消失了大半。

在接下來發生的四、五次振動中，我也沒有什麼新發現。至少有一次，那種振動似乎發展成了一個直徑約兩英尺（約六十一公分）的火花環，而我身體的軸線就位於圓環中心。如

①癲癇（epilepsy），俗稱「羊角風」或「羊癲瘋」，是大腦神經元突發性異常放電，導致短暫的大腦功能障礙的一種慢性疾病。

果我閉上眼睛，眞的可以「看到」這個圓環。圓環會從頭部開始，慢慢掃過我的身體，直到腳趾，然後再回到頭部，並持續這種有規律的運動。一次循環大約持續五秒鐘。當圓環經過身體的每個部位時，我感覺到的那種振動，就像有一根帶子切割穿透了該部位。當圓環經過我的頭頂時，會伴隨著巨大的咆哮聲，我能在大腦中感覺到這種振動。我試圖研究這個像電一樣的火花環，但是找不到它的來處，也搞不清楚它到底是什麼。

所有這些情況，我的妻子和孩子們都一無所知。在事態明朗之前，我沒有理由讓他們憂心。我倒是告訴了一位朋友，他就是著名的心理學家福斯特．布拉德肖（Foster Bradshaw）博士。要不是他，都不知道我現在會在哪裡呢。也許會在一間精神病院。

兩人討論之後，這件事激起了他的濃厚興趣。他認爲可能是某種幻覺。像戈登醫生一樣，他也非常了解我。因此，對於我那「自己正處於精神分裂或類似疾病初期階段」的猜測，他同樣大笑不已。我問他，我應該怎麼辦。我會永遠記得他當時的回答，「還能怎樣？除了去觀察，看看它是什麼，你別無他法，」布拉德肖博士回答，「反正你也沒得選。如果這事發生在我身上，我就退居山林，不斷嘗試，直到找到答案爲止。」但問題是發生在我身上，不是他。而無論他說的「退居山林」是字面上的意思還是一種比喻，我都做不到。別的且不說，我還要養家糊口呢。

幾個月過去了，振動依然繼續出現。我幾乎覺得它無聊了，直到一天深夜，我躺在床上還沒睡著時，振動又來了。我百無聊賴地耐心等待它們消失，好讓我繼續睡覺。我躺在那裡，胳膊搭在床的右側，手指剛好觸到地毯。

我漫不經心地試著移動手指，發現能撓到地毯。我只是單純用指尖去按壓地毯，而沒有去思考或是意識到自己竟然可以在振動中移動手指。在片刻的阻力感後，手指似乎穿透了地毯，碰到了地毯下面的地板。帶著些許好奇，我把手往下推得更深了些。

我的手指穿透了地板，感覺到了樓下房間天花板粗糙的表面。我摸索四周，摸到了一小塊三角形木片、一根彎曲的釘子和一些鋸末。這種白日夢般的感覺讓我略微產生了些興趣，我便把手推得更深。我的手穿過了一樓的天花板，感覺好像整隻手臂都穿過樓板。隨後手還碰到了水。我的心情毫無波動，用手指撥著水。

突然，我完全覺察到了目前的情況。我徹底醒了。透過窗戶，我能看到月色下的景致。我能感覺到自己正躺在床上，身上蓋著被子，頭下枕著枕頭，以及呼吸時胸部的起伏。振動仍然存在，但較爲輕微。

然而不可思議的是，我的手還在玩水，我的胳膊感覺就像是被卡在地板裡了。我肯定自己當時是完全清醒的，那些感覺也仍然在。我怎麼可能在各方面基本清醒的狀態下，還「夢見」胳膊被卡在地板裡呢？

振動開始退去，而出於某種原因，我認爲自己的胳膊卡在地板裡和振動的存在有關聯。我覺得如果沒能趁振動消失之前把胳膊拉出來，地板可能會合攏，而我就會失去一條胳膊。也許是振動暫時在地板上造了個洞。我當時都沒有停下來思考一下這種猜想「怎麼」可能。

我把胳膊從地板裡拽出來，放回床上，而隨後振動很快就結束了。我起身、開燈，查看了床邊的那個位置。無論是地板還是地毯上都沒有洞，一切如常。我看了看自己的手和胳膊，甚至還查看了手上有沒有水。沒有水，胳膊看起來也完全正常。我環顧房間，發現妻子仍然安穩地睡著，沒有什麼異常。

對於剛剛發生的事，我想了很久，才平靜下來睡著了。第二天，我眞的考慮過在地板上鑿一個洞，看看下層地板中有沒有我當時摸到的東西——三角形木片、彎曲的釘子和鋸末。但當時，我找不到爲了一個瘋狂幻覺就毀掉地板的理由。

我把這個小插曲告訴了布拉德肖博士，他也認爲這是個能以假亂眞的白日夢，不過倒是贊成在地板上鑿個洞，看看裡面到底有什麼。他把我介紹給著名的精神病學家劉易斯．沃爾伯格②博士。在一次晚宴上，我不經意和沃爾伯格博士提到我的振動現象。他只是禮貌性地表示了一點興趣，顯然沒有心情「正式」談論此事，而對於這一點我不能責怪他。我沒有勇氣進一步詢問他關於我胳膊卡在地板裡的事。

事情變得相當撲朔迷離。我所處的環境和個人經歷都使我想從現代技術中得到些答案，或者至少得到些有價值的見解。作為一名非專業人士，我的科學、工程和醫學知識背景比一般人要強一點。但現在我面臨的情況卻是，不僅得不到直接答案，甚至連推斷都遙不可及。回想起來，無論怎樣，我都無法設想自己會完全放棄這件事。可能即便我真的試圖放棄，也做不到。

如果此時我就認為已經身處亂局，找不到確切答案了，那是因為我不知道接下來的劇情走向會是何等面貌。大約四個星期後，當「振動」再次出現時，我順勢小心嘗試移動一條胳膊或腿。當時夜已深，我正躺在床上準備睡覺。我的妻子已經在旁邊睡著了。有一股湧動的力量忽然出現在大腦中，並很快蔓延至全身。這一過程看似和以前的一樣。當我一邊躺著，一邊想著怎麼換種方式分析這個狀況時，碰巧想到第二天下午乘滑翔機飛行該會多棒呀（我當時的愛好）。沒有考慮到任何後果——也不知道會有後果——我只是想到了飛行會帶來的樂趣。

② 劉易斯・沃爾伯格（Lewis Wolberg, 1905-1988），美國精神分析學家。

過了一會兒，我意識到有什麼東西抵著我的後背。出於些許好奇，我伸出手向背後摸索感知了一下。我的手碰到了一面光滑的牆。我順著牆繼續摸索，把手臂伸長到了極限，觸手之處都是平滑完整的牆壁。

我立刻警覺起來，試圖藉著昏暗的燈光看清楚。那是一堵牆，而我正背靠著它。我立刻推斷是自己睡著後從床上掉下來。（我以前從未掉下過床，但是既然各種怪事都在發生了，從床上摔下來也是很有可能的。）

然後我又看了看，不對勁。這面牆上沒有窗戶，沒有家具，也沒有門。這不是我臥室的牆。然而不知何故，我覺得它很熟悉。我隨即認出來了，這不是牆，是天花板。我正飄在天花板上呢。我只要一移動，身體就會在天花板上輕輕彈跳。我在空中翻了個身，嚇了一跳，向下看去。下面，在昏暗的燈光下，是一張床。床上躺著兩個人。右邊是我的妻子，而她旁邊躺著另一個人。兩人似乎都睡著了。

這夢眞怪，我想著。我很好奇，自己會夢見誰和我的妻子在床上呢？我靠近了些，大吃一驚。床上那個人就是我！

我瞬間反應過來，我在這裡，而我的肉體卻在那裡。我要死了，死亡降臨了，可我還沒有準備好。所以這種振動不知怎麼地奪走了我的性命。絕望之中我像要潛水那樣，向下俯衝鑽進肉體中。隨後我感覺到了床和被子，當我睜開眼睛時，正躺在床上看著房間。剛才發生了什麼事？我真的差點死去了嗎？我的心跳得飛快，但並不算失常。我動了動胳膊和腿，看起來也一切正常。振動已經消退。我起身在房間裡徘徊，看著窗外，抽了根煙。過了很久，我才有勇氣回到床上，躺下，試著入睡。

在接下來的一週裡，我又去找戈登醫生做了一次體檢。我沒有告訴他來訪的原因，但他能看出我當時憂心忡忡。他仔細做了檢查，幫我做了驗血、螢光鏡③、心電圖，檢查了所有蛀牙，做了尿檢，以及他能想到的其他所有檢查項目。他非常仔細地檢查了我是否有腦損傷的跡象，並詢問我許多身體各部位運動活動相關的問題。他還安排我做了一次腦電圖（腦電波分析），但很顯然沒有什麼異常。至少他從來沒有告訴過我，我相信真有問題的話，他一定會說的。

戈登醫生幫我開了些鎮定劑，並告訴我要減肥、少抽煙、多休息——並說就算真有問題，也不是生理上的。

之後我去拜訪我的心理學家朋友布拉德肖博士。當我告訴他這個故事時，他不但更幫不

③螢光鏡（fluoroscope），一種通過X射線獲得人體內部實時圖像的早期成像技術。

上忙，還對我的遭遇一點同情心也沒有。他認爲如果可能，我應該試著重複這一經歷。我告訴他，我還沒準備好去死呢。

「哦，我認爲你不會死的，」布拉德肖博士平靜地說。「有些修習瑜伽和東方宗教的人聲稱他們可以隨時做到。」

我問他「做到」什麼。

「什麼？暫時離開肉體唄，」他回答。「他們聲稱自己可以隨心所欲去任何地方。你應該試試。」

我說那太荒謬了。沒有肉體，怎麼出行。「嗯，我不敢斷言，」布拉德肖博士平靜地回答。「你應該讀一些關於印度教的資料。你在大學裡學過哲學嗎？」

我說學過，但是我想不起有任何和「脫離肉體出行」相關的東西。

「也許你沒遇對哲學教授，在我看來是這樣。」布拉德肖博士點燃了一支雪茄，看著我。「好了，不要這麼思想封閉。去大膽嘗試，查明眞相。正如我的老哲學教授所說的，『如果你一隻眼瞎了，就轉一下頭，如果兩隻眼睛都瞎了，就張開耳朵傾聽。』」

我問他，如果耳朵也聾了要怎麼辦，他沒有回答我。

當然，布拉德肖博士的「漠不關心」完全在情理之中。畢竟遇到問題的是我，不是他。

我不知道如果當時沒有他那務實的態度和絕妙的幽默感，我會怎麼樣。對他的幫助，我無以爲報。

振動前前後後發生了六次，我才終於鼓起勇氣嘗試重複上次離開肉體的經歷。當我嘗試時，結果卻總是不盡如人意。隨著振動力量達到最大，我想著向上飄浮——我眞的浮起來了。

我在床上方自在地飄浮著，當我想著要停下來，就能馬上做到，我會懸停在半空中。這種感覺倒不賴，但我擔心自己會突然摔下去。幾秒鐘後，我想著要下去，不一會兒我就感覺自己又躺在床上，所有的身體感官都正常運轉。從我躺在床上的那一刻，直到振動消失後起床，我的意識一直都沒有中斷。如果這不是眞的——只是幻覺或夢境——我就有麻煩了。因爲我無法分辨清醒在何處中止，夢境從哪裡開始。

有同樣問題的人在精神病院裡隨處可見。

第二次有意離體時，我成功了。我再次飄浮到天花板的高度。然而，這一次我體驗到了強烈的性衝動，別無它想。由於無法控制這種情緒，我對自己又羞愧又惱怒，於是回到了肉體中。

直到經歷了五次離體以後，我才發現控制這種衝動的訣竅。「性」在這整個主題中非常重要，所以我會在後文單獨詳細介紹。在當時，這是一個令人惱火的心理障礙，把我限制在肉體躺著的房間裡。

由於沒有其他適用的術語，我開始把這種狀態稱爲「第二狀態」，而把我們擁有的另一個非物質身體稱爲「第二身體」。到目前爲止，這個術語用起來都很適合。

我一直認爲這種經歷無非就是白日夢、幻覺、神經失常、精神分裂症初期、自我催眠引起的幻想，或者更糟的情況，直到第一次有據可查的經歷出現。

第一次有證據的經歷確實是一記「重擊」。如果我接受這個數據是事實，我一生的經歷、所受的教育、我的觀念以及價值觀都會受到衝擊。最重要的是，它粉碎了我對我們文化中科學知識的總體性和確定性的信念。我原本曾確信科學家擁有一切問題的答案，或起碼大部分的答案。

反過來，如果我否認了那些對我來說顯而易見的事實（就算其他人都不這麼覺得），那麼我也將否認一個我奉爲圭臬的理念：人類的解脫和拚搏向上，主要仰仗於其運用智力與科學原理將未知轉化爲已知。

那就是困境所在。這可能眞的算是輕巧的魔杖一揮，或我至今仍不知道答案的「天授之賜」吧。

2 探究與研究

面對未知你會怎麼辦？轉身迴避，然後忘卻？在我面臨的狀況中，有兩個因素否定了迴避與忘卻的可行性。第一，不外乎是好奇心。第二，你怎麼能忘掉或忽視客廳裡的一頭大象呢①？或者更確切地說，臥室裡的幽魂？

另一端則是衝突和焦慮，眞眞切切，令人心煩意亂。毫無疑問，我深深擔憂如果這種「狀況」持續下去，我會怎麼樣。比起生理問題，我更擔心這會發展成精神疾病。我通曉一定的心理學知識，還認識不少心理學家和精神病學家朋友，這些都加劇了這種恐懼。更何況，我不敢和這些朋友討論這件事。我擔心會被他們歸類為「病人」，失去平等（正常）關係帶來的親密感。至於商界和社區的非專業朋友，就更不能說了。不然我會被他們認定爲是「怪胎」或「精神病」，可能會對我和我身邊人的生活帶來嚴重不良影響。

① 客廳裡的大象（elephant in the living room），英語俗語，表示被忽視的明顯問題。

最後，這事看來也得對家人隱瞞，沒必要讓他們和我一起擔驚受怕。只是迫於必須向妻子解釋自己的某些奇怪行爲，我才不得不向她透露點東西。她不情願地接受了，因爲也別無選擇，因此她焦慮地見證了一起又一起與她的宗教信仰大相徑庭的事故和事件。那時孩子們都太小，還理解不了這種事。（後來，我的經歷對他們來說變得司空見慣了。我女兒在大學時曾說，有一天晚上，在和她的室友環顧空蕩蕩的宿舍後，她說：「爸，如果你在這兒，我想你最好現在就離開。我們要脫衣睡覺了。」事實上，當時我無論是肉體還是其他層面，都身處三百多公里之外。）

漸漸地，我對於生活中這一奇怪的新劇情愈來愈習以爲常了。我逐漸能慢慢控制出體以後的移動。在某些方面，它竟然變得蠻有用處。我已經不想讓它消失了。這一神祕存在引發了我的好奇心。

即使在確定了自己遇到的這個情況並不是出於生理疾病，而且我的精神狀態也並不比大多數同伴更「不正常」之後，恐懼依然存在。這是一種必須在「正常」人面前隱藏起來的缺陷、疾病或畸形。除了偶爾與布拉德肖博士會面之外，沒有其他人可以談論這個問題。另一個解決辦法，可能只有求助於心理治療了。但是持續一年（或五年甚至十年）日復一日的心理面談，花費成千上萬美元卻保證不了治療結果，似乎不太值得。

早期的那段時間是很孤獨的。

最後，我開始對這一怪異現象做起實驗，記錄每一個事件。我也開始廣泛閱讀，研究一些我以前生活中長期忽視的領域。

我的思想沒有受到宗教太大的影響，但看起來在人類著作和知識領域中，唯一剩下可供我尋找答案的方向就是宗教了。除了童年時去教堂做禮拜以及少數幾次陪朋友一起去教堂以外，上帝、教堂和宗教對我來說並沒有什麼重要性。事實上，我從來沒有過多思考過宗教的問題，因為不感興趣。

在粗淺涉獵了古典和現代西方哲學以及宗教資料之後，我發現其中有一些模糊指涉和泛泛之談。有些內容似乎是有人在嘗試描述或解釋類似事件。這些在《聖經》和基督教著作中多有涉及，但都沒有提供具體的原因或治療方法。最好的建議似乎是去祈禱、冥想、齋戒、去教堂、赦免我的罪、接受三位一體，以及相信聖父、聖子和聖靈，不做惡，或者不與惡人作對，獻身上帝。

所有這些除了加劇內心衝突之外，並沒有用。如果出現在我生命中的這個新事物是「好的」，即天賦的「禮物」，那麼根據宗教歷史推斷，這「天賦」之賜顯然是屬於聖人，或至少是聖潔之人的。我覺得要成為聖人，我肯定遠不夠格。如果這個新事物是「邪惡的」，那麼它就是魔鬼的傑作，或者至少來自於試圖對我進行控制或奪舍的魔鬼，那就應該施行驅魔。

我見過的幾位正統宗教派別當中的牧師，都在不同程度上委婉地接受了後一種觀點。我感覺在他們眼中，我是個危險的異教徒。他們對我充滿警惕。

正如布拉德肖博士告訴我的，我發現東方宗教對這種經歷更爲包容。其中有大量內容談及非物質身體的存在。同樣，他們認爲這樣的存在狀態是靈性高度發展的產物，只有大師、古魯②和其他長期修習的聖人才有能力暫時離開肉體，獲得難以言喻的神祕洞解。但關於何爲「靈性發展」，既沒有細節，也沒有實際的解釋。暗指在祕密教派、喇嘛教等宗教中，這類內容都是常識。

如果眞是這樣，那我到底是誰？我已經過了去找座西藏寺廟開啓新生活的年紀了。爲此，我感到更加孤獨。顯然，找不到答案。在我們的文化中是找不到的。

就在這個時候，我發現美國存在一個祕密的地下組織。相較於一般的地下組織，它只有一點不同，那就是尙無法律禁止它，也不涉及任何的官方迫害和起訴。這個地下世界只是偶爾會與商界、科學界、政治界、學術界和所謂的藝術圈有交集。除此之外，它的範圍絕對不局限於美國，而是滲透了所有的西方文明世界。

很多人可能隱約聽說過這個組織，或是偶然接觸過，但最多只把他們視爲一群有奇怪想法的人。因爲有一點通常是肯定的：除非確定你也是同道中人，否則在原本生活圈中備受尊重的該組織成員，不會和你談論他們在該組織內部的興趣或信仰。他們有前車之鑒，知道直言不諱會招致宗教人士、客戶、雇主甚至朋友們的責難。

我懷疑如果所有組織成員都承認自己的成員資格，人數可能多達數百萬。這些人來自於各行各業：科學家、精神病學家、醫生、家庭主婦、大學生、商人、青少年，至少還有少數正統宗教的人員。

這個團體符合地下運動組織的所有條件。他們行事低調，且常常舉行半祕密的小圈子聚會。（舉辦聚會的消息往往會公開宣布，但你必須是「自己人」，才能看懂他們的通知。）與會者通常只與同一組織的成員討論「地下事務」。

除了家人或密友（他們可能也是組織成員），正常社會對這些人的祕密興趣和地下生活一無所知。如果你問他，他會否認自己是地下成員，因爲他通常認爲自己與之沒有多少關聯。但一定程度上，所有人在情感和才智方面都致力於某個目標。最後，地下組織有自己的

②古魯（guru），印度教對宗教大師或導師的稱呼，亦譯為「上師」。

文獻著作、語言、技術，在某種程度上還有自己崇拜的「半神（demigods）」。

目前，這個地下組織的管理極爲雜亂。事實上，字面意義的「組織」根本不存在。當地團體甚至都沒有確定的稱謂或名稱。到目前爲止，它們只是在某人家中的客廳、銀行會議室或者很可能是教區牧師住所裡舉行定期的小型聚會。這群人在黑暗中摸索，且方式多樣，路徑繁多——然而所有人的目標是一致的。

不過，像其他類型的地下運動一樣，如果你已經成爲一員，那麼你到另一個城市時就會不可避免地遇到其他成員。這不是計畫好的，只是「發生了」。

這個地下組織由哪些人組成？首先，是專業人士。一端是超心理學家，數量很少。這些人擁有正規大學的博士學位，並公開進行過ESP的研究。其中最著名的是J·B·萊茵博士③，曾在杜克大學任教，三十年來一直在進行簡單的統計概率卡片實驗。「ESP的存在」在統計學上被證明了是事實，這一點令他欣慰。美國大多數心理學家和精神病學家認爲，其實驗結果值得懷疑且大部分不可接受。這一類的專業人士，並非只此一家。安德莉亞·普哈里奇④、J·G·普拉特⑤、羅伯特·克魯卡爾⑥、霍內爾·哈特⑦、加德納·墨菲⑧都屬於這一類。如果你是組織成員的話，這些名字對你來說一定耳熟能詳。

組織中的「專業人士」無所不包，從超心理學家到路邊看手相的，後者自稱是吉普賽人或來自新德里的印度人，一次五分鐘的快速例行「解讀」只要五美元。成員們的興趣領域相當多樣，但都以這樣或那樣的方式被共同的信念聯繫在一起。

地下群眾向專業人士尋求訊息和指導，並報以英雄般的崇拜。而專業人士包括：有出版著作的人，基金會組織者，專案研究人員，有過顯著靈異經驗的人，與著名專業人士共同做研究的人，心靈解讀者，教導心靈和／或靈魂發展課程的人，信仰療癒者，有從業資格的占

---

③J・B・萊茵（J. B. Rhine, 1895-1980），即 Joseph Banks Rhine，美國植物學家，最早將超心理學作為心理學的一個分支對待的人之一。發明了齊納卡片（Zener card）來進行超感知實驗，該卡片上繪製了不同的圖案，讓受試者在看不到正面的情況下猜測卡片的圖案。

④安德莉亞・普哈里奇（Andrija Puharich, 1918-1995），原名 Henry Karel Puharić，美國醫學及超心理學研究員、醫學發明家、醫生和作家。

⑤J・G・普拉特（J. G. Pratt, 1910-1979），即 Joseph Gaither Pratt，美國心理學家，專門從事超心學研究。曾在杜克大學是J・B・萊茵博士的實驗夥伴。

⑥羅伯特・克魯卡爾（Robert Crookall, 1890-1981），英國地質學家，也是一位星體投射和靈魂出體研究人員。退休後蒐集大量人們的出體經歷，出版了多部相關著作。

⑦霍內爾・哈特（Hornell Hart, 1888-1967），美國社會學教授及超心理學家，曾研究幽靈和死後生命。

⑧加德納・墨菲（Gardner Murphy, 1895-1979），美國心理學家，專門研究社會心理、人格心理學和超心理學。曾任美國心理學會（American Psychological Association, APA）會長，以及英國心靈研究學會（Society for Psychical Research, SPR）會長。

星師，神聖科學⑨或唯靈論的牧師，通靈人，飛碟愛好者，催眠師。

其中大多數人的全部或部分收入都有賴於從事這類事業。許多成員會同行相輕，且常常傾向於對自身靈性範疇之外的技術和理論持懷疑態度。對於與其專研領域無關的成果，他們甚至可能抱之以微妙的嘲弄，或者以看似寬容卻帶著優越感的看戲態度對待。這一點可以很好地解釋爲什麼迄今爲止，這個地下團體都沒有任何組織性。但儘管如此，拜其共同興趣所賜，專業人士們還是相互吸引。畢竟也沒其他可以一起平等分享自己的想法和經歷、彼此理解的人了。

以上這些話絕不是要誹謗或詆毀專業人士們。他們絕對是一群才華橫溢的妙人。每個人都在自己的道路上，無論是以何種方式在追求著眞理。一旦你成爲地下組織的一員，就會明白，沒有他們的世界將多麼乏味。

提供給地下消費者們的資源管道非常豐富，有雜誌、報紙、講座、讀書會（每年至少會有五十本新的地下書籍問世，其中許多出自頂級出版社），甚至還有電視和廣播節目。後者顯然是由一些狂熱成員製作的，但並不成功，畢竟地下組織在很大程度上仍屬於少數群體。公眾通常的反應是：「你們不會眞的相信這些吧?!」

那麼，這個地下世界的大眾群體都有誰呢?與人們的預期相反，可不是只有愚昧的、教育水準不高的、迷信的、錯亂的不合群者。沒錯，是有一部分這類人，但所占比例並不比他們在普通人群中的比例高。事實上，如果能做一番調查，地下成員們的平均智商很可能遠遠高於西方人口的一般水準。

將他們聯繫在一起的共同紐帶或原因很簡單。他們所有人都相信：（一）在我們當代社會，人類的內在自我既沒有得到理解，也沒有得到充分表達；而且（二）這個「內在自我」在精神和物質上所能達到的層次，對於現代科學來說還是未知和未承認的。這些人的主要業餘愛好是閱讀、交談、思考、討論和參與任何「心靈」或「靈性」性質的活動。這就是成爲會員所需的全部要求。也許你早已是其中一員，只是自己尚未覺察。

這些人是怎麼「變成」那樣的？最常見的答案是，他們體驗過或參與過某種無法以現代科學、哲學或宗教教義解釋的現象。有些人對這些現象不以爲然，避而不談，然後拋之腦後。另一些人，就是最終成爲地下成員的那些人，他們會試圖尋找答案。

---

⑨神聖科學（Divine Science），亦即神聖科學教派（Church of Divine Science），是興起於十九世紀的「新思想」（New Thought）宗教運動中的一部分。該團體於十九世紀八十年代在舊金山正式成立，由瑪琳達·克拉默（Malinda Cramer）領導。

在找不到其他訊息來源的情況下，我拿到了地下組織的「入場券」。不幸的是，即使是在這個陌生的「新奇舊世界」，我所尋找的訊息確實非常稀少。但至少有一些人會嚴肅對待我口中的「第二狀態」，也覺得這種現象有可能存在且眞實出現過。

不久後我就清楚了，地下世界在一百多年前或更早以前就出現了，由於現代科學開始規範人類的概念，並從中剔除不合理的、未證實的「知識」。在這番「淨化」的努力之下，任何沒能通過或尙未經過經驗主義考驗的東西，都被「智慧」的領導層無情拋棄。那些仍持有被拋棄信仰的人則名譽掃地。如果他們固執己見，同時還希望活躍在社會舞臺上並被接納，那就別無選擇，只能將其祕密觀念轉入地下，同時在公開場合保持另一種形象。不少拒絕這樣僞裝「潛伏」的人則成了殉道者。

時至今日，在這個開明的社會中，同樣的態度仍然普遍存在。在支持超心理學或類似學科聞名的專業人士中，可能只有五個人仍在其職業領域受到公眾的敬仰和尊重，無論是在醫學、心理學、精神病學還是物理科學領域。在這個階段，我相信我已經遇到了全部五個這樣的人。可悲的是，我並沒有因此獲得太多啓發，但這不是他們的錯，他們不過是對第二狀態或第二身體知之甚少罷了。

最重要的是，我很喜歡我遇到的這些地下人士。我在小城鎭、大城市、商界、教會團體、大學，甚至在美國精神醫學學會（American Psychiatric Association）都發現過他們的蹤跡！通常來說，他們都非常溫文爾雅。他們性格開朗，有一種溫暖的幽默感。這是一個快樂的群體，在必要的時候可以嘲笑自己那認眞追求的興趣。不管有意無意，他們是我所知的人類當中最無私和最有同情心的一部分人。毫不意外，「最有信仰之人」這一名號肯定非他們莫屬。

如果以上所說看起來像是在草率否定現有「超自然」著作中的所有其他來源和材料，那並非我的本意。每種材料都有自己對「眞理」的獨特詮釋，也許眞理就是千姿百態的。我曾在降神會上坐在靈媒面前，詢問一些明確的問題，得到的卻是模稜兩可的回答。本來直截了當的答案可以爲我排憂解難，但這種答案純粹是在兜圈子。然而隨後，令我震驚的事發生了，在一次類似情況下，我參與了一項「第二身體」的實驗，該實驗（向我和其他人）驗證了這位靈媒能力的眞實性。眞理實在是撲朔迷離！

愛德加．凱西⑩，可算是當今靈性界名副其實的聖人，其能力無疑是有眞憑實據的，也

⑩愛德加．凱西（Edgar Cayce, 1877-1945），美國著名通靈人，能夠在睡夢中的恍惚狀態下回答問題，其通靈內容包括疾病治療、轉世、亞特蘭蒂斯等等。曾有傳記作者稱其為「沉睡的先知」。

接受足夠多的調查驗證，但就現代科學和醫學看來，他卻仍然是不可信的。最確定的一點是，真相就算展現了出來，在歷史中除了幾筆模糊的隻言片語外，也難以留下記錄。如今，在凱西去世二十多年後，人們對他特殊能力的運作方式及背後真相的了解，還停留在他去世時的程度。

凱西的通靈解讀很有幫助，但由於涉及第二狀態，有些內容很難解釋清楚。從他的內容我們可以得到確認，但他並沒有做出相關解釋。他有關這一領域的許多解讀都籠罩在濃厚的宗教氛圍中。這為凱西資料留下了很大的闡釋空間，所以很多人（牧師們？）如雨後春筍般冒出來，提供闡釋業務。

即使是現在，也還有其他一些顯然與凱西有類似能力的人們。其中有一位靈媒就提供我相當準確的身體情況報告，並給出一些我「第二狀態」活動情況的大致數據，但這些數據沒有多少啟發性，也無法證實。無論如何，這些數據確實讓我相信了她的能力。同樣，這也是（對我和其他參與者來說的）上述「真理可能千姿百態」的一個範例，但沒有可作為「呈堂證供」的直接答案。

還有幾位「靈媒」為我做了「人生解讀」。內容極為泛泛，無法對簡單的問題給出直截了當的答案。如果是真的（我憑什麼說他們不是？），這些通靈者肯定是受限在各自的感知範圍內了。要不然，就是他們在將抽象訊息轉換爲具象語言的時候出現了問題。我非常能理解後一種情況的發生。

正是在與這些「人類思想分支」（就是被我親切稱爲「地下組織」的人群）接觸以及進行靈媒解讀的過程中，我終於發現了可能有希望解釋我此前怪異經歷的一抹曙光。如果沒有親身經歷過，我是不可能會相信自己的發現。同時，意識到自己並不是特例，也令人欣慰。

我到底經歷了什麼？簡單地說，我當時是在進行「星（光）體投射」（astral projection）。是布拉德肖博士提供了這個線索，儘管他本人只是很隱約地聽過這個概念。

對外行來說，「星體投射」這個術語指的是暫時離開肉體，在非物質狀態或在「星光體」狀態下移動的技術。「星光體」這個詞被賦予了許多含義，也有著科學方面與其他方面的諸多解釋。此處「科學」一詞的使用值得商榷，因爲現代科學界，至少在西方科學界，既沒有認可、也沒有嚴肅意識到這種現象的可能性。

在人類隱晦不清的歷史中，情況就迥然不同了。「星光」一詞最早見於人類早期的神祕玄學事件，其中涉及巫術、魔法、咒語和其他被現代人斥爲迷信的看似愚昧的行爲。由於沒有深入研究這個領域，我至今仍然不知道「星體」這個詞究竟是什麼意思。因此，我更傾向於使用「第二身體」和「第二狀態」這兩個術語。

至今仍然層出不窮的這類文獻，描繪了一個有許多層面的星光世界，是人類「死後」的去處。星光體旅行者可以短暫地拜訪這些地方，與「已死」之人交談，參與「那裡」的活動，然後顯然能「毫髮無傷」地返回肉體。有那麼幾次，我曾熱切地希望（更確切說是「祈禱」）真的每次都能安然無事。

據神祕學家們的說法，要完成這一奇蹟般的壯舉，你必須經過艱苦卓絕的訓練，或者最好是已經獲得了「靈性發展」。這些在歷史長河中祕密流傳的教義，據說是用來啓迪那些靈性程度足夠發展、有資格接受這類教導的人們。顯然，時不時會有人公開這類祕密教導，也有人偶然學會了這項技術。在過去，這些公開「洩密」的人曾爲此被尊爲聖徒，也可能會被鞭撻、焚燒、嘲笑、監禁。鑒於這些人的遭遇，我的前途看來不會有多「光明」。

矛盾的是，我筆記中的許多內容，已經在一定程度上證實了我的經歷就跟上述神祕學內容有關——這還是相當令人震驚的。用新式表達並翻譯成現代成語來說，大部分內容都遙相呼應。此外，筆記中還存在著許多沒有被神祕學文獻提及的內容，儘管我不知道爲什麼。

根據地下組織的超自然資料顯示，人類的宗教神祕歷史中不斷提及第二身體。在基督教和《聖經》出現之前，比如在埃及、印度和中國的文明中，「第二身體」早已是「標配」性質的存在。這些內容一次又一次出現在歷史學家眼前，但顯然一直被他們歸爲那個時代的神話。

如果從這個角度來讀《聖經》的話，就會發現《舊約》和《新約》中有許多內容證實了這一概念。天主教會中不斷出現關於聖人和其他宗教人物此類經歷的報告，其中一些是主動進入第二狀態的。即使在新教中，虔誠的信徒們也報告過在某種形式的宗教狂喜狀態下會發生出體現象。

在東方，第二身體的概念長期以來在現實世界中都是司空見慣的。同樣，這個主題本身就是一項完整的研究，有許多關於東方文化的地下書籍和權威人士都肯定了第二身體的概念。如今還存在著能運用身心靈力量——包括第二身體活動——的異能者、喇嘛、僧侶、古魯之類的人士，這些現象與現代科學知識完全相悖。很大程度上，物質社會對這些現象視而不見，因爲它們不能在實驗室中複製。

在國內外各種「超心靈」研究機構的檔案中，有成百上千份的出體經歷報告。這類報告的年代至少可以追溯到一百年前，而且人們在久遠之前的各種著作中還發現了更多案例。這些資料是公開的，向任何一個想調查該現象的人敞開懷抱。

所有這些報告中的經歷幾乎都是自發的一次性事件，通常發生在人們身體不適、虛弱或是在強烈的情緒危機期間。所有報告都極爲主觀，然而其數量眾多，本身就可以作爲一種證據。二十世紀期間，有多部蒐集出體經歷的傑出著作得以出版，如果你要研究該主題的話，有必要一讀。這些報告的弱點也很顯而易見：大多數基本上都是報告性的，並輔以猜測；沒有基於直接調查或實驗的細節。什麼原因？很顯然，對這類現象的紮實研究迄今爲止還是空白。

在極少數情況下，出版資料中的記錄裡提到有人可以有意地引導第二狀態，並使用第二身體移動。這種人可能還有不少，但在近代史上只有兩個人特別突出。如果還有其他人有過、或正在進行這一體驗，顯然是對此祕而不宣的。

兩個人中的第一位是奧利弗·福克斯⑪，這是一名熱衷於超自然研究和實踐的英國人。他出版了相當詳細的出體體驗和相關技術報告。除了在一九二〇年的地下組織當中，他的作品鮮爲人知。然而，他顯然嘗試過將出體經歷納入自己時代的認知框架。

第二位也是最著名的一位是西爾萬·馬爾頓⑫，他在一九三八年至一九五一年期間與赫里沃德·卡林頓⑬合作，出版了幾部出體相關的作品。馬爾頓是一位「星體投射者」，卡林頓則一直進行著超自然現象的研究。時至今日，他們的書籍一直是該領域的經典之作，讀起來也妙趣橫生。在後續調查中，我再次驚訝地發現，這些東西中竟然有那麼多是顯然被人們忽略了的。此外，很少有或根本沒有人進行過經驗性的實驗，爲嚴肅而客觀的研究者提供數據。距今（一九七七年）最近一本書的作者叫 Yram⑭，這本書的確也提供了一些線索，但沒有與我的情況密切相關的內容。

近期，幾位專業人士在科學研究和評估方面做出了重大嘗試，如霍內爾・哈特、南多爾・福多爾⑮、克魯卡爾和其他幾位具有深厚學術背景的專家。這些著作比很多地下出版物的內容都要嚴謹得多。這一切都是爲了驗證第二身體存在的事實，但是在實驗與「非哲學」的層面上，這些著作幾乎或根本沒有給出確鑿的數據。再次感嘆，都沒有人做過這類實驗，怎麼展開討論呢？

地下世界相關的問題始終都是，要避免使理性分析淹沒在神學思想和神學信仰的巨大泥淖之中。就在不久前，人類曾認爲電是上帝；在更早之前，太陽、閃電和火都曾被認爲是上

---

⑪奧利弗・福克斯（Oliver Fox, 1885-1949），英國作家、詩人和神祕主義者，致力於研究星體投射和清醒夢現象。

⑫西爾萬・馬爾頓（Sylvan Muldoon, 1903-1969），美國神祕學家，提出了「星體投射」這一概念。

⑬赫里沃德・卡林頓（Hereward Carrington, 1880-1958），英裔美國神祕學家，作家。研究各種靈異現象、舞臺魔術和替代醫學，有超過一百本相關著作。

⑭Yram（1884-1927），原名 Marcel Forhan，出生於法國的電氣工程師及神祕學作家。著作中涉及靈魂出體與轉世輪迴等。

⑮南多爾・福多爾（Nandor Fodor, 1895-1964），匈牙利裔超心理學家、精神分析學家、作家和記者。

帝。然而科學告訴我們，這些想法是荒謬的，並試圖以實驗向我們證明。也許處在第二狀態下的第二身體可以提供一次顯著的量子躍遷⑯，從經驗層面證明上帝的存在。到那時一切真相大白，就不會再有地下世界了。

雖然在地下組織中結識了不少新朋友，但對於「我現在該做什麼」這類問題，卻沒得到什麼具體回答。令我驚訝的是，那些人竟然反而向我尋求答案。

看來只有一條路可走了。那就是十二年來累積的成千上萬次的、且仍在繼續增加的出體實驗。它們都引出了一些不容忽視卻與我所處的環境格格不入的結論。接下來的內容會給你帶來什麼，就取決於你自己了。

---

⑯ 量子躍遷（quantum jump）：是原子或人造原子中，電子從一個能級到另一個能級的變化。當電子從一個能級「跳躍」到另一個能級時，它似乎是不連續的。它也被稱為電子（去）激發或原子躍遷。這裡用來比喻觀念的巨大改變。

3 出體證據

一九六四年秋天的一個晚上，在洛杉磯召開了一次有趣的會議。與會的有大約二十名精神病學家、心理學家、科學家等等——還有我。這一晚收穫頗豐。會議旨在真誠而嚴肅地檢查本章內容中濃縮的出體經歷和實驗。在被小組「審訊」了幾個小時以後，輪到我提問了。我問了他們每個人兩個簡單的問題：

「如果你也正在經歷我所面臨的狀況，你會怎麼辦？」

大多數人——三分之二以上——的明確意見是，應該盡一切努力繼續實驗，以便有望啓蒙人類智慧、提升人類了解自身的程度。有幾個人半眞半假地說，我應該跑——而不是走——到最近的精神科醫生那去。（在場的精神科醫生都對此「無動於衷」。）

第二個問題是：「如果有實驗能在你身上創造出如此不尋常的體驗，你願意親身參與這樣的實驗嗎？」

此時，事態發生了一些變化。約有一半人表示願意參與。奇怪的是，願意參與實驗的人，恰恰有一些是對這種經歷的真實性抱持最懷疑的態度。當然，這讓我能藉機「點」一下那些支持我繼續實驗的人。要說到潛入寒冷、陌生的水域，還是讓別人去吧。不管從什麼方面來看，我都不怪他們。如果在十二年前把這個問題拋給我，我都懷疑自己會不會願意參與實驗。

爲什麼這群人要費勁聚在一起？也許是出於好奇吧。或者，可能是看重其中一些累積的證據材料。我希望是後者。以下是我出體筆記中引起他們興趣的一些關鍵內容。

一九五八年九月十日下午

我又一次浮到了空中，打算去拜訪布拉德肖博士夫妻。想起他正因感冒臥病在床，我想著應該去臥室找他。以前去他家時，我沒進過他的臥室，所以如果我事後能描述出他臥室的樣子，就能證實我確實來訪過。在空中旋轉、進入隧道的過程再次出現，而這次還附帶著一種在上山的感覺（布拉德肖夫婦的家在離我辦公室大約五英里的一座小山上）。我浮在樹木上方，頭頂的天空晴朗明亮。有一瞬間，我看到（天空中？）出現了一個較圓的人形，看似穿著長袍，頭上戴著一個頭飾（有種東方風格），坐姿，雙手放在腿上，也許是以佛陀那樣的方式盤著腿；然後影像消退了。我不知道這有什麼涵義。過了一會兒，上山變得有點困難，我感到能量正在流失，可能到不了博士家了。

正當我這麼想著，一件驚人的事發生了。我明確感到就像有人把手放在我的兩隻胳膊下面一樣，把我抬了來。在這股強大的提升之力幫助下，我飛快地衝上山。然後我就碰到了布拉德肖夫婦。看到他們在房子外面，我略微困惑，因爲還沒到他們的房子裡呢，我就碰到他們。困惑的原因是，我以爲布拉德肖博士應該躺在床上才對。博士穿著淺色長外套，戴著帽子，而他的妻子則穿著黑大衣和深色衣服。他們正向我走來，所以我停了下來。他們看起來精神抖擻，從我身邊走過卻沒看到我，朝著一個小一點的建築走去，像是車庫，布拉德肖稍微落後他的妻子一步。

我在他們面前飄來飄去，揮著手，試圖引起他們注意，但都是徒勞。布拉德肖博士沒有回頭，但我好像聽到他對我說了句話，「好吧，我知道你不再需要幫助了。」想著我已經和他建立了聯繫，我就潛回地下（？），回到辦公室，滾進肉體，睜開眼睛。

一切都和我離開前一樣。振動仍在，但我覺得一天的出體「額度」已經夠了。

重要的事後驗證：那天晚上，我們與布拉德肖夫婦通了電話。除了問他們那天下午四點到五點之間在哪裡外，我沒有吐露任何訊息。（我的妻子在聽我描述了那次訪問後，斷言這不可能，因爲布拉德肖博士肯定是抱恙在床的。）接電話的是布拉德肖夫人，我只問了她上述這個簡單問題。她說，在四點二十五分左右，他們正離開屋子走向車庫。她打算去郵局，而布拉德肖博士則認爲呼吸些新鮮空氣也許對他的病情會有好處，於是穿好衣服也一起到了外面。她之所以知道時間，是因爲她在到達郵局後看了錶，當時正好是五點四十，從他們家開車到郵局大約需要十五分鐘。而我離開他們回體時大約是四點二十七分。我問他們穿了什麼衣服，布拉德肖夫人說，她穿著黑色休閒褲，紅色毛衣，外面是黑色短外套。布拉德肖博士戴著淺色帽子，身著淺色外套。然而，兩人都沒有以任何方式「看見」過我，也沒有意識到我在場。布拉德肖博士完全不記得有對我說過什麼。重點是，我原本以爲他會臥病在床，但事實並不是。

其中的巧合太多了。向別人證明這一點並不重要，但對我來說很重要。它向我證明了——眞的是第一次證明——這個現象可能包含了常態科學、心理學和精神病學無法接受的東西——不僅僅是異常、創傷或幻覺。而我確信，我比任何人都更需要某種形式的證明。這是一個簡單事件，但令人難忘。

在這次拜訪布拉德肖博士夫婦的出體實驗中，我的拜訪時間與他們的實際活動時間相吻合。「自我暗示幻覺因素」一項是「否」。我原本預期布拉德肖博士會在家裡的床上，但事實並非如此，我對這種不一致感到困惑。附帶實際事件條件的一致性報告如下：

實際事件項目	是否在實驗前觀察過上述情況 （如有，則可能帶來先入爲主的無意識預設）
1. 布拉德肖博士和他妻子的位置。	否，我完全不知道他們會臨時改變計畫去郵局，也不知道二人平時去郵局的時間。
2. 兩人的相對位置。	不確定，起碼顯意識並不知道平時誰一般會走在前面。
3. 兩人的行為活動。	否，我預先不可能知道他們會以這種方式走到車庫。
4. 兩人的衣著。	不確定，我可能見過兩人穿過類似的衣服，但原本只預期看到穿著睡衣的布拉德肖博士一個人。

一九五九年三月五日 上午

在溫斯頓—塞勒姆①的一家汽車旅館，我醒得很早，七點半就出去吃早餐了。八

①溫斯頓—塞勒姆（Winston-Salem），美國北卡羅來納州的一座城市。

點半左右回到房間躺下。隨著不斷的放鬆，振動開始出現，然後感覺好像移動了。不久後，我停了下來，看到的第一個景象是一個男孩邊走邊向空中拋接棒球。畫面快速切換，我看到一個男人試圖把什麼東西塞進一輛大轎車的後座。這件東西看起來很笨重，看起來像是帶有輪子和電動馬達的小型汽車。男人翻轉了幾下這個東西，最後終於把它塞進後座，砰地一聲關上門。又一次快速切換，我站在一張桌子旁邊。一些人圍桌而坐，桌上擺滿盤子。其中一個人正在向桌邊其他人分發像是白色大撲克牌的東西。我覺得在一張滿是盤子的桌上打牌很奇怪，而且紙牌尺寸這麼大，還是白色的，也令我好奇。再次快速切換，我正懸浮在城市街道上，大約五百英尺（約一百五十二公尺）高的空中，在尋找「家」。然後我看到了電波塔，想起我下榻的汽車旅館離電波塔很近，幾乎是瞬息之間，我回到了自己的肉體。我坐起來環顧四周，一切如常。

重要的事後驗證：同一天晚上，我到朋友阿格紐．巴恩森（Agnew Bahnson）夫婦家裡拜訪。他大致知道我最近在做的「活動」，我突然有種預感，今天早上經歷的事件就與他們有關。於是我詢問了他們兒子的情況，他們把他叫進房間，問他這天早上八點半到九點之間在做什麼。他說，他當時正在去上學的路上。當被問及當時具體在做什麼事時，他說正向空中拋接棒球。（雖然我很了解他，但我並不知道這個男孩喜歡棒球，儘管這一點也可以假設得出。）接下來，我決定說出我看到的往汽車裡裝東西的事。巴恩森先生大吃一驚。他告訴我，就在那個時候，他正把一台「范德格拉夫起電機」②裝進汽車後座。

那台起電機是個笨重的大塊頭，有輪子、電動馬達和底座。他給我看了那個裝置。（原本只在第二身體狀態下見過的東西如今眞眞切切就在眼前，感覺怪可怕的。）接下來，我告訴他們飯桌和白色大卡片的事。他的妻子對此興奮異常。原來情況是這樣的，兩年來的第一次，因爲全家都較晚起床，她就把早上收到的信件帶到早餐桌上，分發給大家。大號的白色撲克牌！他們對這個事件相當激動，我也確信他們並不是在迎合我。

在這次晨間出體拜訪巴恩森一家的事件中，拜訪時間與實際事件相吻合。自我暗示所致幻覺，否；不存在有意識去拜訪的動機，儘管可能有無意識的動機。附帶實際事件條件的一致性報告：

---

②范德格拉夫起電機（Van de Graaff generator），一種用來產生靜電的裝置，於一九二九年由荷蘭裔美國物理學家羅伯特・傑米森・范德格拉夫（Robert Jemison Van de Graaff）發明。

實際事件項目	是否在實驗前觀察過上述情況 （如有，則可能帶來先入爲主的無意識預設）
1. 兒子走在街上向空中拋球。	否，我並不知道他兒子喜歡棒球，也不知道他的日常活動。
2. 巴恩森先生在汽車旁邊。	否，事先不知道巴恩森先生早上在汽車附近的行為，這也不是他的日常習慣行為。
3. 巴恩森先生在汽車邊的行為。	否，如前一條指出，這種行為（即往車上裝東西）不是日常習慣行為，因此不可能是由於我預先觀察了巴恩森先生的某些習慣導致的。
4. 他裝進車裡的東西。	不確定，可能我之前見過該設備，但未在指定位置（巴恩森家）見過。
5. 巴恩森太太在餐桌上的行為，發「牌」。	否，沒有預先觀察的記憶，因為巴恩森太太的這一行為不是習慣性的，在餐桌邊整理郵件屬於特殊事件。
6. 「牌」的大小尺寸，以及顏色是白色。	否，原因如上，再加上我自己生活中也沒有在餐桌邊整理信件的習慣，外加我在出體時對這個行為還產生了曲解（以為是撲克牌）。
7. 餐桌上有盤子。	不確定，該項可能涉及預先觀察，因作者本人在巴恩森家吃過幾次早餐。

一九六〇年十月十二日 夜

這次出體的結果是對我信念的極大顚覆，所以必須詳細報告。在我們上天入地尋找出體相關答案的過程中，接觸到了據稱擁有超自然力量的M夫人。她是非常善良正直的人，我對她的尊崇一如既往且不會改變。然而，在我們的兩次「與會」中，我有一種明確的感覺，那就是當M夫人進入恍惚狀態時——雖然她一直是個非常眞誠的人——卻會表現出某種形式的人格分裂。當出現有指導靈「接管」她的肉體（？）並通過她的聲帶說話的情況時，對我來說完全就像是她分裂出了另一個人格。這並不是說我認爲M夫人故意製造這種幻象，而是說這種「指導靈」可能是自我誘導催眠的結果，而她眞的對發生的情況一無所覺。我確信M夫人那時絕沒有試圖「做假」。她不管在當時還是現在，都不是那樣的人。

讓我無法信服的地方在於，當我問她的指導靈——那是她的亡夫和一個美國印第安人，通過她和我對話——某些問題時，我得到的答案是模稜兩可的。她的回答頂多也不過是「你會通過自己的來源找到答案」。這個答案對當時的我來說是迴避問題的一種取巧回答，這樣就不必給出可以通過其他方式進行驗證的答案。我覺得詳盡指出我對M夫人及其指導靈的懷疑很重要。

然而，昨晚發生的事情和今天的報告讓我徹底糊塗了。M夫人的朋友R.G.曾建議我，試試去「拜訪」M夫人週五晚上（昨晚）在紐約一所公寓裡舉行的降神會。我沒有明確拒絕，表示我不能確定能不能去。坦白說，當週五晚上到來時，我已經把降神會的事忘得一乾二淨（至少是顯意識中忘了）。

接下來的事情是這樣的。那天晚上一切正常，十一點半左右，我和妻子就上床睡覺。我的妻子幾乎立即就睡著，從她平穩的深呼吸中就可以判斷出來。我躺在那裡，顯然是處於深度放鬆狀態，甚至可能是半睡半醒中，我突然感到一種「走過墳墓」③般的寒冷，脖子後面寒毛直豎。我掃視了一下半暗的房間，既驚恐萬分又驚歎不已。我不知道期望看到什麼，但當時有一個白色幽靈般的身影正站在通向大廳的門口。它看起來其實很像我們傳統文化中的「鬼魂」形象——約六英尺（約一點八公尺）高，從頭到腳覆蓋著像是白布的東西，垂到地板上。它的一隻手伸了出來，正抓著門框。

這把我嚇壞了，我當時也沒有機會把這個東西和自己做過的任何事情聯繫起來。它開始移向我的那一刻，我一邊嚇得發抖，一邊覺得必須看看它到底是什麼。我幾乎立刻感到有一雙手蓋在我的眼睛上，擋住我的視線。儘管害怕，我還是一直試圖把那雙手推開，直到那個「幽靈」終於來到我的床邊，離我不到一英尺（約零點三公尺）遠。然後我的兩側臂膀被什麼人輕輕握住，接著就被從床上拉了起來。這時我冷靜下來，因爲顯然我意識到，不管它是什麼東西，它都是友好的。我沒有掙扎，也沒有反抗。

接著立刻產生了一種快速移動的感覺，我們（我後來發現有兩個「人」拉著我，一邊一個）突然來到一個小房間上方，就像是從天花板往下看。下面的房間裡有四位女性。我看了看自己兩邊的兩個「人」。一位是金髮男性，另一位是黑髮，看長相像是東方人。兩人似乎都很年輕，二十出頭。他們正對我微笑。

我對他們說，請他們務必原諒我之前的態度，因爲我不知道自己在做什麼。然後我飄到了房間裡唯一一張空椅子上，坐了下來。一位穿深色西裝的高大女性坐在我的對面，一位穿著長及腳踝的白色長袍式服裝的女性坐在我旁邊。另外兩位的樣子有些分辨不清。一個女性聲音問我，是否會記得我到過那裡，我向她保證一定會記得的。另一位女性說了些有關癌症的事，但我只記得這麼多了。

然後其中一位女性（穿深色西裝那個）走到我跟前，在我的椅子旁邊晃來晃去，把

③原文是 walking over your grave，來源於英文諺語 somebody is walking over my grave，表示顫抖和恐懼。

自己直接「搭」在了我身上！我沒有感覺到她的重量，但不知什麼原因，她突然起身離開了。然後我就聽到笑聲，但當時我的心思在別的事情上。顯然，剛才發生的小插曲帶來了一些影響。就在那時，我聽到一個男性聲音說：「我覺得他離開的時間夠長了，我們最好把他帶回去。」

是去是留？我猶豫不決，但沒有爭辯。幾乎在一瞬間，我就躺回到床上，好像什麼事都沒有——除了我的妻子，她在此期間一直醒著。她說，我時而喘氣，時而發出呻吟和嗚咽，然後有時呼吸很淺或根本沒有呼吸。除此之外，她什麼也沒看到或聽到，但原本在我們房間睡著的貓醒了，而且表現得非常緊張。我的妻子憂心忡忡。如果換作我是她，看到我當時的樣子，肯定也會擔心。

這次「會面」當然得驗證驗證，於是我打電話給R.G.，還眞的有所發現。首先，我出體拜訪降神會時，有四名女性在場。驗證的那天，在我的要求下，她們穿著同樣的衣服聚在那個公寓（客廳非常小）。穿深色套裝那位女性的身材和我出體時看到的一模一樣，而且她在降神會時曾無意間「坐」在爲我「保留」的椅子上。這發生在我出體那個晚上的晚些時候，十一點半以後，當時降神會早已結束，她們四人正圍坐在一起聊天。其他人喊道：「不要坐在鮑勃（指作者）身上！」高個女性就從「我的」椅子上跳了起來。她們都被這句話逗得哈哈大笑。另一名女性確實穿了白色長袍，是件家居服。她們讓我要記住自己到場的話，其實並沒有口頭說出來（又是那種超意識溝通？），但其中一名女性曾說第二天要到癌症紀念醫院（Cancer Memorial Hospital）工作。另外兩位女性我以前見過，就是M女士和R.G.女士，但「坐」在我身上和穿白色長袍的兩位女士我不認識。在場有四名女性，兩個人的衣服，其中一個人的身材，坐在椅子上的事，坐在我身上並跳開的事，哄堂大笑，小房間，提及「癌症」，這些巧合太多了，以我的能力不可能準確產生這些幻覺。我相信當時大家所經歷的是眞的了。

但是那兩位男性呢？M夫人之前爲我通靈時，眞的和她的亡夫以及一位印度人交流過了嗎？原先我不知道其中關聯，直到後來我才知道她的亡夫也是金髮！對於M夫人，我一定得少點懷疑，多點開放包容的意識才好。

此次的公寓拜訪事件，時間與現實事件吻合。自我暗示所致幻覺，不確定，因爲我可能無意識中保留著去拜訪的念頭，儘管沒有進行有意識的嘗試。附帶實際事件條件的一致性報告：

實際事件項目	是否在實驗前觀察過上述情況（如有，則可能帶來先入爲主的無意識預設）
1. 房間的大小。	否，以前沒到過這間公寓，也沒有聽人描述過。
2. 在場的女性人數，四名。	不確定，R.G.可能提到過出席降神會的人數。
3. 有一張空椅子。	否，那天晚上她們才有要留出一張空椅子的想法。
4. 兩位女性的著裝。	否，以前沒見過這兩位女性，也沒見過她們穿那樣的衣服。
5. 有提及「癌症」。	否，出於同樣的原因，不可能知道陌生女性在癌症紀念醫院工作的事。
6. 一名女性往椅子上坐的行為。	否，因為該行為不是計劃好的。
7. 這群人哄堂大笑的態度。	否，因為其他人「哄堂大笑」這一反應是自然流露，不是安排好的。

一九六三年八月十五日 下午

這是長時間「休整」以後的一次成效斐然的實驗！R.W.是我在長期工作合作中熟識

的一位女商人，也是了解我「出體活動」的密友（雖然也算參與過，但還是抱著一點懷疑態度）。她本週去新澤西海岸度假了，除了這一點，我不知道她度假的確切地點在哪裡。我也沒有通知過她我有什麼實驗計畫，只是因爲直到今天（星期六）我才突發其想要做一次出體實驗。今天下午，我躺下來，並決定要努力去「拜訪」R.W.，無論她在哪裡。（就我的情況而言，首要規則一直是出體後找熟悉的人最容易——但機會並不太多。）下午三點左右，我在臥室躺下，進入放鬆模式，感受到溫暖感（更高層次的振動）的出現，然後強烈地想著「去找」R.W.。

又出現了穿越淺藍色模糊區域的那種熟悉感覺，然後我來到一個像是廚房的地方。R.W.坐在右邊的椅子，手裡拿著一個玻璃杯。她看著我的左邊，有兩個女孩（大約十七八歲，一個金髮，一個黑褐髮）也坐在那裡，都端著杯子，在喝著什麼東西。三個人正在聊天，但我聽不見她們在說什麼。

我先靠近那兩個女孩，直接來到她們面前，但無法引起她們的注意。然後我轉向R.W.，問她是否知道我來了。

「哦，知道，我知道你在這。」她回答（在心裡回答，或是用那種超意識交流的方式，因爲她一邊還在和那兩個女孩交談）。

我問她，是否確定能記得我去過那裡。「哦，我一定會記得的。」她回答。

我說，這次我得確保她能記得。

「我會記住的，我保證會。」R.W.說，同時嘴上沒有歇著，仍不停在和兩個女孩聊天。我說，我必須得確保她能記得，所以我決定掐她一下。「哦，你不用這樣，我會記住。」R.W.急忙說。

我說我得確保萬無一失，隨即伸手去掐她一下，很輕，起碼我認爲是很輕的。我掐的地方是她的腰側，在髖部和脅下之間的位置。她「啊」地一聲大喊出來，我略感訝異，後退一步。我著實沒想到還眞能掐到她。我心滿意足地轉身離開，覺得這次好歹不算無功而返。我想著物質世界，幾乎馬上就回體了。我（肉體）從床上起來，然後走到我現在正在用的這台打字機前。R.W.要到星期一才會回來，這次出體是否成功聯繫上她，還是說只是又一次無法驗證的失敗嘗試，到時就可以確認了。回體時間，三點三十五分。

重要的事後驗證：今天是週二（實驗是上週六進行的）。昨天（週一）R.W.返工後，我問她上週六下午三點到四點之間在做什麼。她很清楚我問這個問題的原因，說讓她回想一下，等週二（今天）告訴我。以下是她今天報告的內容：週六下午三點到四點這段時間，她下榻的海灘小屋難得清淨了一點，沒有太多人。這是她第一次單獨和侄女（深色頭髮，大約十八歲）以及侄女的朋友（大約同齡，金髮）待在一起。三點十五分到四點左右，他們都在小屋的廚房用餐區，她喝著酒，而女孩們喝可樂。她們當時坐著聊天，沒做其他事。

我問R.W.，還記不記得別的事，她說不記得了。我更仔細地問她，但她回憶不起來別的什麼。最後，我失去耐心，直接問她是否還記得有人掐她一下。她的臉上掠過一片震驚之色。

「是你幹的？」她盯著我看了一會兒，然後走進我辦公室的內室，轉過身，撩起了毛衣（只撩起了一點點！）左側下緣蓋住裙腰的地方。就在我掐過的地方，有兩個棕青色的瘀痕。

「我當時正坐著和女孩們聊天，」R.W.說，「突然間，我感到一陣劇烈的掐痛。我當時肯定蹦起來有三尺高。我以爲是姐夫回來了，從後面偷襲我。我轉過身去看，但一個人也沒有。我根本想不到會是你！你掐得好痛！」

我爲掐得太用力而道歉，並向她承諾，如果再做這樣的實驗會試試其他方法，不再用力掐人了。

在這次實驗中，時間點與實際事件吻合。

自我暗示所致幻覺，不確定，因爲存在出體拜訪的意願，並且預先知道R.W.的大致位置。附帶實際事件條件的一致性報告：

實際事件項目	是否在實驗前觀察過上述情況 （如有，則可能帶來先入爲主的無意識預設）
1. 位置（在室内，不在戶外）。	否，推測她會在沙灘上進行戶外活動，而不是在室内。
2. 在場人數。	否，推測會有一些成年人，因為R.W.是去拜訪姐姐和姐夫的。
3. 對兩個女孩的描述。	否——不確定，有可能以前從R.W.處知道她的侄女及其髮色；對侄女的朋友及其髮色和年齡，該項為「否」。
4. 在場人們的行為活動。	否，她們當天特定時刻會有什麼習慣模式，我無從推測。
5. 確認被掐。	否，R.W.事先並不知道有這次實驗，因為以前從沒有想過做類似實驗，實驗者（現實中）也沒有去掐R.W.的習慣。以前從未這樣做過。
6. 掐了皮膚之後留下的痕跡。	否，R.W.不可能知道我會捏哪個部位（從而與實際位置對應）。

還有額外的證據報告，其中一些包含在本書其他章節，用來說明「理論和實踐」的某些領域。其中有一、兩次出體是在實驗室條件下進行。

這些事件本身可能很簡單，而且無足輕重，但作爲拼圖中的一個個碎片，它們都至關重要。只有在蒐集了成千上萬個這樣的零碎證據從而得窺全局後，從中漸漸浮現的整體模式對我來說才變得更具可信度和可接受性。也許對你來說，也是如此。

4 此時—此地

在任何關於第二身體和第二狀態的討論中，最常見的問題之一是：你出體去了哪裡？在評估所有實驗之後，我們逐步總結出了三種「第二狀態」環境。第一種，由於沒有更好的命名，我暫且稱之爲「現場一」。更準確地說，它可以被稱爲「此時—此地」。

「現場一」是最具可信度的。現場一中呈現的人物和地點，就是你出體那個當下的物質世界中確實存在的。它就是由我們肉體感官呈現出來的世界，大多數人都相當確定這個世界的眞實存在。當第二身體進入現場一時，一般不會見到陌生的生命體、事件或地點。也許會見到不熟悉的事物，但不會很怪異或太過未知。如果見到了怪異事物，那就說明感知被扭曲了。

因此，唯一可由標準方法證實的證據性①結果，就是第二身體在現場一當中活動時所提供的。第三章的所有實驗都是在現場一中進行的。儘管如此，上述案例以及其他同類實驗在所有記錄在案的實驗當中，占據的比例也都少得可憐。

進入現場一表面上看起來很容易。脫離肉體，進入第二身體狀態，然後去拜訪喬治，取得聯繫，返回肉體並記錄報告。易如反掌嘛。

要是眞那麼容易就好了！不過，造成這一困難的因素是可辨識的。認識到問題就意味著最終可能會有某種解決方案，或許這一點同樣適用於這個領域。

讓我們首先來看方向和識別這兩個因素。例如，假設你完全清醒並身處肉體當中，你不是在地上行走或乘坐汽車，而是在空中飛翔。你發現自己擁有了飛行能力後，決定飛到喬治家看看行不行。你的家或實驗室在一個大城市的郊區，而喬治住在城鎮另一邊的一個分區裡。

在一個陽光明媚的下午，你出發了。出於本能，你會飛得高點，就能避開樹木、建築物等障礙物。但出於謹愼，你不會飛得太高。因爲你想要邊飛邊辨識地標，如果飛到五千英尺高空，可能就看不到這些了。因此，你保持低空飛行，離地面大約一百英尺。現在，該走哪條路呢？你開始尋找熟悉的地點，就在那一刻，你意識到有問題了。你沒有去喬治家的指南針路線圖，就算有，也幫不上忙，因爲你沒有指南針。但你並沒有被這個困難打敗，決定用

① 證據性（evidential），作者用來形容一些出體科學實驗研究方面的結果或數據是有價值的、可驗證的。

熟悉的建築和街道作爲路標，直接穿過城市。這條路線你已經開車走過多次，所以應該很容易找到路。

你要開始飛躍房屋和街道了，但瞬間呆若木雞。原本熟悉的環境突然變得好陌生。你回頭一看，連就在附近的家也有點找不到了。你思索了一下才意識到爲什麼會這樣。你一直在地面上生活，視野從來沒有超過六英尺高。大部分時間，我們習慣直視前方或向下看。只是當有東西吸引我們的注意力時，才會偶爾抬頭仰望。即使這種仰視的視角，也與從一百英尺（約三十點四公尺）高度俯視地面完全不同。如果給你一張直接從空中向下拍攝的鳥瞰照片，你需要花多長時間才能認出自己的家？這同樣適用於你所有「熟悉」的環境、街道、建築、城市和人。

你應該能到達喬治家，但要花很長的時間。可能從五十英尺（約十五點二公尺）開外，你都認不出他家，因爲你只見過他房子正前方的外觀，而這次你可能是從房子後面飛過來。這個問題不是你一個人獨有的。飛機在明亮的白天低空飛行時，飛行員如果有一瞬間注意力不集中，就會「迷路」，哪怕在機場方圓兩英里附近。一轉眼，地面的一切都變得完全陌生。只有導航儀器才能幫你快速定位。如果你的朋友喬治住在離你鑾遠的另一個城市，而你從來沒去過這個城市，他家房子的照片你也從來沒見過，問題顯然會更加複雜。當然，如果他用黃色螢光塗料在屋頂上標一個「X」，再配一盞一千萬燭光度②的信號燈，並在沿途的街道和高速公路上也做上類似的標記，你倒是有可能成功抵達他家的。

現在讓我們在第二身體狀態下進行上述嘗試，並做對比研究。你再一次飄浮在一百英尺的空中，只是這回不是肉體。這一天陽光明媚，但你的「視力」有些受限。你仍然不太習慣於目前看東西的「方式」，這會導致你看到的場景出現一些扭曲。你可以慢慢地從自家走到喬治家，就像肉體的方式一樣。旅途也將和肉體行走一樣緩慢，只是視覺狀態要差一些。

還有更好更快的方式。幸運的是，我們似乎擁有一些內置的方向感，如果你能掌握的話。在此處，上句中的「如果」是關鍵。正如我在前文提到的，你得「想著」自己要找的那個人——不是想著一個地方，而是一個人——並使用上述方法去找他。只需要片刻，你就能抵達。如果你願意的話，也可以一邊觀看在你下方掠過的風景，但是當你一頭衝向建築物或樹木並且直穿過去時，看風景會有點不適。爲了避免這種不適，旅途中就不要去看了。你很難完全克服「這些東西是固體的」這種肉體層面的慣性思維。至少我還克服不了。我在離開時，仍然會從門出去，然後在我第二身體的手穿過門把手時，才意識到根本不需要這樣。我

②燭光度（candle power），舊時發光強度單位，一燭光度指一支普通蠟燭的光亮，約等於一瓦的白熾燈的發光強度。

會對自己這樣的慣性行爲感到惱怒，然後就不再走門，而是穿牆而過，來進一步強化對第二狀態下各種特性的覺察。

有了這種不受距離影響的快捷導航本能，你又將面臨另一個問題，那就是這個自動導航系統太過靈敏了。你一想到某個事物或人物，它就會啓動。所以就算你的頭腦被一絲小小的雜念占據了只有一微秒，就會偏離原本目的地的方向。更甚者，你的顯意識和超意識在「目的地應該是什麼」的問題上可能想法不一。這下你就能理解，爲什麼這麼多試圖獲取「現場一」證據的實驗都以失敗告終了。有時眞的會驚訝，我們竟然在這重重困難之中成功獲取到這些實驗結果。

讓我們來做個實驗，試著對情感和智力上你「不喜歡」（超意識表達其意願）的某個行爲、事件或事物專注一分鐘，不要有任何無關念頭介入。你以爲練習一下就能做到，但你會發現事實未必如此。

以下內容摘自我的出體筆記，是一些因雜念而改變方向的例子：

一九六三年四月十二日　傍晚

溫度約10℃以下，濕度較低，氣壓較高。使用了倒計時技術，計數到三十一時，溫暖感襲來。很容易就離體了，這次計畫去拜訪一位朋友。使用了「伸展法」，對於短短三英里來說，旅途感覺特別漫長……我停了下來。我看了看周圍，發現我正坐在一棟兩層房子的屋頂邊緣，下面好像是後院。有一個女人在院子裡幹活，手裡拿著掃帚。我看著她轉身走進房子。就在她準備進門時，不知爲何突然抬頭，正好看到了我。她嚇了一跳，衝進屋子，「砰」一聲關上了門。嚇到那位女士，我感覺很不好意思，覺得應該離開了。我使用了肉體移動返回信號，輕鬆返回，毫無困難地回到了肉體中。時間過去了七分十秒。評論：我想知道她在屋簷上看到了什麼。還有，我爲什麼會到那裡？顯然是注意力又不集中了。

一九六〇年六月二十九日　深夜

溫度23℃左右，濕度中等，氣壓位於平均值，肉體疲勞。睡著前，到達臨界點時血流翻湧，按計畫，去加州某地拜訪安德莉亞．普哈里奇博士。在視野一片昏黑中移動了一小段時間，然後停下來。有四個人正圍坐在一張桌子旁，其中有三個成年男人，以及一個大約十一歲的男孩。顯然普哈里奇博士不在其中，除非出現什麼特殊情況。我問他們這是哪裡，地點、城鎮或州的名稱是什麼。他們沒有回答，我感覺到他們的小心謹愼。我又問了一遍，那個男孩轉過身，顯然正要回答我，這時其中成年人說：「別告訴他！」很明顯，他們不知何故很怕我。我爲自己剛才的唐突道了歉，並解釋說，我對這種非物質層面的狀態還比較生疏，就轉身離開了。我不想讓他們感到不舒服。

平安回體。出體時長十八分鐘。評論：據後來普哈里奇博士說，那個場景和他當時的活動無關。目的地又錯了，且無法驗證。爲什麼我的出現會令那些人這麼恐懼？

「難以控制出體目的地」這種情況一直並且仍然是影響其一致性和可重複性的主要障礙。這種嘗試的結果，很多次讓我像在上述案例中那樣成爲了「不速之客」，很多情況也都遵從相似的規律。以下是產生證據性數據的其中一次實驗，儘管在場的相關人員，無論是當時還是現在都不知道自己參與了：

一九六二年十一月二十七日 上午

溫度10℃以下，濕度中等，氣壓低於平均值，肉體休息良好。進入放鬆倒計時，使用「性中心意識模式」配合口呼吸來創造出體條件。用「剝離法」離開肉體，就像剝掉外層肉體一樣，然後我就自由飄浮在房間裡了。這次的計畫是去找阿格紐·巴恩森。

慢慢開始行進，以盡可能仔細觀察周圍環境。緩慢穿過了西牆，感受牆壁中每一層材料的質感，然後進入另一個房間，裝修得像一間客廳，然後進入第三個房間，也是一間客廳，沒有人，行進速度變快了一些。周圍一片灰黑色的模糊景象，其他什麼也看不見。強烈專注於巴恩森先生，終於停了下來。身處常規大小的房間，是間臥室，裡面有三個人。右邊有一張大床，上面躺著兩個成年人。在床左邊的地板上，坐著一個大約五、六歲的小女孩。小女孩直視著我，激動地說：「我知道你是什麼！」

我轉向她，爲了不嚇到她，態度盡可能地溫柔親切，我說：「你知道？好棒！我是什麼呢？」當她說「你是一個星體投射」的時候，她一點也不害怕（她可能用了別的詞，比如「鬼」，無論用了什麼詞，她顯然對當時的情況是非常了解的。）我問她住在哪裡，今年是哪一年，但她答不上來，於是我轉向床上的兩個人。我盡可能小心翼翼，免得他們害怕或緊張，但很顯然他們還是膽戰心驚。我問他們現在是哪一年，但他們似乎聽不懂（超意識中沒有時間概念？）。我轉向那位男性，問他叫什麼名字，住在哪裡。他緊張地回答了。隨著他的神色變得愈來愈不安，我離開了床邊，向窗外張望來辨識這個地區。窗外有一個小屋頂，就像門廊的頂部。遠處是一條街道，四周樹木蔥蘢，中間有一片草坪。路邊停著一輛車，是輛深色的小轎車。

我感覺到有必要回體，於是轉身問那三個人，願不願意看我「起飛」。小女孩一副迫不及待的樣子，而兩個大人則顯得如釋重負。我使用了伸展技術，穿過天花板一飛衝天，然後安全無虞地回到了肉體。回體原因：口腔呼吸導致咽喉發乾。出體時長四十二分鐘。評論：通過電話查詢，我用那個男人給我的地址找到了他們家的位置。找個藉口在現實中登門拜訪是否合適呢？

由此可見，要驗證第二身體在現場一的活動，還需要更多的人力、更強的組織運作，只有一個實驗者和幾位不同學科的科學家和精神病學家是不夠的。此外我們還能發現，在當前實驗控制能力之下，出體後意外訪問他人，成爲「不速之客」是難以避免的。如果能在現實中採訪這些人，確認他們在被「闖入」時的所見所感，也許會有很大收穫。困難在於如何找到他們。如上述案例一樣能獲得足夠數據來定位對方的情況，其實是很少見的例外情況。

此外，如果有可能確認「第二狀態中觀察到的現場一活動與現實世界的不一致性」，也蠻有趣的。除了在異常情況下，大多數的「視覺」輸入都是黑白陰影畫面，在任何光照條件下似乎都是如此。不過，強烈的光線和陰影會導致視覺錯覺。例如，深色頭髮被打上強光後，會產生金髮的效果，如以下筆記中所示：

一九六一年五月五日

溫度不到20℃，濕度較高，氣壓中等，肉體狀態適中。晚餐後的傍晚，按計畫拜訪普哈里奇博士，使用「呼吸下頜」技術放鬆，通過九十度「伸出」技術，經歷一番困難後到達了振動狀態。使用了簡單的意念「上浮」出體法，集中心念去拜訪普哈里奇博士。短暫移動後，停在一個房間。房間裡有一張狹長的桌子，幾把椅子和一個書架。有個男人坐在桌旁，正在紙上寫字。他很像普哈里奇博士，但頭髮顏色更淺，像金髮。我和他打招呼，他抬頭微笑，然後說他會在我們的專案上花更多時間的，並爲自己沒有足夠重視而道歉。我說我理解，然後感到一種必須返回肉體的不適，於是向他解釋說我得離開了。他說他明白我需要謹慎，於是我轉過身，迅速回到了肉體中。重新進入肉體並無困難，右臂血液循環不良，因爲我不小心壓到了這條胳膊，很明顯這就是回體的原因。評論：事後與普哈里奇博士核對表明，地點正確，行爲也對應，但他對我的到來沒有一絲記憶。當時我看到他的頭髮像是「金髮」，可能是頂燈的強烈光照所致。

前述內容也顯示出了溝通問題。普哈里奇博士處於清醒狀態，並且知道我會去「拜訪」他，但他顯意識中卻完全不記得有發生過會面。除了出體中的「對話」，所有其他因素都得到了準確驗證。這種情況在出體中發生得非常頻繁，從而引發了諸多討論。起初，有人認為這些溝通對話是我幻想出來的。這樣做似乎很有可能，我只是在無意識的層面上喚起我對來訪者的了解，從而創造出了看似「真實」的對話。不過後來由於一系列此類對話中出現了只有對方才知道的訊息，懷疑對話源於幻想的猜測才偃旗息鼓。

現場一出體的另一個困難在於「時間」。但不利於驗證的是，創造第二狀態所必需的深度放鬆最佳時段是深夜。所以只要有可能，我會很自然地利用這個時段來出體。因為這種時候不需要多費什麼力，離體也快得多。然而，有助於誘發出體的生理和心理條件不是完全可預測或已知的。這種不一致性使無數次純驗證性的實驗以失敗告終。因為在深夜，被探視者除了在床上酣睡之外，沒有任何值得報告的行為活動。「睡覺」這種事，完全不能作為證據，畢竟大多數人每天晚上都會上演這一「行為」。

同樣，在白天進行驗證的嘗試也有相應的麻煩。由於沒有事先約定會在什麼具體時間點去「訪問」他們，大多數參與者都會照常進行各自的日常事務。因此，這種出體「訪問」發生時，對方可能並沒有什麼獨特行為或處於某種異常情況中。結果就是，實驗者在出體時觀察到的受訪者行爲會較爲瑣碎，在事後確認時，對方通常只有模糊的記憶。對於生活中日常行爲的細節，我們是很容易忘記的。你可以自己驗證這一點。

只要試著具體回憶一下，比如你昨天下午三點二十三分在做什麼，你就明白了。如果當時你在做的是某個日常活動，高機率你只會記得在做那件事而已，精確的細節是不會記得的。

然而，訪問「現場一」的實驗極其重要，也許目前看來比任何其他嘗試都重要。因爲只有通過對現場一的證據性數據訪問，我們才能獲得關於第二身體和第二狀態的充分的證據性數據。所謂「充分」也就是說，可供我們這個時代的權威科學團體進行嚴謹研究的。只有這種集中而廣泛的研究能讓我們獲得關於第二身體的革命性突破，從而擴展人類的基礎認知。如果做不到這一點，最好的情況是它依舊是個未解之謎，最壞的情況則是淪爲哲學家和科學家們的笑柄，認爲它是個荒誕的幻想。因此，在實驗報告中反覆出現的主題就是：獲取證據性數據。

以下是後來我在一所知名大學校園醫院的腦電圖實驗室裡做的一場「現場一」實驗。

實驗#腦電圖－5

一九六六年七月十九日

從里士滿③驅車七十英里（約一百一十二公里），於晚上九點到達醫院腦電圖實驗室。沒有感覺到疲勞。白天早些時候，大約下午一點時感到睏意，但沒有休息。當天早上六點半左右便開始忙碌。到了晚上九點半，技術員接上所有的設備電極。我到達實驗室的時候，只有這位技術員在場。我在一張簡易床上躺下，房間內光線半明半暗，我枕著枕頭，蓋著被子，脱去了襯衫，但穿著褲子。

像往常一樣，頭部很難躺得舒服，尤其是在耳朵壓著枕頭的情況下。我喜歡側睡，但無論哪邊側臥都一樣不舒服，因爲耳朵上帶了電極。在看似緩解了一點後，我試圖自然放鬆，但不行。我最終使用了「分步計數放鬆模式」（從一開始正計數，同時從腳開始，讓每個身體部位對應一個數字，當心中念到那個數字並下達放鬆命令時，閉著眼睛「看」向身體的對應部位）。出現了幾次慣常的思維「漂移」，我強迫自己將注意力拉回到放鬆方法上。走完了整個過程，但沒有完全放鬆下來，所以我又從頭開始了。

嘗試了大約四十五分鐘後，我依然沒有完全放鬆，所以我決定中場休息一下。我坐起來（半坐），聯繫了技術員。

我半坐著抽了根煙，和技術員聊了大概五到八分鐘，然後決定再試一次。我花了點時間專注於耳朵令它變得「痲木」，試圖緩解電極引起的耳部不適，有點效果了。

然後我又使用了分步計數放鬆技術。在第二輪計數的中途，熟悉的溫暖感出現了，此時我的意識完全清醒（或者看似清醒）。我決定嘗試「翻出」法（即輕輕翻身，就像肉體在床上翻身一樣）。我開始覺得自己好像在翻轉，起初我以爲眞的是肉體在翻動。我感覺自己翻下了簡易床的邊緣，想著會掉在地板上。但當我發現沒有馬上落地，我就知道自己成功離體了。我離開了肉體所在的位置，穿過一個黑暗區域，遇到了兩位男士和一位女士。「視野」不太清晰，但靠近後就好些了。那位女士是個高個子，黑髮，四十多歲（？），當時正坐在雙人沙發或長沙發上。她的右邊坐著一位男士。第二位男士則在她前方，稍微靠左。對我來說，他們三個都是陌生人，正在互相聊著什麼，但我聽不見。我試圖引起他們的注意，但失敗了。最後，我伸出手，（非常輕地）掐了一下那位

③里士滿（Richmond），美國維吉尼亞州首府。

女士的左側，就在肋骨下方。她似乎對此有反應了，但仍然跟我沒有交流。由於進展不順，我決定回體「歸零」並重新出體，以校準出體目的地。回體很容易，只要想著回去就行。睜開肉體眼睛，一切都好。我吞咽唾液潤了潤乾燥的嗓子，然後閉上眼睛，讓溫暖感湧起，又使用了同樣的翻出法。這一次，我讓自己飄到了簡易床邊的地板上。我慢慢落下，能感覺到在下落途中穿過了一根根的腦電圖電極線。我輕輕摸到了地板，然後「看見」門外的光線照亮了外部腦電圖室。小心地讓自己保持在「現場」，我到了簡易床下面，並一直與地板保持著輕微接觸，以水平姿勢飄浮，指尖接觸地板以保持位置，慢慢穿過了門。我想找技術員，但是找不到她。她不在右邊的房間（控制台室），我便出去到了明亮的外間。我環顧四周，突然看到她。不過，她不是獨自一人。有位男士和她在一起，她面對我站著，那個男人在她左邊。

我試圖吸引她的注意力，幾乎立刻就收到了一陣溫暖的喜悅和幸福感，彷彿我終於達到我們一直努力的目標。她萬分激動，興高采烈地擁抱我。我回以擁抱，只有輕微的性暗示浮現，我基本可以忽略。過了一會兒，我鬆開她，輕輕用雙手捧著她的臉頰，感謝她的幫助。然而，除了上述內容以外，並沒有與她直接進行心智上的客觀交流。我也沒嘗試做這種交流，因爲當時我對終於成功實現離體並保持在「現場」太過興奮了。

然後我轉向那位男士。他的個頭與技術員差不多，頭髮鬈曲，有幾縷髮絲垂到前額。我試圖引起他的注意，但沒有效果。我又一次不情願地決定輕輕捏他一下，也確實這麼做了。但我沒有發覺他有任何反應。感覺到有什麼在召喚我回到肉體，我轉身穿過了門，輕鬆地溜回肉體。（引起回體的）不適原因：喉嚨乾，耳朵刺痛。

在檢查了回體是否完成，身體各部分是否「感覺」正常以後，我睜開眼睛，坐了起來，聯繫技術員。在她進來後，我告訴她，終於成功了，我出體看到了她。不過，我看到她和一位男士在一起。她回答說，那是她丈夫。我問他是否在外面，她回答說是的，今天他來陪她加班。我問為什麼之前沒見過他，她回答說「政策」規定外人不能見受試者或病人。我表示想見見他，她同意了。

在技術員把電極從我身上拆除後，我和她一起出去見了她丈夫。他和她差不多高，鬈髮。聊了幾句後，我離開了。我沒有詢問技術人員或她丈夫之前看到、注意到或感覺到了什麼。然而，我覺得他絕對是我在非肉體活動時看到的那個人。我的另一個印象是，在我見到他們時，她並不在控制台室，而是在另一個房間裡，和她丈夫站在一起。如果有嚴格規定，技術人員必須一直待在控制台室的話，這一點可能就很難確認了。如果她能明白在這種情況下眞相比規定更重要，也許這第二點就可以得到驗證。除了腦電圖可能顯現的數據變化以外，唯一的證據是她丈夫的在場，這一點是我實驗之前並不知道的。這個可以由技術員作證。

重要的事後驗證：在給塔特博士的報告中，技術員證實在顯示「離體」發生的時刻，她和丈夫在外廳。她還證實我並不知道她丈夫在場，我之前也沒見過他。塔特博士指出，在出體活動期間，腦電圖顯示出了明確的異常指標和獨特的波動軌跡。

5 無限與永恆

對「現場二」最好的介紹是：想像有一扇門，上面寫著「請在此地審查你所有的物質概念」。如果對於「第二身體是存在的」這個概念都難以習慣的話，那麼你可能也很難接受「現場二」的概念。它肯定會對我們產生一些情緒影響，畢竟這個概念狠狠踐踏了我們早已接受為現實的那些東西。此外，我們的許多宗教教義及其解釋都將受到質疑。

可以說，在第二身體對現場二的諸多訪問中，只有一小部分提供了證據性數據，因為這類實驗結果很不容易驗證。因此，大部分現場二材料都只是謹慎的推斷。然而，對這一領域的數百次實驗表現出了明確的一致性。如果「A加B等於C」發生了六十三次，那麼在第六十四次時，「A加B等於C」的可能性也會很大。

假設：現場二是非物質環境，其中的運動規律和「物質」規律與物質世界只有很微弱的關聯。這是一個無限的空間，其邊界未知（對於我這個實驗者來說），而其深度與維度是我們這些有限的意識頭腦無法理解的。在這浩瀚之中，存在著我們認為的天堂和地獄的方方面面（見第八章），而這些也只不過是現場二的一部分。這裡是有「居民」的，如果我們可以這樣說的話。這裡居住著智力各異的實體，而你可以與之交流。

正如後面章節表格中的百分比分析所指出的，一些基本原理在現場二中有所不同。物質世界標準中的「時間」，在這裡並不存在。系列事件是存在的，有過去和未來，但沒有周期性的分離。兩者（過去與未來）都與「現在」相續共存。從微秒到千年的時間度量統統毫無意義。可能有其他度量在抽象計算中代表這些因素，關於這點尚不確定。而其中的能量守恆定律、力場理論、波動力學、重力、物質結構——這些都有待更精通這一領域的人士來證明。

取代上述一切規律的，似乎只有一個主要法則。即在現場二狀態當中，我們將「思想」作為存在之源。正是這至關重要的創造力產生了能量，將「物質」聚集成形，並提供感知和交流的通道。我猜測，在這一基礎原則下，在現場二中的自我或靈魂只不過是些有規律的漩渦或變形——沒錯，你也是一樣。

這個環境中不存在機械輔助物。不需要汽車、船、飛機或火箭來進行交通運輸。你只要想著移動，就會實現。電話、收音機、電視和其他通訊工具都毫無價值。交流是瞬時的。沒有農場、花園、牧場、加工廠或零售點。在我對現場二做過的所有實驗性訪問中，沒有發現這裡需要食物能量。怎樣補充能量——如果能量眞的消耗了的話——尙且未知。「思想」，就是任一需求或欲望的力量來源，而你的所思所想，就是你在這個更大實相中的行動、處境和位置的源頭「矩陣①」。這基本上就是宗教和哲學久遠以來一直試圖傳達的信息，儘管它們傳達的內容可能不那麼直白，而且經常被歪曲。我們在這一「思想的世界」中認知到的一點，是理解這一切的關鍵，即：同類相聚，相似相吸。以前我沒意識到這條規則在此處是如此明確有力。對以前的我來說，這種說法完全是個抽象概念。把這一規則向外投射，你便能欣賞到現場二當中的無限變幻。你出體的目的地似乎完全根植於內心深處持續的動機、情感和欲望。你可能顯意識中並沒有「想去」那裡，但別無選擇。你的超意識（靈魂？）更強大，通常會替你做決定。同類相聚，相似相吸。

「現場二」這一個（或多個）思想世界有趣的一面是，我們也能在這裡感知到物質世界常規的固體事物以及人工製品。這些被「創造」的事物，其來源顯然有三個。其一，是曾在物質世界生活之人的思想產物，雖然人們離開物質世界來到了這裡，但其慣有模式仍然存在。這種創造基本上是自動完成的，不是刻意爲之。其二，現場二中有些居民喜歡物質世界

---

①矩陣（matrix），數學用語，也有母體和源頭之意。

的某些事物，他們爲了提升現場二的生活環境而重新創造了這些東西。至於第三個來源，我猜是一些比大多數現場二居民更了解這裡環境的高階智慧存在體。他們的目的似乎是爲了幫助那些在「死亡」後剛剛從物質世界來到現場二的人，因此——至少是暫時性地——模擬物質界環境。在死後的早期轉換階段引入「新來者」生前熟悉的物質環境和事物，可以減少他們因死亡過程而受到的創傷和衝擊。

到此，你應該已經開始理解第二身體與現場二的關係了。現場二是第二身體的自然環境，第二身體的動作、構成、感知和控制等相關的規則，都與現場二中的規則一致。這就是爲什麼大多數實驗性的出體旅行都會讓我不由自主去到現場二中的某個地方。第二身體基本上不屬於物質世界。要求它去喬治家或到達其他物質界的目的地，就好像要求潛水員不帶潛水裝備或不穿抗壓潛水服直接遨遊到海底。這是可以做到的，但不能太久，也不能太頻繁。另一方面，讓第二身體每天在物質世界稍微活動一下——比如步行一英里（約一點六公里）去商店——也不會造成什麼不良影響。總之，在第二身體狀態下前往物質世界中的地點是一種「被迫」的過程。只要有一丁點意識放鬆，超意識就會引導你的第二身體進入現場二，畢竟這對於第二身體來說才是「自然而然」的事情。

在現場二中，我們傳統的空間地點概念會受到嚴酷的挑戰。現場二似乎與我們的物質世界相互交疊，但其範圍卻又廣闊無限，超出人類的理解。古往今來的文獻中提出過諸多理論來解釋它「在哪裡」，但鮮有能獲得現代科學頭腦「青睞」的。

對這一領域的所有實驗性訪問，都沒能幫我們形成一個更能被人接受的理論。到目前爲止，最可接受的是「波動—振動」概念，它假設存在無限個世界，各自運作於不同頻率，而我們的物質世界就是其中之一。正如電磁波譜中不同頻率的波可以同時占據一個空間且極少相互影響一樣，現場二的諸多世界也能與我們的物質世界交織交疊。除了某些罕見或超常情況外，我們的「自然」感官和作爲感官延伸物的科學工具完全不能感知和發現這一潛在可能。如果我們接受這一假設，那麼「現場二在哪裡」這個問題就得到了巧妙的回答。「哪裡」就是「這裡」。

人類的科學史也支持這一假設。在開發出探查、測量和製造聲波的儀器之前，我們不知道人類聽覺範圍之外還有聲音存在。哪怕就在相對較近的年代，那些聲稱能聽見別人聽不到的聲音的人，還會被認爲是發瘋了，或被當作巫師或女巫而受到迫害。在十九世紀之前，人們對電磁波的認知還停留在光和熱的層面②。對於人類大腦這個器官，我們還遠遠未了解其

②德國物理學家赫茲（Hertz）於一八八八年首先證實了電磁波的存在。

在發送和接收電磁波方面的潛能。那麼，人類大腦是否擁有「探索嚴肅理論觸及不到的空白領域」的能力？為什麼現代科學尚未考慮這個問題，聯繫到上述研究缺口尚未得到填補，我們就能很容易理解個中緣由了。

關於現場二需要報告的內容實在太多了，直接從幾百頁的筆記中引用原文是不現實的。在接下來的章節中，我所引用的大部分內容都是對現場二中深淺不同的層面進行訪問的記錄。將這些具有一致性的出體實驗匯總在一起，才有可能讓人看清其中的規律，並提出能獲得實質答案的問題。每一個已知，都可能伴隨著一百萬個未知，但至少我們有了一個起始點。

現場二中的實相由最深的欲望和最瘋狂的恐懼組成。思想就是行動，這裡並沒有什麼無形的層層條件或制約把內在的你與他人隔離開來，只有誠實是最佳處世之道，因為一切根本無處隱藏。

鑒於上述基本準則，我們在現場二中的存在狀態自然是不同的。正是這種差別，使我們即便通過第二身體訪問現場二，也面臨著無法適應的巨大問題。在物質文明中被人類小心翼翼壓制著的原始情感，在現場二中像脫韁野馬一樣肆意奔騰。就算將它描述成這樣的「洪水猛獸」，相較於其真實面貌仍算是過於輕描淡寫。在現實世界中，這種情況會被認為是精神病發作。

我最初進入現場二時，所有的壓抑情緒都湧了出來，其中有些甚至只是我之前隱約有所覺察的——還有很多是我一直沒有覺察到的。這些情緒肆意支配著我的行為，讓我在現場二中無法自控，回體後我真是羞愧萬分、尷尬無比。其中處於主宰地位的情緒便是「恐懼」——對未知事物、對陌生存在體（非物質的）、對「死亡」、對上帝、對違反規則、對探索和對痛苦的恐懼……僅舉幾例。這種恐懼比渴望合一的性欲更強烈，而性欲——正如在本書其他部分提到的——本身也是一個巨大的障礙。

務必駕馭住這些爆炸式的失控情緒，逐個擊破，這是個勞心勞力的過程。在情緒被馴服之前，任何理性思考都絕無可能。而且馴服過程也不是一勞永逸，它們會不斷復發。這與從「獸性」到理性的緩慢學習進程很相似。孩子從童年長大成人，得以逐漸變得「文明」。我懷疑這一「成長」在適應現場二的過程中需要重演。如果在物質生活中沒有完成這種成長，那它就將在死後成為第一要務。

這表明現場二中「最接近」物質世界（在振動頻率上？）的那些區域中的「居民」，大部分都是精神失常或接近失常，受情緒支配的「存在體」。大多數現場二居民似乎都是如此。這其中包括一些仍然在世的人，他們在睡眠中或藥物作用下以第二身體在第二現場活動，很可能還有一些已經「死去」但仍受情緒主宰的人。前者有證據支持，而後者看起來可能性很大。

可想而知，這一「近」物質世界的區域並非樂土。如果你沒能進一步提升，那麼這個層次或層面將會是你的「歸屬」地。我不知道那些「沒能提升」的人會怎麼樣，也許會永遠待在那裡。當你離開物質世界進入第二身體的那一刻，你就在現場二當中的這個鄰近區域的邊緣了。正是在這裡，你會遇到各種脫節的人格和有生命的活體。不知道這裡有沒有新手保護機制，我是沒「享受」到。通過謹慎嘗試，有時甚至是可怕的體驗，我才學會了穿越這一區域的技術或者說是招術。我至今仍不確定這個學習過程中的全部項目都有哪些，所以只列出了最明顯的。不管我是怎麼學習的，很高興在穿越該區域的課程中，我已經好幾年沒有遇到麻煩了。除了以下報告中提到的一些「折磨者」和直接衝突，還有各種形式的性釋放（這些鄰近領域居民行為的主要推動力）。不過如果將這一領域視為是近代文明的產物——包括那些「活著但卻沉睡」和「死去」的人——那麼，為什麼這裡的居民需要釋放對這一「基本需求」的壓抑，我們就很容易理解了。關鍵點在於，所有身處這一領域的人都試圖以肉體方式從事性行為。在這裡，人們對「性驅力」渾然不知，毫無了解，因為是從現場二的更遠領域產生的。由於這裡還殘存著物質社會的影響，（出體的人）有時難免會「參與其中」，因為這種反應是自動的。希望人們能在這方面學會控制。

同類相聚，相似相吸。

迄今爲止，我還沒有在任何出體實驗中觀察到過死亡過程。然而，「現場二中某種形式的存在體會重演『已知物質世界』中的生命活動」這一結論可不只是種猜想。比如，下文這些過去十二年中發生的具有一致性的經歷，也許還能用其他概念來解釋。但目前爲止，尙無其他更合適的解釋出現。

有一次，我剛離開肉體，就有一種迫切的感覺要去「某個地方」。順從這股力量，我移動了看似一小段距離，突然停在了一間臥室。一個男孩正獨自一人躺在床上。他大約十歲或十一歲，我不是僅僅通過「看見」他的樣子判斷的，而是憑藉那種如今已爲我熟知的「內在身分感知」能力。這個男孩看起來孤苦伶仃、戰戰兢兢，一副生病的樣子。我陪了他一會兒，嘗試安慰他，最終他平靜下來後我才決定離開，並承諾還會回來。隨後我平安回到肉體，不知道剛去的地方是哪裡。

幾個星期後，我脫離肉體，正要專注於一個計畫要去的目的地，那個男孩再次進入視野。他看到我，向我靠近。他很困惑，但並不害怕。

他抬頭看著我問：「現在我要怎麼辦？」

我一時想不出該怎麼回答，就把胳膊環在他肩膀上，安慰地摟了他一下。我想，在這樣一個如此至關重要的時刻，我有什麼資格來指導或指點他呢？我的出現讓男孩放心不少，也放鬆下來。「我該去哪裡？」他直截了當地問道。

我說了當時唯一合乎邏輯的話。我告訴他，在原地等著，他的一些朋友很快就會到來，帶他去該去的地方。

這回答似乎讓他很滿意，我又摟了他一會兒。然後我的肉體發出了一個令我緊張的信號，於是我拍拍他的肩膀就離開了。回到肉體後，我發現由於睡姿不良，脖子僵硬了。調整姿勢以後，我再次成功進入第二身體，去尋找那個男孩。他不見了——至少我找不到他了。

這件事還有續集。第二天，報紙上的一則新聞說，一個長期臥病的十歲男孩去世了。他是下午去世的，就在我出體實驗前不久。我試圖想出一些合適的藉口去接近他的父母，獲得進一步的驗證，而且也許還能減輕他們的悲痛，但找不到藉口。

只有當你過了「原始情緒」肆虐的階段，才會接觸到現場二中千姿百態但明顯有序的各種活動。妄圖通過語言文字向別人傳達這一非物質永恆的「實相」是不可能的。如過去千百年間許多人說過的那樣，你必須去親身體驗。

最重要的是，在我去過的許多現場二的地方，其居民「仍然」是人類。在這個非物質界環境中，他們與眞實人類是有不同之處，卻依然帶有人類（可以理解的）屬性。有一次，我出體來到了一個公園般的環境中，那裡有精心種植的花朵、樹木和草地，很像一個大型購物中心，許多道路交錯其中。道路沿途有一排排長凳，其間數百個男男女女或行或坐。有些人表情平靜，有些人面露憂色，而許多人看上去則一臉震驚或茫然不知所措。對於自己接下來要做什麼或接下來會發生什麼，他們心無定數，一無所知。

不知怎麼，我知道這是一處聚集地點，新來的人會在這裡等待親友。親友們則從這個「聚集點」把每個新人帶到各自的「歸屬地」。我沒什麼理由繼續待在這裡了——附近我一個人也不認識——所以我平安回到了肉體。

還有一次，我有意出體探索，希望找到答案。當離體進入第二身體並專注於「尋找更高智能」這個想法時，我開始快速移動。飛速穿過了一片無窮無盡的空白區域，這期間我一直集中注意力。最後，我停了下來。此時我身處一處狹窄的山谷，這裡怎麼看都平平無奇，不過我看到一些穿著長及腳踝深色袍子的男女。這次我心血來潮，決定換一種策略。我走近幾位女性，問她們是否知道我是誰。她們都很有禮貌，態度尊重，但都說不認識我。我轉過身去，問了一個穿僧袍的人同樣的問題，他的樣子看起來非常熟悉。

「是的，我認識你。」那人回答。從他態度中我能感受到深深的理解和友誼。

我問他，我是否眞的知道自己是誰。他看著我，好像在看一位失憶的老友。

「你會知道的。」他溫和地笑了笑。

我問他，是否知道我曾經是誰，我想讓他說出我的名字。

「你曾經是僧侶，在賓夕凡尼亞州的科肖克頓（Coshocton）③。」他答道。

我開始感到不安，道歉後離開了，返回肉體。最近，一位天主教神父朋友不辭辛勞地調查前世修行的可能性。令我驚訝而令他高興的是，在科肖克頓附近眞的有一所隱蔽的修道院。他提議帶我去參觀，但是我抽不出時間（或勇氣？）。也許，以後吧……

不要說詳細描述出現場二的範圍和維度了，哪怕只是窺其一斑，我都還能舉出更多這樣的經歷。我曾經見過一個身著制服的團體，他們配備高科技設備，並自稱爲「目標軍隊」（我的心智對他們表述的翻譯）。這個團體有好幾百人，每個人都在等待「任務」。他們沒有透露自己的目的。

另一次我來到一個秩序井然的城市後，立刻被認爲是有敵意的。我只有逃跑——狂奔、躲藏，最後直接起飛——才避免被「捕捉」。我不知道自己看起來對他們有什麼威脅。這類異常激進的行爲再次向我直截了當地證實，現場二並非是個絕對寧靜、毫無衝突的「樂土」。在另一次旅行中，有位衣著傳統的男士跟我搭話。我謹愼地等待著，看他會做什麼。

「你認識或記得阿羅肖·勒弗蘭哥（Arrosio LeFranco）嗎？」他單刀直入地問道。我回答不認識，仍然很警惕。

「如果你回想一下，我相信你會記得。」那人態度堅持。

他帶著一種強迫的意味，這讓我不安。我回答說，我確實不記得也不認識叫這個名字的人。

「那你在下面有認識的人嗎？」他問道。

我剛說完我不認識，突然感到四肢無力，那個人便抓住我。他抓著我的一隻胳膊，我感覺另一隻胳膊又被另一個人抓著。他們開始把我往一個方向拖，那裡似乎有三個明亮的光點。我掙扎著，最終當我想起可以利用「回體」信號的時候才得以掙脫。我迅速離開了，過了一下子，我到了辦公室，回到肉體。顯然——但願——他們認錯人了。

還有一次出體旅行時，我也遇到「人類」。那次我到達的地方並無特別之處，只是一片灰濛濛的地方，我正不知要做什麼，這時一位女士走近。「我來自——教會，我是來幫助你

③此地名位於美國俄亥俄州。賓夕法尼亞州有一地名「康舍霍肯」（Conshohocken），與此地名類似。可能作者拼寫錯誤，但在此處尊重作者原文。

的。」她平靜地說。

她靠得很近，我立刻感覺到了女性性徵，隨即退後一步，因爲我不認爲——教會安排了這類幫助。但我想錯了。

過了一會兒，我謝過她，轉身見一個男人站在旁邊，一直看著。

他「說話」時聲音有力，帶著濃重的諷刺。「好了，現在準備好學習宇宙奧祕了嗎？」

我問他是誰，以掩飾我的尷尬。

「艾伯特．馬瑟！」他幾乎是喊出這句話。這讓我覺得他其實是在用這個名字稱呼我。

「我希望你準備好了，」他繼續說，憤怒地提高了嗓門，「因爲當我當年在那裡時，可沒有人好心告訴我。」

他還說了什麼，我沒聽到。好像出現了靜電似的轟鳴干擾聲。我離開了，平安回體，不知他的憤怒接下來要如何發洩。在事後驗證時，我沒有發現什麼特別的有關艾伯特．馬瑟這個名字的歷史記錄，他似乎與十八世紀的牧師科頓．馬瑟④沒有關係。我在現場二中的其他經歷更友好一些，正如其餘的記錄中所述。大多數情況下，對於是什麼吸引我進入那些奇怪場景的，我看不出其中的明顯規律。也許答案終會浮現。

還有兩種不尋常且一再出現的情況，我必須將其歸到這一範圍內。我在空間中的移動一般都是平穩而快速的，但有些時候會被一股猛烈、急促的陣風打斷。就像是被一種不受控制的力量吹走，如風中落葉一般被胡亂拋過來又拋過去。要抗拒這股激流根本不可能，別無他法，只能順流而去。最後，你會被拋到「水流」的邊緣並掉出去，毫髮無傷。我完全找不出它的來源，但這種現象感覺是自然形成，不是人爲的。

第二種情況是天上的標記符號。我在「幫助者」的陪同下觀察到了五、六次。一系列不可思議的標記排成一條弧線，橫跨現場二的一個區域。穿過這個區域時，每個人都必須繞過這個障礙物，因爲它很堅固，不可移動，也無法改變。

對於這些標記符號，憑藉我有限的「視覺」，所能看到最清楚的畫面就是粗糙的、像小棍組成的插圖樣子，畫面上有一個男人、一個年長的女人、一棟房子和一些好像代數方程的東西。我是從一名「幫助者」那裡得知其背後故事的。他講述的時候帶著些許自嘲，幾乎是有點歉意的語氣。

據說不知多久以前，一位非常富有（以何種標準衡量尚不知道）又有權力的婦人想確保自己的兒子能進入天堂。有個教會向她保證，只要她付一大筆錢（原文如此），就能滿足她

④科頓．馬瑟（Cotton Mather, 1663-1728），美洲新英格蘭地區的清教徒牧師與作家。

的願望。婦人付了錢給教會，但她的兒子並沒有進入天堂。出於憤怒和報復，她傾盡權力與所剩財力把這個標記掛在天空中，讓它永恆存在，無論誰看到都會知曉那個教會背信棄義的行徑。

她這一番功夫可真沒有白費。這位婦人、她的兒子和教會的名字早已湮滅在時間長河中，但這個符號依然存在，任憑歷代科學家們如何費盡心思要把它取下來或毀掉，它都巍然不動。原來講述者言語中的歉意和些微窘迫不是源於那個隱祕教派的背信棄義，而是因爲任何人都無法讓這個標記消失！因此，現場二這一區域中的一切科學研究都繞不開它。這類似於有人在鈷和銅之間創造出了一種新元素。如果你是學化學的，你的研究中就必然要包括這個「奇怪」的元素。或者，如果天空中出現了一個巨大的人造月亮，並且以我們的科學水準還無法取下它，那麼天文學就得把它作爲常識寫進課本裡。

這就我聽到的故事。

我們的顯意識心智無法接受「無限的現場二」的存在，這是最大的困難所在，因爲心智太習慣且受制於物質世界。我們稚嫩的西方精神科學界傾向於否認現場二的存在。而我們的宗教雖然肯定它，卻用一種過於寬泛和扭曲的抽象方式。公認的科學則否認這種可能性，況且通過他們的研究和測量手段也無法找到支持的證據。

最重要的一點是，有「屏障」的存在。爲什麼會有屏障，無人知曉眞正原因，至少在西方世界中沒有答案。這個「屏障」，就是當你從睡夢中醒過來後所降下的那道帷幕，它會「遮蔽」你剛剛做的夢——或者你曾進入現場二的記憶。我不是說每一個夢都是在現場二發生的。但有些夢可能就是你在現場二中的體驗被轉譯以後的結果。

這種轉譯——象徵化地表現出現場二的體驗——並不一定跟「屏障」有關。相反，這可能是顯意識的「傑作」，它在努力解釋超出其理解或超過描繪能力的超意識現場二事件。通過第二身體在現場一（此時—此地）中的觀察表明，最普通的事件或行爲都容易被曲解，尤其是在脫離具體語境的觀察當中。而現場二則更甚，它是顯意識完全不熟悉的環境，這就爲錯誤詮釋的出現提供了更大的空間。

由此可以推斷，我懷疑許多、大多數甚至所有人在睡眠狀態中的某個時段，都會訪問現場二。爲什麼必須要訪問現場二，我並不知道。

也許某一年的某一天，當我們的生命科學掌握了這一知識，人類就將揭開一個新的時代篇章。將會誕生一門全新的科學，研究現場二數據以及人類與這個奇妙世界的關係。

總有一天會實現的。如果人類能等到的話。

6 倒像

矛盾的是，要讓如今的科學家們設想此處我稱之爲「現場三」的區域，要比設想出「現場二」的可能性大得多。爲什麼呢？因爲現場三更貼合我們物理學上的最新發現，更貼合那些在物質轟擊、加速器、回旋加速器等實驗中發現的種種小證據。

要熟悉「現場三」，最好從我筆記中一些重要的相關實驗開始。

一九五八年十一月五日 下午

振動來得輕而易舉，沒有一點不適。振動變得很強時，我試圖離體未果。就算百般嘗試，使出渾身解數，我還是被牢牢限制在原地。然後我想起了翻轉法，就像在床上翻身一樣。我開始翻轉，並意識到我的肉體並沒有隨我一起翻。我開始慢慢移動，過了一會兒，我「臉朝下」了，或者說與肉體的朝向相反。在我剛剛翻轉了一百八十度的那一刻（反相①、極性相反？），我發現了一個洞。「洞」是我唯一能想到的表述。在我看來，這個洞位於約兩英尺厚的牆上，這面牆向各個方向（在垂直平面上）一直延伸，沒有盡頭。

洞的外沿恰好是我身體的形狀。我摸了摸牆壁，質地光滑堅硬，洞的邊緣相對粗糙。（這些觸摸都是以非物質的手進行的。）洞的裡面——空空如也，一片黑暗。不是那種昏暗房間中的黑暗，而是一種無限的空間感，就好像是透過窗户看向遙遠的太空。我想如果我當時的視覺足夠好，我可能會看到附近的恆星和行星。因此，這黑暗給我的印象是太陽系之外無限遙遠的外太空。

我很謹慎地穿過洞口，抓住洞口的邊緣，小心地把頭探了進去。什麼都沒有，只有黑暗。沒有人，沒有物質。因爲這種徹底的陌生感，我迅速縮回了頭。隨後我轉身一百八十度，感覺自己與肉體融合了，然後坐了起來。這是個大白天，就像我幾分鐘前離開時一樣。用時：一小時五分鐘！

①反相（out of phase），呈周期性變化的量，在某一時刻位於循環中的位置可用一個角度來表達，稱為「相位」，當兩個量的相位相差一百八十度時則稱為「反相」。

一九五八年十一月十八日 夜

振動出現得很強烈，但沒什麼其他跡象。我又一次想起嘗試翻轉法。起作用了，我慢慢地翻到一百八十度的位置。那個牆、洞，以及洞裡無盡的黑暗又出現了。這次我更謹慎了些，小心翼翼地把一隻手伸進黑暗中。忽然有一隻手抓住我的手並和我握了握手，這讓我大吃一驚！那隻手感覺就像人類的手，蠻溫暖的。握完手以後，我迅速收回了手。我第二次把手慢慢伸進洞裡，那隻手又握了我的手，並在我的手裡放了一張卡片。我收回手，「看」了看卡片，上面有一個詳細的地址。我穿過洞把卡片還回去，再次與之握手，收手，翻轉回正常位置，回到肉體，坐了起來。這眞是奇怪啊。我得去看看這個位於百老匯的地址，如果它是在紐約的話。

一九五八年十二月五日 上午

我再次用了翻轉法，又找到那個洞。我仍然小心接近，這次是雙手伸進去。兩隻手立刻被另外兩隻手抓住。然後，有人叫了我的名字。出體這麼多次，這還是第一次發生。一個聲音——女性的、柔和的、低沉而急迫地（像是有人試圖把我喚醒，但又不想嚇到我那樣）——叫道：「鮑勃！鮑勃！」我起初很吃驚，恢復鎮定後問道：「你叫什麼名字？」（我眞是時刻不忘蒐集證據啊！）當我「說？」出這些話的時候，似乎引起一股強烈的動作或行動，我的話語就好像一塊石頭，擊碎了平靜的水面，激起一串串漣漪和各種聲響。那個聲音再次呼喚我的名字，而我則再次問了同樣的問題，此時我的兩隻手仍被對方的兩手握著。

爲了確保自己是完全清醒的，也確保我沒把那個問題「說」錯，我收回雙手，翻轉一百八十度，融入肉體，坐了起來，用肉體發聲再次說出那個問題。確認無誤以後，我躺回床上，翻轉，又對著洞口重複問題。沒有回答。我持續提出這個問題，直到感覺振動開始減弱，意識到自己無法再保持這種出體狀態了。隨後我翻轉回肉體，回到正常狀態。

一九五八年十二月二十七日　夜

振動出現後，我再次如願找到洞口。我鼓起勇氣，慢慢把頭伸進去。剛一伸過去，就聽到一個聲音又驚又喜地說：「快過來！看吶！」我什麼人也沒看見（可能因爲我閉著雙眼以保持振動效果，有了肉體視覺干擾）。依然只有黑暗。似乎被呼喚的人並沒有前來，於是那個聲音又叫了一次，急切又激動。振動在減弱，所以我從洞裡退出來，翻轉回到肉體，一切平安。

一九五九年一月十五日 下午

振動終於來了，我在翻轉出體後再次尋找那個洞。洞就在那裡，在一百八十度的位置。我把一隻手伸過去，有點緊張。然後我在心裡笑了笑，放鬆下來，對自己說，好吧，不管對方伸過來的是手還是爪子，我都很友好。於是一隻手抓住了我的手，捏了捏，我也回握對方。我相信自己感覺到了對方的友好態度。克服一點小困難之後，我翻身回到肉體。由於太興奮，我忘了翻轉，也忘了正常回體信號！

一九五九年一月二十一日 夜

出體後第一件事，就是去探索一下那個洞。振動開始後，翻轉法進行得很順利，然後我把一隻手臂探入洞內。當我的另一手臂也伸進去時，有個鋒利如鉤子般的東西扎進我的手掌，我想抽回手，鉤子紮得更深了。我最終抽回了手，有些害怕。那種感覺就像是「鉤子」穿透我的手掌。也不是怕不怕痛的問題，就是那種情況令人很不安。我翻轉回體，看著我肉體的右手。我的右手並沒有傷痕或痛覺（儘管還留有被穿透後的感覺）。

一九五九年一月二十五日 夜

又一次進洞實驗，同樣的振動模式和一百八十度翻轉。我再次小心地把手伸進去。一隻手再次握住我的手，緊緊地（這次沒有鉤子！）。然後那隻手把我的手遞給另一隻手。我慢慢鬆開第二隻手，向上摸索。那隻手的後面絕對連著一條胳膊，還有肩膀。我正要繼續「摸索」，這時振動似乎減弱了，我撤回手臂，翻轉回體。回體後我沒有找到需要回體的跡象，胳膊或腿並沒有被壓住，也沒有噪音。這次可能是某種忽然出現的聲音導致了我的回體。

一九五九年二月五日 下午

也許我對這個洞的擔心是有道理的。按同樣的流程，振動狀態並進行一百八十度翻轉出體後，我伸手入洞。一開始感覺不到什麼。我又伸進去一些，突然感覺好像把手伸進了帶電的熱水裡（最準確的描述）。我很快收回手，翻轉，（肉體）坐了起來。我肉體的手出現了麻木和刺痛感。我的臥姿不可能導致血液循環不良引起這些症狀。大約二十分鐘後，麻木和刺痛感慢慢消失了。

一九五九年二月十五日 下午

我嘗試垂直進出體，然後翻轉進入洞裡。鼓起勇氣，我奮力向前衝，就像游泳時在水下鑽洞一樣。我到了洞的另一面，那邊的牆和「我這邊」的差不多。我費力「看」去，但除了深深的黑暗，別無它物。我決定這次務必得一探究竟。我將自己推離洞口，向洞的深處伸展而去。

我開始慢慢移動，很快就加速了。繼續加速，但身體有輕微的摩擦感。繼續以高速前進，我期待能「到達」某個地方。似乎過了很長時間，我開始擔心了。我仍然什麼也「看」不到，也感覺不到。終於，我開始緊張了，對於迷路的恐懼開始在心中蔓延。我放慢速度，停下來，轉身向洞口的方向伸展。回去的時間和出來的時間正好一樣長。我一直憂心忡忡的，直到終於看到前方洞口透入的光線。我朝著洞口躍去，穿過洞口，旋轉，然後肉體坐了起來。用時：三小時十五分鐘！

一九五九年二月二十三日 夜

洞裡有人！今天晚上（七點半），在經過了振動和一百八十度翻轉後，我這次沒有太多猶豫就鑽過洞口，站起來。我立刻感覺到有人站在我面前。我不是看到的，而是憑感覺知道他（感覺是男性）在。即使後來在平靜中回想，我也弄不懂當時是出於什麼原因，我竟感激地倒在他面前抽泣起來。過了一會兒，我平靜下來，小心翼翼地後退，穿過洞口，翻轉回體，肉體坐了起來。那是誰？我剛才爲什麼如此情緒化？

一九五九年二月二十七日 夜

這次我決心找出一些（哪怕一個！）關於這個洞的答案。經過振動和一百八十度翻轉，我小心穿過洞口。裡面還是漆黑一片，但沒有令人不悅的感覺，沒有手，也沒有人在場。我能感覺下方有什麼堅實的東西，於是我拚命睜眼去「看」。我成功了，一切景象頓時映入眼簾。我正站在一棟建築附近（更像穀倉而不是房子），這棟建築坐落在一片廣闊的草地似的區域中。我以爲自己可以翱翔天空（晴空一片，萬里無雲），但我似乎無法離開地面。也許我在這裡是有重量的。在大約一百英尺遠的地方有個像階梯的東西，走近發現又像是塔，大約十英尺高。就像鳥需要從高處起飛一樣，我爬上塔頂，跳下準備飛翔——然後砰的一聲，結結實實摔在地上！我想我當時肯定驚訝得像被剪了翅膀的鳥一樣。

我爬起來，意識到自己的做法有多蠢。我剛才的流程沒有做到位，即使是在「這裡」，也是要老老實實按步驟行事的。於是我伸出雙臂，呈「伸展法」的姿勢，輕鬆起飛了。我在草地上方緩緩飛過，盡情欣賞風景，四處探索，突然發現有東西從我身邊掠過。我趕緊轉身，正好看到它朝牆和洞飛去。出於某種原因，我怕這東西會穿過洞口，想進入我的肉體，便急速轉向，朝洞口衝去。但爲時已晚，我這才意識到之前以爲的那個洞，其實是建築物側面的一扇窗户——我穿過窗户，發現自己置身於黑暗之中。我在黑暗中摸索，感覺到洞的輪廓。穿過洞口，翻轉，以肉體坐了起來。

一切都看似正常，周圍環境也對，出體時長也沒問題——回體了！振動仍然很強，所以我翻轉了一百八十度，穿過洞口，進入一片光明中。這次我觀察到了更多情況。我看到兩個人，一男一女，正坐在建築物外面的椅子上。我沒有辦法讓那個男人注意到我，但女人（除了性別，沒有其他明顯特徵）似乎覺察到我在那裡。我問她是否知道我是誰，但除了能覺察到我的存在，她沒有什麼反饋。振動開始減弱，於是我後退，跳進洞裡，翻轉，坐了起來。整個過程用時四十分鐘。

這些實驗能說明什麼？表面看來，起碼是一種不尋常的幻覺。深入思考的話，這些觀察結果顯示出一種不斷發展的趨勢。

首先，在有文字記載的歷史中，似乎沒有類似可供比較的經歷。我的這些實驗經歷不是自發的偶然事件，而是經過我有意識的計畫並系統性重複而發生的。因此，我的這些經歷是獨一無二的。

第二，該實驗可通過以下流程重複：

(1) 產生「振動」狀態；然後
(2) 翻轉一百八十度；並且
(3) 出現一個「洞」。這個實驗不是只進行了一次，而是至少進行了十一次。

「一百八十度翻轉」這點提供了有趣的推測。「反相」以及顯然正好處於「相對位置」這一點值得引起物理學家的注意。對其中的相位關係進行波形研究，可能會引出一項成果豐碩的理論。

洞中的黑暗景象顯然是我自己的「視覺」局限導致的。在早期實驗中，視覺問題源於自我設限，因爲我誤以爲只有這樣才能保持振動狀態。當我決定或設法去「看」的時候，就能成功看到，這就證明了上述結論。有一次，我在黑暗中經歷了漫長的「飛行」探索，如果當時也使用了視覺，肯定會非常有趣，或許能了解到更多東西。

之前出現的那些「手」是什麼情況，還無法解釋。沒有證據表明我第一次發現洞那邊有手的時候，是因爲受到某種影響或暗示。不過第二次和後來幾次與手有關的經歷，倒是很可能來源於暗示。但這絕對不能否認第一次的有效性。帶有地址的卡片，或許是源於我自身過去的記憶，類似的還有第一次見面時就握手之類的情況。而「扎」進我手掌裡的「鉤子」一事至今仍然原因不明。

在其他情況下，聽到有人喚自己的名字並不罕見。不少人都報告過，自己曾在清醒或睡夢中聽到來源不明的聲音。爲此，各種心理學理論也陸續誕生，對這種現象做出了一定的解釋。

其中最有趣的是，有其他人顯然發覺我穿過了洞。根據其他實驗者的公開報告，穿過「洞」以後，會被附近和其他地方的人或智慧生命看見。如果我的實驗與其他此類報告情況一致，那麼其中涉及的時間元素也將是相同的。不過我們完全沒辦法來驗證這一點。

我在與「某人」會面時出現的情緒化反應，在很多方面都與「神祕體驗」類似。很明顯我當時感受到了一種謙卑的狂喜，從而引發情緒釋放。

然而這些只是拉開了序幕。隨後進行的一系列出體實驗，其數據的一致性令人矚目，然而迄今爲止的任何解釋，都無法與之相符。不過，充滿好奇心的才智之士是不該將這一系列經驗都斥爲幻覺而棄之不顧的。

簡而言之，經證實現場三也是一個物質世界，和我們的世界「幾乎」一模一樣。自然環境毫無區別。那裡也有樹、房子、城市、人類、歷史文物，以及一個相對文明的社會的所有相關配套事物。那裡有家庭、家族、商業，人們也通過工作謀生。那裡也有供車輛行駛的道路，有鐵路和火車。

現在讓我來說說爲什麼用了「幾乎」一詞。我一開始以爲，現場三也屬於我們的世界，只是一些我和其他相關人士所不知道的區域罷了。它眞的很像我們的世界。然而，經過更仔細的研究後，我發現它是另一個不同的世界，無論和我們「現在」的還是「過去」的物質世界都不一樣。

這裡的科學發展和我們世界的不一致。這裡沒有任何電氣設備，電、電磁以及任何相關事物都不存在。沒有電燈、電話、收音機、電視，甚至電力。

我沒有發現將內燃機、汽油或石油作爲動力源的情況，但這裡有機械動力。仔細檢查過一台拉動多節老式車廂的火車頭後，我發現它是蒸汽機驅動的。車廂似乎是木質的，而火車頭則由金屬製成，但形狀與我們的老式蒸氣火車頭不同。火車鐵軌的軌距比我們世界的標準軌距要小得多，比山區鐵路的還窄。

我詳細觀察過一輛火車頭的運作情況。產生蒸汽的熱源既不是木材，也不是煤。他們把大桶狀的容器小心翼翼地從鍋爐下方移出，然後用小推車推進一座厚厚磚牆搭成的建築中。大桶容器的頂部有一些管狀的突起。裝備著護盾的工作人員小心地移動容器，直到把它們安全運入建築，關上大門後，他們才會放鬆警惕。容器中的東西是「熱」的，不知是由於熱力還是輻射的影響。技術人員的行爲似乎都指向後者。

街道和道路的不同之處，主要也在於尺寸。車輛行駛的「車道」幾乎是我們的兩倍寬。他們的汽車體型要大得多，即使最小的車裡也裝有可供五、六個人並排坐的長座位。車裡只有一個固定座位，即駕駛員座位。其他座位就像是客廳的扶手椅，擺放在約十五乘二十英尺（約四點五乘六公尺）的隔間中。他們也有車輪，但沒有充氣輪胎。車的轉向由一根橫杠完成。汽車動力來自車後方的某個地方。汽車的速度不是很快，大約每小時十五到二十英里（約二十四到三十二公里）。那裡的交通不擁擠。

這裡還有「自行車」，車上有一個四輪平台，由雙腳控制前輪來操縱。通過手臂推動的機械結構將能量傳遞到後輪，很像以前孩子們玩的「划船車」。這種車用於短途交通。

6 倒像

這裡的風俗習慣也與我們的不同。我蒐集到的少量訊息表明，這裡的歷史和我們世界的事件、人物、地點和日期都不一樣。然而，儘管這裡的「人類進化」（我的顯意識把當地居民理解爲「人類」）階段似乎與我們相同，技術和社會發展並不完全一樣。

在我鼓起勇氣深入探索現場三後不久，就有了重大發現。儘管有些早期跡象，但那裡的人們一直都未曾覺察到我的存在，直到有一天，我遇到並無意識中與一個人「融合」。這個人我只能將其描述爲生活在「那裡」的「我」。我能想到的唯一解釋是，這個有著清醒意識並居住在「這裡」（物質世界）的「我」，被一個很像我自己的「那裡」的人牽引，並暫時寄居在其體內。

自第一次「融合」以後——只要我去現場三，這個過程都會自動發生——很簡單，我會直接占據「他」的身體。我暫時代替他時，沒有感覺到他的思想存在。我對他本人、他的活動以及他個人過往的了解來自於他的家庭，以及很顯然是來自於他的大腦記憶庫。雖然我知道自己不是他，但能客觀地感受到他過去那些經歷所承載的固有情感模式。我想過，由於我的「闖入」而造成的失憶，給他帶來了什麼樣的尷尬呢。有時候肯定令他相當困擾吧。

他的生活是這樣的：那個異世的「我」——第一次「闖入」時，我發現他是一個相當孤獨的人。他在自己的事業方面不太成功（建築承包商），爲人也不太合群。他出身於算是低收入的階層，但成功進入一所普通專科大學。在他職業生涯的早期，他大部分時間都在一個大城市從事普通工作。他住在一棟公寓的二樓，乘公共汽車去上班。身在異鄉的陌生城市，交友寥寥。（順便說一句，公共汽車很寬敞，可供八人並排就坐，座位在司機身後依次升高，這樣所有人都能看到前面的路。）在我第一次闖入時，他當時正在下公共汽車。當我想付車費時，司機懷疑地盯著他看。似乎在那裡坐車並不需要付錢。

下一次我闖入時，他正經歷情感危機。那裡的「我」邂逅了莉（Lea），她年輕富有，有一雙不到四歲的兒女。莉的性格憂鬱安靜、有點心事重重，她似乎經歷過某些人生悲劇。可能和她的前夫有些關係，但不確定。那裡的「我」在很偶然的情況下遇見她，並被她深深吸引。兩個孩子都很喜歡他，但對這第一次見面，莉似乎只是略有興趣。她當時關注最多的就是他對兩個孩子關懷溫暖的態度。不久之後，我又一次「闖入」，當時莉和那裡的「我」正向朋友們——她的朋友——宣布二人要「結婚」（和我們理解中的含義稍微有些不同）。朋友們都很驚愕，主要是因爲從莉經歷重大事件（離婚、丈夫去世或健康問題）開始，才過了三十天（？）。那裡的「我」仍然被莉深深吸引，而莉仍然憂戚而內向。

後來又一次「闖入」，是莉和那裡的「我」已經在一起，住在一處較爲豪華的房子裡。房子坐落在小山上，有長長的窗戶，寬寬的屋簷，很像東方寶塔的那種屋簷。鐵路在大約三百碼遠的地方繞過小山，鐵軌從右邊直線進入，然後經過小山前面，再繞到山後和左邊。鬱鬱蔥蔥的植被從房子的台階開始，覆蓋了整個山坡。在房子後面，那裡的「我」有一間辦公室，那是供他工作用的一個單間建築。這一次莉走進辦公室，來到辦公桌前，而我剛剛替換了那裡的「我」。

「工人們想借用你的一些工具。」她說。

我茫然看著她，不知道該說什麼，所以我問她什麼工人。「當然是在道路上幹活的人。」她還沒有感覺到不對勁。來不及細想，我脫口而出說路上沒人幹活。結果是，她開始目不轉睛地看著我，疑竇叢生。我完全不知道下一步該怎麼辦，所以就離開他的身體，穿過洞回來了。

另一次並不平靜的「闖入」，是在那裡的「我」已經建立了自己的實驗室。要進行研究他還不完全夠格，但他認定自己能搞出點什麼新發現。他（也許在莉的財力支持下）得到了一座巨大的儲藏建築，把它的內部分隔成很多小房間，並在裡面進行某種實驗。在一次實驗中途，我代替了他，但不知道接下來該做什麼。就在這時，莉帶著一些訪客進來了，主要是為了讓他們看看他在新工作間裡的成果。當莉讓我講講自己最近在做的工作時，我（在那裡的「我」體內）站在那裡瞠目結舌。

莉有些尴尬，她把訪客夫婦帶去另一個房間。也許那裡的「我」應該跟著他們去的，但我當時猶豫不決。我試圖去「感受」他在做的事情是怎麼回事。最多只是了解到，他一直在嘗試開發出新的戲劇形式，設計戲劇舞台、燈光和布景，使觀眾在觀看戲劇時能擁有強烈的主觀體驗。我只來得及「提取」到這些記憶訊息，就聽到那幾個人就要回來了，我便離開他的身體，以避免進一步攪亂他的生活。

在下一次「闖入」時，那裡的「我」正在山裡度假。「我」、莉和兩個孩子正沿著蜿蜒的山路騎行，每個人都騎著前文描述過的那種「自行車」。就在他們到達一座山的山腳並準備開始向另一座山行進時，我無意中「接管」了他的身體。由於對這個裝置一無所知，我騎著它爬下一座山時，不慎偏離了小路，掉進一個小泥潭裡。其餘的人在等我，而我正一邊努力回到路上，一邊嘀咕著怎麼會這樣。一旁的莉似乎感覺到了什麼，突然安靜下來。她為什麼會這樣，我當時並不知道。（我肯定，那裡的「我」會知道的。）我試著告訴她，我不是她所想的那個人，但隨即意識到這種話只會讓事情變得更糟。於是我「離開」了，穿過洞回到肉體。

在後來的幾次「闖入」中，那裡的「我」和莉已經分開了。他取得了一些成功，但他的一些行為令她疏遠了。他獨自一人，時時想念她，並對自己身上惹她不悅的那些缺點後悔不已。有一次，他偶然在一個大城市遇見她，懇求她允許他登門拜訪。她同意了，說看看兩人之間會有什麼進展。她住在類似住宅樓的公寓三樓。他承諾一定會去。不幸的是，那裡的「我」丟失或忘記了她給的地址。在我最後一次闖入時，他還是孤身一人，失意困頓。他確信莉會把他丟失地址一事歸結爲他對她的漠視，並當作他爲人不牢靠的又一明證。他有工作，但空餘時間裡都在尋找莉和兩個孩子。

從這一切中能得到什麼結論？爲了逃離現實而無意識地幻想出那樣一個世界幾乎是不可能的，畢竟那裡也不符合我心中的「桃花源」。況且，有誰會自願去「享受」他那種生活呢？對此我們只能做出些推測，且推測中必然要涉及到當今科學無法接受的一些概念。

然而，這種「並行而有別」的生活可能會給「現場三在哪裡」這一問題提供線索。其中最重要的假設是，現場三和現場一（此時—此地）是不同的，這是基於二者科學發展有差異而推測出的。現場三的科技並不比我們的世界更先進，甚至可能還要落後。在已知的人類歷史中，沒有哪個時期的科技水平是像現場三中的那樣。如果現場三既不是現場一的已知過去、現在或可能的未來，那它是什麼？它也不是現場二的一部分（現場二的構成和運作只需要「思想」）。

它可能是對某個地球文明（早於人類已知的歷史）的種族記憶或其他類型的記憶。它也可能是宇宙另一處的一個類似地球的世界，可通過意識訪問。還可能是這個物質地球世界的反物質②複製品，那裡的人類與我們相同又不同。兩個世界環環相扣，由某種力量緊密結合在一起，這種力量超出我們現有的理解能力。

哥倫比亞大學物理學教授利昂．M．萊德曼③博士曾說過：「『存在著一個理論上由反物質原子組成的恆星和行星所構成的反世界』，這樣的宇宙學概念與基礎物理學理論完全一致。也就是帶負電的原子核被帶正電的電子包圍。我們現在可以如此暢想，即這些『反世界』當中居住著『反人類』，他們的『反科學家』甚至正在爲發現了我們的『正物質』而興奮不已呢。」

②反物質，正常物質中的原子是由帶正電的原子核和帶負電的電子組成，反物質粒子與此相反。
③利昂．M．萊德曼（Leon M. Lederman, 1922-2018），美國物理學家，一九八八年諾貝爾物理學獎得主。

7 逝後

只要承認了第二身體的存在，就會立刻引發一個從人們學會思考的那天起就一直在思索的問題：我們會一直活著嗎？死亡之後生命還會存在嗎？我們的宗教說要相信，要信主。但那些習慣用三段論①進行推理的人，往往需要清晰有效的前提來得出明確結論，只有「信」還遠遠不夠。

我唯一能做的，就是在基本上純主觀的經歷中盡可能客觀地做報告。也許在閱讀我的報告後，你也會認可我提出的假設前提。

我第一次見到理查德·戈登醫生是在紐約，那是一九四二年。他當時是一名醫學博士、

①三段論，是演繹推理的一種方法。包含三個部分，一個一般性的原則（大前提），一個附屬於前面大前提的特殊化陳述（小前提），以及由此引申出的特殊化陳述符合一般性原則的結論。比如，所有動物都會死，人屬於動物，故推論出人都會死。

內科專家。我們成了朋友，他成了我們的家庭醫生。他醫術高超，且經驗豐富，帶著一種罕見的玩世不恭的犀利幽默感。他是個極爲腳踏實地的現實主義者，擁有飽經世故帶來的智慧。我們第一次見面時，他已經五十多歲了，所以我不知道他年輕時的模樣。他個頭不高，體形較瘦，一頭白髮，髮量較爲稀疏。

戈登醫生有兩項明顯的怪癖。他決定要活得長久一些，所以對於邁出的每一步都很謹慎。他走路時總是從容不迫、小心翼翼。只有在絕對必要的時候，他才會步履匆忙。更準確地說，他走路時每一次邁出的，都是精心規畫好的閒庭信步。

第二個怪癖是，當有人到他辦公室拜訪時，他會從裡面望著門外，就那麼使勁盯著你。不打招呼，也不點頭或揮手示意，就只是盯著你看，好像在說：「這人到底怎麼了！」

我和戈登醫生從未談及這件事，二人關係卻非常融洽。但情況就是這樣，一種無需解釋，也無需邏輯的緣分。我們沒有太多共同點，除了共同生活在同一人類歷史時空中。

一九六一年春天，我去戈登醫生的辦公室拜訪他，並和他一起吃午飯。午飯是他的護士用煤氣燈做的。他看起來很疲憊，心事重重，我問他怎麼了。

「最近我一直感覺不太好，」他回答，隨即忽然恢復往常的尖銳。「怎麼，醫生不能偶爾生一次病嗎！」

我笑起來，建議他做點什麼，比如去看自己的家庭醫生。

「我會的，」他心不在焉地說，然後恢復了常態，「但首先，我要去歐洲一趟。」

我說聽起來不錯。

「已經買好票了，」他接著說。「我們之前去過很多次，但這次我想看看以前錯過的很多地方。你去過希臘、土耳其、西班牙、葡萄牙或埃及嗎？」

我說沒去過。

「那你該去看看，」他說著，把午餐推到一邊。「有機會就要去，那樣的地方一定不容錯過。我是不會錯過的。」

我說我盡量，但我的工作可不像是他做的那種美差，能說停就停，等度假回來再做。但他又嚴肅起來。

「鮑勃？」

我等他繼續說。

「我有種不太好的感覺，」他小心地說。「我感覺……要不你和你的妻子跟我們一起去歐洲吧？」我眞希望自己當時答應了他。

大約一週後，戈登醫生和他的妻子乘船去了西班牙。期間我們沒有聯繫，所以我以爲他們正在地中海的某處享受陽光。

六週後，戈登夫人打電話來。她說戈登醫生在歐洲生了病，他們不得不縮短行程。他拒絕在海外接受治療，堅持要回國。期間他大受病痛折磨，回國後立即就入院做了探查手術②。

我沒辦法去醫院見他，但他的妻子一直在向我傳達他的情況。探查手術很「成功」，醫生們終於找到病因——是腹腔癌，但已無力回天。他已經病入膏肓了，除了盡量讓他感覺舒服一點，別無他法。他永遠都不能出院了。也就是，不能活著出院了。或者更恰當地說，是肉體活著出院。

聽到這個消息，我覺得我必須得設法見到戈登醫生。現在回想起來，一切都清楚了。我敢肯定，他那天在辦公室裡就知道自己的病情。畢竟，他自己就是一名內科醫生，他當然有可能已經在個人實驗室裡給自己做過體檢了。這就是爲什麼他突然要去歐洲旅行，他肯定不想錯過這最後一次機會！他沒有錯過。我迫切需要和戈登醫生談話，在以往和他的所有談話中，我從來沒有提過自己的「荒誕天賦」或是我在這方面的經歷。我想自己是怕他會仰天大笑，然後打發我到他的精神科醫生兒子那裡就診。

現在情形不同了。他正處在緊要關頭，也許我可以助他一臂之力。我不知道自己的經歷能提供什麼幫助，但我堅信會有用的。

我多次試圖去探病，但被告知只有他的妻子才能進入他的病房。最後我請戈登夫人幫我進去見他。她解釋說，他現在非常痛苦，所以大部分時間都被保持在深度鎮靜狀態。因此，他很少能有清醒意識。通常只有在一大早時他才能認出她，但即使是這種情況也不是每天都發生。我告訴她，我有重要的事情對他說。我沒有細說，即使她心情悲傷，也似乎意識到我想傳達的信息不僅僅是朋友間的慰問那麼簡單。這位直覺敏銳的女士找到了解決辦法。

「你爲什麼不給他寫封信呢，」她建議我，「我會帶給他的。」我說我怕他讀不了。

「如果你寫了的話，」她說，「我會讀給他聽，在他足夠清醒能理解的時候。」

所以我們就這麼辦了。每當戈登醫生清醒時，她就一遍又一遍地讀給他聽。她後來告訴我，這是他自己要求她讀的，不是她的主意。是因爲信中有什麼他想要牢記在心的內容嗎？

聽到這裡，我感到很遺憾。也許我早點告訴他的話，他並不會嘲笑我。如果我那時候能提起勇氣和他談談我的「活動」，我們可能會聊得更多。以下節選自給戈登醫生的那封信：

---

②探查手術（exploratory operation），又稱「探查性手術」，在不確定疾病性質時進行手術，取出病變活組織進行檢查的手術。

「……你應該記得給我做過的那些檢查吧？因爲我當時對自身某些狀況心事重重。其實，就是從那時候開始的。現在，既然你要住院一段時間，不妨試一試，自己去探索，不必相信我說的話。這樣你在休養期間就有事可做了。

「首先，雖然它可能與你的現實經歷相去甚遠，但你得接受這樣一種可能性，也就是：你可以不受肉體限制而行動、思考和存在。可不要讓你的妻子把我扭送到你精神科醫生兒子那兒去。解決這個問題只靠佛洛伊德③是不行的。再說，你兒子賺的錢已經夠多了。

「以前我們交談時，我總是找不到合適時機提起這一話題。但既然你會在醫院待一段時間，不如認眞考慮一下吧。以後可能用得著，也希望你能發現一些我忽略的東西。這完全取決於你是否能在臥床期間也能開發出『離開』肉體的能力。如果能的話，你可能會發現它在很多方面都有幫助。也許它可能會幫助緩解肉體疼痛，我不知道，不妨一試。……迪克，我懷著最誠懇的心意，請求你考慮一下。只是接受『非物質的第二身體可能眞的存在』這個想法，你就已經跨過一個重要的里程碑。一旦你成功離開肉體，剩下的唯一障礙就是恐懼了。但恐懼也是不必要的，因爲這就像是害怕你的影子，害怕你自己。這很正常，沒什麼奇怪的。習慣這種想法——你雖然對它缺乏有意識的體驗，但這並不一定意味著它就值得害怕。只有當未知仍然保持未知的時候，才令人恐懼。如果你堅信這一點，就不必害怕。那時，只有等到那時，再嘗試我給你寫下的方法。我不知道你服用的藥物會有什麼影響，它可能對這項出體技術帶來幫助，也可能會造成阻礙。但是，一定要試試。不一定第一次就能成功的。

「……最重要的是，讓我知道你的進展。等你好一些了，也許我可以來看望你，和你詳細討論一下。我本想來看你的，但你知道醫院的探病制度有多嚴格。如果你把自己的實驗結果告訴你的妻子，我相信她會轉達給我。但我更希望之後可以聽到你親自告訴我。請一定要告訴我……」

戈登夫人沒有告訴我他是否眞的嘗試過，我感覺就當時的情況來說，問她問得太細非常不妥。得知戈登醫生的病情已無力回天，她已經太過悲傷操勞了。我仍然不確定她是否意識到，我那封信中提供了對死亡進行預先準備的方式。

③佛洛伊德（Sigmund Freud, 1856-1939），奧地利精神科醫師、心理學家、精神分析學派創始人。

幾週後，戈登醫生陷入昏迷，然後在昏迷中平靜地去世了。

幾個月來，我一直在考慮去「找」戈登醫生，不管他在哪裡。自從我發展出這「荒誕天賦」以來，他是第一個去世的親密友人，對此我既好奇又能相對客觀。我第一次有了這樣的機會。我確信戈登醫生不會介意的——如果他在去世後繼續「活著」的話。

由於不太了解這方面，所以我認為，不管他目前在做什麼，可能得先休息一陣子，然後我才可以去「打擾」他。另外，我自己也需要再鼓起一些勇氣。這是我從未嘗試過的實驗，可能會有危險。

然後，在一個週六的下午，我嘗試出體。我大約花了一個小時才進入振動狀態，邊從肉體出來，我邊在心中大喊著，我要見戈登醫生！

過了一會兒，我開始向上極速移動，很快，我就只能看到周圍景象隨著移動變得一片模糊，像是非常稀薄的空氣在流動。我還感覺到有一隻手托著我的左肘。有人在幫我去找他。

在經歷一段似乎永無止境的旅程後，我突然停下來（或被止住）。我發現自己正有點茫然地站在一個大房間裡，感覺像是某種機構。肘下的那隻手把我帶到一個敞開的門口，並把我攔在門內，讓我可以看到隔壁的房間。一個男聲幾乎直接傳入我的左耳：

「就站在這裡，醫生一會兒就會見你的。」

我點頭同意，站在那裡等待。房間裡有一群男人。有三、四個人正在聽一位年輕人講話，這位年輕人大約二十二歲，正邊打手勢邊興奮地講著。

我沒有見到戈登醫生，一直期待他會隨時出現。我等得愈久，就感覺愈熱。最後，實在太熱了，我感覺非常不舒服。我不知道讓我覺得這麼熱的原因是什麼，也不確定還能忍受多久。實際上，那種感覺就像是有汗水正在臉上流淌。我知道不能待太久，我受不了這種熱度。如果戈登醫生不能馬上出現，我只能空手而歸了。

我轉身又看了看那群人，心想也許我應該問他們戈登醫生在哪兒。就在這時，那個頭髮蓬亂的矮瘦年輕人停止談話，專注地看了我一會兒。在這簡單的一瞥後，他轉向其他人，繼續他們的熱烈討論。

我熱得無法忍受，決定離開，看來是等不到戈登醫生了。用了一個掌握的動作，我迅速向上移動，離開房間。返回的旅程十分漫長。回體以後，我檢查了肉體，感覺到寒冷，還有點僵硬。當然臉上沒有什麼汗水在流淌。

失望之餘，我坐起來記錄這次旅行。不知什麼原因，這次失敗了，沒能找到戈登醫生。離體時間是兩個小時。

我的血液裡是有些固執因子的。下一個週六，我又試了一次。就在離開肉體開始大喊要見戈登醫生的那一刻，我身邊響起一個聲音，幾乎是帶著惱怒地說：

「你爲什麼又要見他？你上週六才見過！」

我大吃一驚，結果立刻就回體了。我坐起來，環顧了一下辦公室。房間裡沒有人，一切正常。我想著再試一次，但覺得那天的時間已經不夠再出體一次了。

上週六？上週六沒發生什麼特別的事，我沒找到醫生呀。我重溫了一下「上週六」的筆記，發現了關鍵。

「醫生一會兒就會見你。」然後大概一分鐘後，那個頭髮蓬亂的矮瘦年輕人轉過身來，目不轉睛地看著我。他一言不發地注視著我，好像在思考。如果這是二十二歲的戈登醫生，而不是七十歲的他，那上述記錄中的描述和他本人是完美契合的。

相較於其他，這一細節令這段經歷尤爲可信。我原以爲會見到一個七十歲的老人，但出體所見和期待不符，所以沒有當場認出他來。如果這次經歷是我的個人幻覺，那就應該遇到七十歲的戈登醫生才是。

後來，在去戈登醫生家拜訪他的遺孀時，我設法看到了醫生二十二歲時的舊照。當然，我沒有告訴戈登夫人爲什麼想看這張照片。照片上的人與我在「那裡」看到且也回看我的那個人完全吻合。她還提到，他在那個年紀時非常活躍、求知若渴，總是匆匆忙忙的，還有著一頭蓬亂的金髮。

有一天我會再去拜訪戈登醫生的。

還有一次，我們準備搬離這個州，而一位買主忽然出現，我們就把房子賣給了他。作爲臨時過渡，我們租了一套房子暫時住下，等待來年搬家。

房子建在小河正上方的一塊岩石頂上，蠻有意思的一個地方。我們是通過中介租的，從來沒有見過業主，也沒聯繫過。我和妻子住在一樓的主臥。

在搬進來大約一週後的一天，我們上床睡覺，妻子幾乎馬上就睡著了。我躺在半明半暗中，透過落地窗望著夜空。雖然沒有有意爲之，但熟悉的振動感又來了，我想了想，在新住處出體應該也沒什麼問題吧。

我們的床靠著北牆。躺下時，床右邊是通往客廳的門，左邊則是通往主臥浴室的門。我正準備上浮離開肉體，忽然注意到門口有東西。那是一個白色的形體，個頭形狀都和人差不多。

我對這個「陌生人」打起了十二分精神，等著看會發生什麼。白色形體移動到房間裡，來到床的附近，然後進入浴室，距離我躺的那一側不到一英尺（約三十點五公分）遠。我看出那是一個中等身材的女人，黑色直髮，雙眼深陷，不算年輕，但也不老。

她在浴室裡只待了一小會兒，然後出來又到了床的附近。我坐起來——不是肉體坐起來，我肯定——伸出手去觸碰她，想試試能不能碰到。

看到我的動作，她停下來看著我。當她說話時，我能聽得很清楚。我可以透過她看到她身後的窗戶和窗簾。「那幅畫你打算怎麼處理？」傳來女人的聲音，我還能看到她的嘴唇在動。

我不知說什麼，但又想盡量讓她滿意。所以我說，我會好好處理的，別擔心。

聽到這話，她淡淡地笑了。然後她伸出雙手，握住我的手，把我的手合在她的雙掌之間。她的手感覺很真實，像正常人一樣溫暖鮮活。她輕握了一下我的手，又輕輕鬆開，然後繞過床出了門。

我等著，但她沒有回來。我便躺下來，回到肉體中，然後下床。我走到客廳門邊，張望了一下其他房間，沒有人。又檢查了樓下所有房間，什麼也沒找到。然後我記錄了這次出體，回到床上繼續睡覺。

幾天後，我遇到住在隔壁房子的精神科醫生塞繆爾．卡恩（Samuel Kahn）醫生（我總是會遇到精神科醫生！）。我問他是否認識我們房子的房東。

「是的，是的，我跟他們蠻熟的，」卡恩醫生說，「W太太大約一年前去世了。之後，

W先生不願再住這個房子，搬出去再也沒回來過。」

我說那太可惜了，這個房子這麼好。

「嗯，那是她的房子，你明白的，」卡恩醫生回答。「事實上，她就是在這個房子裡去世的，就在你們睡的房間裡。」

我說那倒蠻有意思的，她生前一定非常喜愛這個房子。

「哦，是的，」他回答。「她非常喜歡繪畫，到處都掛著畫。但這房子幾乎就是她生活的全部了。」

我問他是否正好有W太太的照片。

「我想想。」他想了一下。「哈，我有。在一張俱樂部的集體照裡就有她，我看看能不能找到。」

卡恩醫生幾分鐘後回來了。他的手裡拿著一張照片，照片上大約有五、六十個人，由於站成了好幾排，大部分人只露出頭部。

卡恩醫生仔細看著照片。「她就在這裡面的某個位置，對，我確定。」

我站在他的背後看著照片。第二排有一個面孔很熟悉，我用手指了指，問卡恩醫生這是不是W夫人。

「哦，是的，是的，那就是W太太。」他好奇地看著我，然後明白了似地說，「哦，你一定是在那房子的什麼地方看過她的照片。」

我說是的，是這樣。心念一動，我問他W太太有沒有什麼特別的習慣之類的。

「不，我不記得有什麼，」他回答。「但我會回想一下，一定是有的。」我謝過他，準備離開。他忽然叫住我，我轉過身去。「等一下，有一個，」卡恩醫生說。

我問是什麼。

「哦，每當她心懷喜悅或感激的時候，她會把你的手包在她的兩掌之間，輕輕握一下。這個算嗎？」

當然算。

隨著經驗的累積，我更加確信，自己是可以在這個不尋常的領域有所收穫的。我有一個關係非常好的朋友叫阿格紐．巴恩森，年紀和我差不多大，我們倆有很多共同點。我認識他差不多有八年了。他是一名飛行員，還會經常乘坐公司的飛機。他的一個研究興趣是反重力，我們就此討論過很多次。他有一個實驗室，會在那裡進行這方面的實驗。我們討論的反重力相關問題之一，就是在這個需要龐大團隊和昂貴儀器來做研究的時代，區區一、兩個人如何才能得到些有效的成果。

7 逝後

一九六四年的一天，我去紐約出差。那天下午，我剛好有一個小時的空閒。便決定在酒店房間裡小睡一會兒。在床上躺下，剛要入睡，我就聽到巴恩森先生的聲音。

「有一種方法可以證明反重力。你要做的就是親自去演示，你已經對此很熟練了。」

我坐起來，這下子完全清醒了。我知道那個聲音說的是什麼意思，但我沒有勇氣去嘗試。但爲什麼在這個夢裡，巴恩森先生的聲音聽起來這麼眞實？我看了看床邊的時鐘，大約是三點十五分。我現在太清醒了，睡不著，所以起床出門。

兩天後回到家，我發現妻子很沉默，便問她怎麼了。

「我們不想打擾到你在紐約的工作，」她說，「阿格紐・巴恩森去世了。他在俄亥俄州的一小塊地面上嘗試降落飛機時出了事故。」

我想起在紐約聽到的巴恩森先生的聲音。便問道，他是否是兩天前出的事，大約下午三點十五分。

我妻子看了我很久，才說，「是的。事故就是在那時發生的。」她沒有問我是怎麼知道的，她已經司空見慣了。

之後的幾個月，我都沒有試圖去「找」巴恩森先生。不知出於什麼原因，我認爲他需要休息。可能與他是意外橫死有關，我至今仍然不確定當時的想法對不對。

最後，我有點等不及了。在一個星期天的下午，我躺下來，帶著要去拜訪巴恩森先生的意圖。

經過大約一個小時後，我終於離開肉體，開始快速穿越一片似乎除了黑暗別無他物的地方。在穿越過程中，我在心裡一遍又一遍地喊著「阿格紐．巴恩森」！

突然，我停了下來，或者說是被什麼停了下來。此時我正身處一個相當黑暗的房間。有人拉著我站定。等了一會兒，一團白色氣體似乎從地板上的一個小洞裡冒出來。雲團顯現出人形，某種感覺告訴我這就是巴恩森先生，儘管我看不太清，也分辨不出他的外貌特徵。他隨即開口說話，帶著興高采烈的語氣。

「鮑勃，你知道我來這裡以後都遇到了什麼事嗎？太難以置信了！」只有這一句。不知是誰發出了什麼信號，白色氣雲失去人形，退回到地板的洞裡。我手肘上的手帶著我離開了。我又回到肉體中。

這很符合巴恩森先生的性格——對新事物和新經歷的極端熱愛，使他不會像戈登醫生那樣，把時間浪費在「那時」或過去。

如果那是我自我誘導產生的幻覺，至少它是原創的，因爲我從來沒有在其他地方讀到過這樣的出體經歷。這能解釋在紐約酒店房間裡的時間巧合嗎？

7 逝後

還有一次。一九六四年，我的父親去世了，享壽八十二歲。雖然我早年曾反抗父親的權威，但後來我感覺和父親的關係孿親近的。我確信他也感覺和我孿親近。

去世前幾個月，他中風了，幾乎完全癱瘓，無法言語。說不了話這一點顯然更令他惱火，畢竟對於終生致力於語言研究和教學的語言學家來說，失去說話的能力肯定讓他無法接受。

我去拜訪他時，他竭盡全力想和我說話，告訴我一些事情，他努力嘗試的樣子顯得絕望而令人心碎。他的眼神中飽含懇切，希望我能理解他想表達的東西，唇間卻只能發出輕微的呻吟。我盡力安慰他，和他說話，他也盡力試圖回答我。但我甚至都不知道他有沒有聽懂我說的話。

一天下午，父親在睡夢中悄然離世。他這一生充實圓滿，而他的死既帶來了悲傷，也包含了解脫。

我一次又一次意識到，從父親那裡學到的那些腳踏實地的信念和概念有多麼重要。我將永遠心存感激。

這一次，由於剛剛去世的人和我的關係這麼親近，我沒有以前那麼恐懼了。或者也因爲有這層親近關係，至少有親近熟悉的感覺，我便少了些拘謹，多了些信心。

我等了幾個月才行動的唯一原因只是因爲不便抽身。我個人和事業中其他緊迫的事務似乎讓我在嘗試出體時無法放鬆下來。然而，在一個工作日的夜裡，我忽然於三點左右醒來，感覺可以試著去看望父親了。

經過常規出體流程後，振動來得輕而易舉。瞬間，我毫不費力地脫體，自由飄浮在黑暗的空中。這一次，我沒有在心裡大喊，而是專注於我父親的個性特徵，並朝著他所在的地方「前進」。

我開始快速穿越黑暗。雖然什麼也看不見，但有強烈的運動感，能感覺到稠密得像液體一樣的空氣流經我的身體。這很像潛水時在水中穿梭的感覺。突然，我停了下來。這次我沒有感覺是有誰阻攔我，也沒人拉我的手肘。我停在一間昏暗的大房間裡。

我似乎知道這裡就像一所醫院或療養院，但並沒有我們所知的那些治療項目。我開始四處尋找父親。我不知道會發生什麼，但至少期待會有一次快樂的團聚。

我站在大房間裡，旁邊還有幾個小房間。我查看了其中兩間，每個房間裡都有幾個人，但他們沒怎麼注意到我。我開始懷疑是不是來錯地方了。

第三個房間就像修教士的小單間那麼小，門對面的牆上約齊肩高的地方，有一扇小窗戶。有一個人正靠在牆上，向窗外看著。我進去時他背對著我。

然後他轉身看見我。他的臉上顯露出極度驚訝的神情，我「去世」的父親對我說道。

「你怎麼在這裡！」他說這話的語氣，就好像一個人環遊了半個地球，然後卻在路上遇到他在家剛剛告別的人。

我激動得說不出話來，呆呆地站在那裡，期待著我心心念念的快樂團聚。它馬上實現了。我的父親向前伸出手，放在我的腋下，高興地把我高高舉過頭頂，然後又放下來，我清清楚楚記得，小時候他就會這樣做，就像大多數父親會在兒子小時候陪他們玩時一樣。

他把我放回地上，我也有足夠的勇氣開口說話了。我問他感覺如何。

「現在好多了，」他說。「不痛了。」

這就好像是我讓他想起了一些他本想忘記的事情。他的能量似乎流失了，他轉過身去，顯得很疲倦。我看著他，而他似乎忘記了我在那裡。他此時看起來瘦一些，大概五十歲，和我們家裡他五十歲時的照片一樣。

我感覺到這次會面已經算是結束，目前只能到此爲止。我悄悄退出房間，轉身並「伸展」，回到肉體。比起來到這裡，返回所用的時間要少得多。

是那樣嗎？在他生命最後的日子裡，他表達不出來的意思，其實是想讓人幫忙緩解疼痛嗎？那他的疼痛得有多麼劇烈呀。如果眞是這樣，那時他的肉體是座多麼可怕的監獄啊。死亡確實反而是件好事。

我會試著再「見到」他嗎？我不知道，我不知道我該不該去見他。

我在出體時還有過很多其他的經歷，沒有這麼私人，但同樣令人印象深刻。它們都讓我得出一個不可避免的經驗結論，僅就這一結論，就爲我許許多多兒時的痛苦、不確定、恐懼、孤獨和幻滅提供了合理的解釋；這一結論，就是人們所說的思維量子跳躍的起點，也是一個新觀點和新視角的開端；這一結論，將「此時—此地」的痛苦和快樂歸入其適當的重要性類別（在無限的存在中，一分鐘、一小時或一年又算什麼？）；這一結論，打開了一扇通向實相的大門，這一實相最終可能會被證明是人類的意識頭腦無法理解的，卻會一直引誘好奇之人，並挑戰才智之士。

這是我的答案嗎？如果我們在「人類的人格能夠且確實會離開肉體進行運作」的前提之下，綜合分析我的所有出體經歷，我們就別無他選，只能得出這個答案。如果這其中傳達出什麼「偉大啓示」，這一條應該足夠了。

如果人類眞的有第二身體，而那個第二身體會在我們所謂的「死亡」之後繼續存活，人格和性格會以這種「新—舊形式」繼續存在——那會怎樣？又一個古老問題浮現出來，等待著解答。

8 因爲《聖經》這樣說

迄今爲止，在長達十二年的「非物質」活動中，我沒有發現足夠的證據來證實《聖經》中關於上帝以及死後天堂的概念。也許我是見過的，只是沒有認出來。這是很有可能的，也許是因爲我還「不夠格」。另一方面，我遇到的很多情況，有可能就是一些千百年來被扭曲的諸多概念的原型。

讓我們從「祈禱」開始談起。祈禱應該是直接與上帝交流的方式，而我們如今學的祈禱，就好像是在完全不理解化學成分含義的情況下去背誦化學公式一樣。或者孩子們唱《倫敦鐵橋垮下來》①這首童謠時的情況，他們唱的時候對歌詞原意一無所知。我們的整個人類文明都充斥著這種蒙昧盲從的習性。顯然，祈禱就是其中之一。

曾幾何時，有人確實知道祈禱的方法。他嘗試教給別人。一些人學會了技術，而其他人

①《倫敦鐵橋垮下來》(*London Bridge Is Falling Down*)，英國傳統童謠。

只記住了詞句，詞語本身卻隨著時間推移而發生改變。漸漸地，祈禱的技術便失傳了，直到在歷史中周期性地被偶然（？）重新發現。在後者這種情況下，重新發現者很少能夠說服其他人，讓他們相信舊的、既定的祈禱方式是不太對的。

這就是我能報告的全部內容。舊的、既定的方式是不夠的。或者像我之前所說，也許只是我不夠格而已。更糟糕的是，可能是我受到的祈禱訓練太少或者不太正確。無論如何，我沒能成功祈禱過。

此處舉例說明。在一次非物質旅行中，我正在飛快返回肉體，一切顯然都盡在掌握中。忽然我毫無徵兆地撞上一堵堅實的牆，它似乎是由某種無法穿透的材料構成。我沒有受傷，但極爲震驚。

這種材料堅硬而堅固，似乎是由巨大的鋼板重疊並焊接在一起製成。每一塊鋼板都有輕微的彎曲，就像是球面的一部分。

我試圖穿過它，但過不去。於是我又嘗試向它的上下左右移動，想要越過它。我絕對肯定，自己的肉體就在這道屏障後面。

對這道屏障捶、打、抓、撓了近乎一個小時，卻依然無果，我想到了祈禱。我念誦了學過的每一種祈禱文，還自己編了幾個。在祈禱時我說出的每一個字都是誠心誠意的，比我一生中對待其他任何東西時都更用心。我已經被嚇到那種程度了。

什麼效果都沒有。我仍然被困在這道屏障裡，無法通過，回不了肉體。

我恐慌了起來，一邊抓撓一邊尖叫抽泣。在發現這些也都只是徒勞後，我終於筋疲力盡地平靜下來，茫然失措地躺在那兒休息，緊貼著冰冷堅硬的牆壁。

不知道在那裡躺了多久，我最終恢復了客觀思考的能力。理論上，我不可能永遠被牆困住——或者至少我不想這樣。誰能想到會出現這種不可能的情況，我以前在哪裡還遇到過這種看似「不可能的情況」呢？

我想起來了。幾年前，我和一個朋友購買了一架飛機，但我們並不了解它的飛行特性。我們買下這架飛機的唯一原因是它便宜而且狀況良好。

繞著場地試飛了幾次以後，我們決定駕著它去做特技飛行。帶著借來的降落傘，我們起飛了，衝上了大約一萬英尺的高空。我們做了幾個「8字飛行②」，翻了幾個簡單的筋斗，和幾個旋轉。

一切都很正常。爬升到一定高度後，我們將飛機稍向下傾斜，搬動操縱杆和方向舵，開

② 8字飛行（lazy eight），一種飛行技巧，飛行路徑類似於阿拉伯數字8而得名。

始做「快滾③」。

當我們反應過來時，飛機已經處於螺旋狀態。我們集中精力，向前推進，這是公認的恢復正常飛行的做法。以前很管用，但這次卻不行了。飛機螺旋得更平、更快，並進展為類似甩鞭的動作。我們嘗試向旋轉反方向推動方向舵，突然加大馬力，都沒有用。如果說有什麼用的話，那就是這些動作使喚螺旋加劇，讓飛機極速接近地面。

比爾從前駕駛艙向四周看了看，臉色發白。他在呼嘯的風聲中衝著我大喊：「我們最好離開飛機！」

我也準備棄機了。唯一能讓我多待幾秒鐘的原因，是想到將要失去這架耗費我長久積蓄的飛機。我在想，我們什麼方式都試過了，除了違反規則的，就是在飛機進入螺旋時不能做的方式，向後拉操縱杆。事已至此，死馬當活馬醫吧。

我向後拉了操縱杆。飛機立即從螺旋狀態中解脫出來，恢復了飛行速度。我操縱著飛機，直到視野中的地面回到正常位置。我們安全著陸，搖搖晃晃地從飛機上爬出來，跌坐在地。我們剛剛是進入了向外螺旋（outside spin）。我們從來沒見過這樣的螺旋狀態，更不用說嘗試過了。

我記起了那次飛行。躺在那裡喘著粗氣時，我試圖使用當時解除危機的思路。向前、向上、向下、向右、向左——統統沒用。

只剩下一個方向了，雖然常識告訴我這樣肯定行不通。死馬當活馬醫吧，於是我就做了，只過了一會兒，我就回到肉體，渾身發抖，但安然無恙。

從哪邊離開的？事後看來很明顯：沿我的來路退回，遠離障礙。爲什麼這樣做有用，我不知道。我也不知道這道屏障是什麼。

也許可以認爲，是祈禱眞的起作用了。祈禱後我確實回來了，不是嗎？如果眞是祈禱起作用的話，那也不是以宗教教給我的那種方式。並沒有什麼天使來尋聲救苦。

還有一次，發生在我去看望弟弟一家，並在那裡留宿的時候。我太累了，到客房後不久就上床休息。

我的床頭所靠的牆壁另一邊，就是我四歲侄女J的房間，不知這個訊息是否與後面的情況有關。她的床頭和我的床頭靠在同一面牆。當我在黑暗中進行伸展時，熟悉的振動出現，我決定溜出體一會兒，只是爲了測試一下不在自己家裡出體的感覺。

剛一離開肉體，我就意識到房間裡有三個生命體。當他們走近時，我小心翼翼地待在肉

③快滾（snap roll），是一系列使飛機「水平翻滾」的飛行技巧統稱。

體附近。他們開始拉扯我，不太用力，但卻像是故意要看我會如何反應。他們玩得不亦樂乎。我試圖保持冷靜，但寡不敵眾。我不確定自己能不能在被他們拖走前快速回體。

於是我開始祈禱。我再次念誦了我知道的各種祈禱詞，請求上帝幫助我。我以耶穌基督的名義祈求幫助，我還試著向幾位聖人求助，這些名字是我從信天主教的妻子那裡聽來的。結果呢？折磨我的那些「人」大笑連連，反而更起勁地折磨我。

「聽聽，他在向他的神明祈禱呢，」一個人咯咯地笑著，極度輕蔑。「聽啊！」我想在聽到這話之後，我有點生氣了。我開始向後撤，靠近我的肉體，然後跳進去。我並沒有去反擊，但也肯定沒有保持被動。我的肉體坐起來，爲自己能回來而鬆了口氣。就在我坐起來時，我聽到了孩子的哭聲，是從牆那邊的房間傳過來的。我等了幾分鐘，想著弟妹會過來安撫孩子，讓她繼續睡覺。大約十分鐘後，J還沒有停止哭泣，我便起身去了隔壁的臥室。孩子在她母親懷裡，還在不斷啜泣，弟妹在盡力安撫。我問怎麼了，需要我幫忙嗎？

「她過一會兒就會好的，我覺得，」弟妹回答。「她肯定是做了惡夢，我好像叫不醒她。」我問那女孩哭了多久。「哦，就在你進來的幾分鐘前開始哭的。她平時不這樣的，她一般會睡得很香。」

我說如果需要幫忙就叫我，然後回到自己的房間。過了一會兒，侄女安靜下來，顯然是睡著了。

我侄女的夢魘是巧合嗎？或許我需要一些新的祈禱方式。這樣的事件還有很多，但當我嘗試用傳統的、公認的祈禱方式應對時，結果幾乎總是「一如既往」。

然而，關於天堂和地獄的報告則較爲樂觀。如果它們存在，應該就在現場二的某個地方。

我在前文提到過，進入現場二的非物質旅行中，通常必須穿過一個「層」或區域。這個區域似乎位於現場二中與「此時—此地」最鄰近也最相關的那個部分。那是一片灰黑色的飢餓海洋，在其中最輕微的舉動都會引來可怖生物的追咬和襲擾。

就好像你是在這茫茫大海中搖晃的誘餌。如果你行動慢一些，對前來嗅探的好奇「魚類」不加理會，你就能平安通過。但如果你的行動過於劇烈或反擊了它們，那麼更多棲息在此的生物就會蜂擁而上，興奮地衝過來對你上下其口。

這會是地獄的邊緣嗎？很容易得出結論，即使是短暫穿越這一層面，也會使人聯想到主要居住在這裡的，可能是「惡魔」或「惡鬼」。他們看起來像一種「次人類」，但是有明顯的獨立行動和思考能力。

他們是誰，是什麼？我不知道。我可不想自討苦吃在那裡待很長時間，所以沒有了解太多。我是經歷了那些恐怖的反覆試錯，才得以找到安然通過此地的辦法。

在這些世界裡，思想不僅是事物，而是一切，包括你自己。你在這裡是福是禍，都取決於自身的創造。如果你是個無情的殺手，你可能就會去到現場二中的某個區域，那裡的一切都會匹配你的身分。對這些人來說，那種地方將是眞正的地獄，畢竟在那裡等著的可不會再是手無寸鐵的天眞弱者。

將思想向外投射，你就能感知到萬千變化。你在現場二中身處天堂還是地獄，將完全取決於你最深層的持續（也許是無意識的）動力、情緒和人格傾向的框架。其中最持續、最強烈的那些因素，就會成爲你進入這一領域時的「導航」裝置。

我對此非常確信，因爲我在現場二中做出體旅行時，發現這一規律牢不可破。不管我願不願意，情況都會是這樣。當某種不適時的雜念或者無意識中的深層情緒不小心浮現，我的旅途就會被轉到對應的方向。

由此到達的一些地方對我來說簡直跟地獄沒有兩樣。另外一些地方則像是天堂，還有一些地方其實和我們的「此時—此地」差別不大。

如此一來，如果現場二包含了地獄的一部分，又不太符合我們對天堂的設想，那麼這到底是怎麼回事？路又在何方？我們崇拜的上帝和天堂在哪裡？是我錯過了什麼嗎？

然而，有時在參觀現場二時，會周期性地遇到一件怪事。這和具體在哪個區域沒有關係，無論在現場二的哪裡，怪事的形式都一樣。

當我們在進行正常活動時，無論是什麼活動，有時候會「聽到」一個遙遠的信號，就像傳令的號角聲。每個人都會平靜地聽著信號，同時停下交談或手上在做的任何事情。這是「祂」（或「祂們」）巡視其王國的信號。

沒有人因爲這個信號而頂禮膜拜，人們的態度反而很平淡。這件事是所有人都習以爲常的，也都服從，它的優先級高於一切。沒有例外。

信號出現後，在場的每個生命體都躺了下來——我記得他們是仰面躺下的，身體拱起以露出腹部（不是下體），頭轉向一邊，這樣當祂經過時，人們就不會看到。這樣躺下的目的似乎是爲了構建一條生命之路，供祂在上面行走。我得知，祂偶爾會從這座橋上選一個人，那個人從此就會再無音訊。露出腹部表示信仰和完全服從，因爲腹部是人身上最脆弱或最易受傷的部位。當祂經過時，周遭一切寂靜不動，甚至連一個念頭也沒有。當祂經過時，一切都暫時完全靜止。

這種事我遇過幾次，每次都和其他人一起躺下。在那樣的情況下，不從眾也不現實。祂經過時，會伴隨一種喧囂的樂聲和一種光芒煥發、不可抗拒的終極力量感，這種力量在經過時達到最強，並隨著祂的遠去而逐漸減弱，直至消失。我記得有一次想著，如果被祂發現我這個臨時訪客，我會怎麼樣。我不確定自己是否眞的想知道答案。

在祂離開以後，每個人都會重新站起來，繼續各自的活動。沒有人談論或提及這件事，也不會對此做進一步的思考。人們完全接受這一事件，將之作爲生活中的一項日常活動，卻又有著巨大而微妙的區別。這個行爲很隨意，就像在繁忙的十字路口停下來等待紅綠燈，或者當有信號指示火車要來的時候在平交道等待；你對此漠不關心，但同時又對路過的火車所代表的力量有一種不言而喻的尊重。而且，這件事是「非人格性」的。

那個「人」是上帝嗎？還是上帝之子？或是上帝的代言人？

有三次，我都「去」到了一個無法用言語準確描述的地方。同樣，正是由於人們對這個「地方」或「存在狀態」的瞥見、解讀或短暫拜訪，才產生了整個人類歷史中我們經常聽到的那些訊息。我確信，這可能就是我們的宗教中構想出那個「終極天堂」的一部分，一定也是涅槃④、三摩地⑤，是歷代神祕主義者所講述的至高體驗吧。這確實是一種很可能會被個體以多種方式來描述的「存在狀態」。

對我來說，這是一個有著純粹的平靜，但又有極微妙情感的地方或狀態。就好像飄浮在溫暖柔軟的雲團中，沒有上下之分，其中的任何事物都不是獨立的存在。那種溫暖的感覺不僅僅是包圍著你，它中有你，你中有它。這種完美的環境讓你目眩神迷，沉醉不已。

你在被光線掃過的雲團中飄浮，它們不斷變幻著形狀和色調。在每一種光掃過時，你沐浴其中，心曠神怡。其中有些像紅寶石色的光線，或是某種超出我們所知的並不眞是光線的東西，因爲我們所知的光線從未帶給我們這麼豐富的感受。光譜中所有顏色都在不斷變幻來去，一點也不刺目，反而每種光都會帶來不同的或舒緩或寧靜的喜悅。就好像在永恆閃耀著的落日光輝中，而你進入並融入它周圍的雲團。當每一種鮮活的色彩發生變化時，你也隨之而變。你與它們交相輝映，呼吸吐納著永恆的藍、黃、綠與紅光，以及那種種混合交織的色彩。所有色彩對你來說都很熟悉。這是你的歸屬之地。這是家。

當你徐徐自在地穿過雲層時，你的周圍圍繞著樂曲聲。這種音樂不需要你去意識到，它一直在那裡，而你正與它和諧地振動著。同樣，這遠不是你以前所知的音樂。只有其中包含的和聲，精妙流動的旋律段落，多聲部的複調，意味深長的泛音——才會喚起你心中深沉的

④涅槃（Nirvana），佛教術語，又譯為泥洹等，意譯為滅度、寂滅、不生不滅等。佛教認為涅槃是將世間所有一切法的自體性都滅盡的狀態，所以涅槃中永遠沒有生命中的種種煩惱、痛苦。該術語最早源自於古印度婆羅門教。

⑤三摩地（Samadhi），又譯三昧、三摩提，意譯為等持、正心行處。在印度教、耆那教、佛教、錫克教和瑜伽流派中的一種冥想意識狀態。佛教沿用後指心一境性，精神集中，專注一境而不移動。

莫名情感。世俗紛擾消退。人聲合唱在無言之歌中迴蕩著。無限多種弦樂奏出種種微妙和諧之音，交織在循環又不斷進展的樂曲主題中，而你則與之共鳴。這美妙樂聲沒有來源，它就在那裡，圍繞著你，你中有它，它中有你，它就是你。

這是你曾經只得一瞥的純粹眞理。這是一場盛宴，其間珍饈美味你也只是淺嘗一二，但讓你對「整體」的存在萌生了希望。當你在夏威夷海邊凝視雲霞繚繞的夕陽時，當你佇立在寂靜森林中高大搖擺的樹木中間時，當一曲樂章、一段旋律或一首歌喚起你的回憶或引出一種記憶中沒有的渴望時，當你渴望回到你歸屬的城市、小鎭、鄉村、州或是家庭時，你所感受到的不可名狀的情感、渴望、懷戀和宿命感——這些現在都達到了圓滿。你回到了家，回到了你的歸屬之地，回到了你的永恆應屬之處。

最重要的是，你並不孤單。還有其他人和你在一起，在你身邊，與你緊密相連。他們沒有名字，你也感知不到他們的形態，但是你知道他們，以同一種偉大的認知，你知道自己和他們聯繫在一起。他們和你一模一樣，他們就是你，和你一樣，他們就是家。你感覺和他們是一體的，就像有溫柔的電波在你們之間傳遞，在這種完整的愛面前，與之相比，你所經歷過的其他面向都是殘缺不全。只有在這裡，情感沒有被激烈地展現或演示的需要。給予和接受都是自動運行，無需刻意爲之。它不是你需要或需要你的某種東西。「外求」已不復存在，交換都在自然流動著。你不再有性別差異的意識，你作爲整體的一部分，同時身爲男性與女性，正極與負極，質子與電子。兩性之愛湧向你，也來自於你，從父母—孩子—兄弟，到偶像，詩鄉與理想——所有這些都在柔波中，在你周圍、你內在、並通過你交織作用著。你處於完美的平衡中，因爲你回到了所屬之地。回到了家。

你身在這一切之中，而又不屬於它，你能意識到自己全部經歷的源頭，意識到你自己，意識到超越自身感知和／或想像能力的浩瀚。在這裡，你知道並很容易接受「聖父⑥」的存在，你眞正的「父親」。聖父，一切現在或過去的創造者。你是他無數的受造物之一。以何種方式或原因，你不知道，也不重要。你幸福洋溢，只是因爲你在「正確」的地方，你眞正的所屬之地。

我去過那裡三次，每次返回時都很不情願，感到傷心和無奈。是有人幫我回來的。每次回來後，連續好幾天我都會感到強烈的懷戀和孤獨。我彷彿身陷陌生人群中的異類，流浪在一片事事都「錯位」的土地上，與我原本所屬的地方相比，這裡的一切人事物都是如此不同，如此「不對」。那是種強烈的孤獨、懷戀和類似鄉愁的感覺。這種情感太過強烈，以至

⑥聖父（the Father），即 God the Father 的簡稱，是造物主的另一種表達。

於我再也沒有嘗試去過「那裡」。

那就是天堂嗎？

有一次我試圖在這個世界複製出那個地方。我記得小時候曾在一個泳池裡游泳，池壁上鑲嵌著深色調的水下彩燈。我很清楚地記得哪個泳池裝有這樣的燈。

我們在鄉間的家裡就有一個游泳池，所以我開始著手改造。我們安裝了水下燈，燈我用了彩色的。即使盡了最大的努力，還是無法得到我記憶中的深色調。需要太多電力了。我們還安裝了水下喇叭，這樣我就可以躺在水中，在耳朵被水淹沒時，聽著屋子音響系統中播放的音樂。效果相當棒。但仍然不是「那裡」，遠遠不是。

其中倒是有個奇怪之處。在我重回童年生活的地方時，我發現記憶中的彩燈游泳池還在，但水下根本沒有彩燈。沒有一個人——包括和我一起在這個泳池中游過泳的老朋友——記得這個游泳池裡曾經裝過水下彩燈。

現實啊，「現實」！

9 天使與原型

這整件事最大的謎團之一，就是有人——或者不止一個人——一直在出體實驗中幫助我。也許每次都有他們相伴，只是我沒有注意到他們。我不知道這些幫助者是誰，也不知道他們爲什麼幫助我。

他們肯定不是守護天使，儘管觀念較傳統的人可能會做出這種解釋。在我需要幫助或祈禱時，他們並不是有求必應。精神痛苦和尖叫有時會引來其中之一。更多的時候，當我沒有尋求幫助時——或是我沒有意識到自己需要幫助時，他們會主動前來。他們提供幫助似乎更多是出於他們自己的選擇和考慮，而不是我的。

他們的態度，很少算得上是我們理解的「友好」。然而，在他們對我的行爲中，有著一種洞徹明瞭的感覺，而且目的明確。我感覺不到他們對我有什麼傷害意圖，我信任他們的指引。

他們提供的大部分幫助都很微妙。例如，那雙把我推上布拉德肖醫生家小山坡的

「手」，顯然是在幫助我實現當時的意願。我沒有看到有誰在幫助我。然而，就在這個幫助出現之前，我看到有人穿戴著長袍和頭巾，呈瑜伽坐姿。這就是「幫助者」嗎？在第十章中，當我試圖擺脫那些「寄生蟲」時，有個穿長袍的男人回應了我的痛苦懇求，他的雙眼和面容都有一種令人難忘的熟悉感，只是他幾乎不理會我當時的痛苦情緒。然而他顯然是來幫我的，他是因爲我遇到問題才來的。儘管如此，他沒有說任何寬慰的話語，也沒有試圖安撫我。

我沒有見到帶我去現場二尋找戈登醫生的幫助者。我感覺到他的手，也聽到他的聲音，但僅此而已。一週後，在我想再次嘗試尋找戈登醫生時，那個告訴我已經去過的人，我也是「只聞其聲未見其人」。內在有種東西讓我們不加質疑地接受這種幫助。當時我很少想到要轉過身去辨認幫助者是誰，這一切似乎是理所當然的。

而在降神會後帶我去公寓的那兩個年輕人似乎不屬於典型的幫助者範疇。我有一種明確的感覺，即他們來找我只是出於那個特殊目的，僅此而已。這就引出了下一個奇特之處。在我能又一次認出來的幫助者中，只有一個人是我在第二次見到時能辨認出來的。

在我去現場二拜訪阿格紐·巴恩森時，有個人拉著我站在那裡，等著見他。我被兩隻手從兩邊按住，那種溫和但堅定的感覺十分強烈。後來那同一雙手將我轉過身，帶我離開，就像扶著盲人走路一樣，那種感覺再鮮活不過了。這也是一個「幫助者回應了我的願望」的例子。

當我在返回肉體的途中，卡在屏障裡驚慌失措，尖叫並祈禱時，沒人來幫我。當我被一些有生命的實體戲弄折磨時，沒人幫我。當我受到野蠻攻擊時，也沒人幫我。更準確地說，即使有人幫了，我也沒有意識到。這當中又有什麼區別呢？「他們」是如何決定什麼時候該幫忙，什麼時候要袖手旁觀的呢？我不知道。

最重要的是，當我飄蕩在那似乎會永恆存在的至福中時，又是誰在默默堅持要我回到物質世界？對那次幫助，我不知該覺得感謝還是悲哀。

我沒有把「東道主」（第十二章）歸為與上述同一類型的幫助者，雖然他很可能是。我再次見到某些人時會毫不費力地認出來，他就是其一。他的與眾不同之處在於，我確實感到他是帶著熱情與友誼，但他在某些方面與我不太一樣——年紀大一些，在另一個領域的知識更淵博。他的不同之處在於他是主動提供幫助的，這是為數不多的我能擁有選擇權的情況之一。

奇怪的是，其他我迫切需要幫助的時候，卻沒有一個人伸出援手——例如，那次我似乎附身到別人肉體中的可怕經歷（第十二章）。從表面上看，這是需要立即得到援助的緊急情況。但除了我通過自己的努力擺脫困境之外，在筆記中找不到任何其他外界幫助的跡象——起碼目前還沒有發現任何明顯的模式。

以下是我眾多報告中的幾則，或許能展現幫助者們的一些蹤跡。

一九五八年九月十四日

傍晚，在玄關進入放鬆狀態。立即出現高頻振動，做了快速出入肉體的嘗試。其中一次進入肉體時遇到困難。有一雙手抓住我的臀部，把我翻轉到合適的位置。我在心裡發出感謝，但不知道那是誰。

一九六二年三月十八日 下午

E.W.前來拜訪，我們都決定在晚飯前休息一下，當時大約是下午五點。我們二人去了相鄰的房間。一躺下，我幾乎立刻就聽到有人在說話，好像是E.W.在和別人討論什麼。當時，我以爲是他在現實中與門外的另一個人說話。（據E.W.後來說，他當時立即就入睡了，睡前沒有和任何人說過話，也完全不記得有發生過這種事。）

在聽到這個低聲談話之後，我就從肉體中飄浮出來，一個聲音幾乎就在我的肩膀旁邊說道。

「如果你覺得自己必須知道，那我想我們是得告訴你了。」

就這樣，有個人拉了我的胳膊，我也自願跟著走了。我們似乎行進了很長一段路，最後停在一棟黑暗的房子裡。我明確感覺到這是個俱樂部、兄弟會或總部之類的。右邊的一個房間裡有一群安靜的人，我似乎知道樓上某個地方還有其他人。

當我站在那裡等待時，一台看起來像十六公釐電影放映機的東西啓動了，然後我看到牆上或銀幕上出現一個白光框架，形狀和電影銀幕很像。白色銀幕上出現了黑色的手寫字跡，內容如下：

為了獲得純粹的「心靈成效」（psychic results）**，在一杯水中加入六滴化學物質。**

我對此十分興奮，移動到投影機前，試著倒帶，想再次閱讀那條訊息好確認剛才我沒有看錯。我不停摸索尋找倒帶的開關，但找不到。（這時候影像已經不見了。）然後，我看到地板上有展開來的膠片似的東西，以爲是自己把它擺弄壞了。這讓我很緊張，爲了避免麻煩，我回去了，並輕鬆回到肉體中。

一九六〇年五月三日 下午

我躺在那裡，完全清醒，振動加速到只剩溫暖的感覺，眼睛閉著。我正準備脫離肉體，這時兩隻手忽然在我閉著的眼前舉起一本書。這本書被快速翻閱，來回翻轉，所以我能看出來這是一本書。然後書打開了，我開始閱讀。我讀到的要點是，要想有意識地恢復某種狀態，就必須重現過往類似經歷中出現的感覺（換句話說，你記憶的一部分）。我認爲這些話的意思是，人們應該關注事件的「感覺」，而不是其中的細節。書裡還有幾幅插圖，然後隨著振動的減弱，書逐漸在我的「視線」中模糊，儘管我盡了最大努力，也無法繼續閱讀。最後，我回體坐起來，記下筆記。

一九五九年三月九日 夜

我躺在那裡，感受黑暗中強烈的振動，那種我閉著眼睛能「看到」的特殊黑暗。這時黑暗中的一處變亮了，好像雲團分散、退卻和舒展開來，最後一道白光從我頭頂上方的某個地方投下。（我仍然可以聽到家人們活動的噪音，也對時間和空間完全有意識。我仍然在家裡，完全清醒。）

我變得興奮起來，但設法保持靜止。白光中心似乎出現了一座小山峰，與雲層相接。我鼓起勇氣，詢問一些我的根本問題，希望得到眞正的答案。我不知道自己當時爲什麼這麼做，但這似乎是我應該做的。一個渾厚低沉的聲音——又不算是「聲音」，當然也不是來自我的意識，因爲我正滿心期待地等待著——回答道：

「你確定，你眞的想知道嗎？」回答更像是來自光線。我回答說，我確定。

「你有足夠的力量承受眞正的答案嗎？」說話的聲調幾乎沒有變化，也不帶情緒。

我回答說，我覺得自己可以的。我等待著，似乎過了很久很久，那個聲音才再次開口。

「讓你的父親告訴你這個巨大的祕密。」

我問他，這到底是什麼意思？但此時有個家人上樓了，動靜很大，還打開我房間外面大廳的燈。隨著燈的打開，那道白光緩緩退去，無論我怎麼努力，都無法讓它停留，雲也從灰色變成黑色。當雲朵完全消退以後，我睜開眼睛。（絕對沒有從「靈視」狀態到睡眠再到清醒的過渡。不管從哪方面來看，我全程都是清醒的。）這次經歷確實讓我動容，但不能被歸類爲出體。

從那以後，我開始從兩個方向對此展開探索。首先，我試圖重複這一體驗，但沒有成功。其次，我寫信給父親，當時他還在世，且對這類事件興趣濃厚。我把那個問題告訴他，但沒有提到來源。他在回信中給了我一個難以捉摸的答案，說答案可能有五十個，並問我想要哪一個。另一個「父親」則至今也還沒有給我答案。

一九五九年三月十五日夜

我繼續努力跟進這個問題，後續情況如下。在躺下進行放鬆的過程中，我在心裡重複著這句話：「父啊，請指引我。父啊，告訴我這個巨大的祕密吧。」幾分鐘後，我突然意識中斷，然後發現自己站在一個天花板很高的房間裡。我離開房子，穿過一個站台，來到等在那裡的交通工具（像火車）旁邊，然後停下來，轉過身。因爲有人在叫我。

是一位身材高瘦、皮膚較黑的女士，穿著一件直筒長連衣裙或長袍，就站在我旁邊。我的第一印象感覺她是位黑人，她的五官小巧勻稱，披著一頭深色直髮，前額的瀏海剪得平平的。（後來回想時，我發現這些外貌特徵可能表明她是來自中東地區或埃及的，但不是東方人，因爲我注意到她的眼形輪廓。）

她告訴我，我做錯了什麼。言下之意是說我的做事方式不對，而不是做了不好的事。我問她是什麼事，她說會展示給我看。說完，我們便開始移動，繞過一座高大建築，走進一個大大的磚石鋪地的庭院。我們停下來，眼前的場景就像是有一部眞人大小的3D全彩電影正在上演。

一群人站在左邊，給人一種權威人士的感覺。在右邊，一個深色頭髮的小女孩躺在院子的地面上，看起來約有十二、三歲。她似乎被捆住了，孤立無助。「我」就在這個場景裡，同時眞正的我則站在那位女士旁邊和她一同看著。我能感覺到場景中那個「我」的每一個動作，每一種情緒。

權威人士們告訴場景中的那個「我」，讓他必須對女孩執行某些有害的行爲。他覺得自己不應該這樣做，女孩也懇求他不要。他轉向權威人士們，請求避免執行命令。但他們對整件事都表現得滿不在乎，對女孩的眼淚尤其漠不關心。他們說，如果他不履行這一（宗教？）行爲，會有其他人很快到來並執行此事。他們補充說，如果由他代替別人執行，對這個女孩會更好，對她的傷害更小。

場景中的「我」很不情願地轉過去執行了權威者的命令。過了一會兒，那位女士把我帶出院子，我們又來到站台上。（在我們轉身離開的那一刻，我就和那個場景中的「我」失去了聯繫。）「現在，你明白了嗎？」她問道。

我茫然地表示自己沒有明白，她牢牢盯著我，眼神悲傷，轉身離去。不知道該做什麼，我想到了要回物質世界，花了很長時間才回去，重新進入肉體。我坐起來，就這次經歷思考了很久。那位女士是誰？那個巨大的祕密是什麼？此時，審視我在這裡的人生歷程①，我開始明白了。

一九六一年八月十八日 下午

又看到了那雙手拿著書。這一次是在辦公室。下午三點，下雨，空氣潮濕（如果這些指標有參考意義的話）。振動到來了，我完全有意識並清醒著。好幾次睜開肉體的雙眼並查看鐘錶來測試。時間流逝情況與我感覺中的一致。

那雙手再次把書放在我閉著的眼睛前方。這本書被翻過來，快速翻頁，並以各種角度擺放，以確保我能認出是一本書。我正想著要看清末端的書名，書的末端就被放到眼前供我閱讀了，但是字體太小，或者我的「視力」不夠好。儘管努力分辨，我還是看不清。

最後，我放棄了，然後書打開了，我看到攤開的兩頁上印有文字。又一次努力去閱讀，但是非常模糊。最後，我心裡想，如果我一次看一個字母，就能讀了。作爲回應，一個字母忽然從一行中跳出來，當它掠過時，我勉強能看到。我使出渾身解數看了又看，終於讀到這麼幾個字：「喚起不幸者，要以……」我試著再多讀出一些，但顯然由於我太過集中注意力，導致更難看清。我瞥見頭頂上翻騰著巨大的白色雲朵，這分散了我的注意力。雨已經停了，天朗氣清。我真想衝上雲霄，在高山峽谷間盡情翱翔。想到這些，我開始慢慢飄起來。

那雙手合上書並把它拿走，而一個寬容、愉快而友好的念頭湧上我的心頭：「好吧，如果翱翔天際那麼有趣，那就去吧。」這就好像當一個好動的孩子很難集中注意力時，老師暫時放任他一會兒。

我從門口飛出去，衝上天空，在雲朵間享受了一段美妙時光，然後平安回體。（我回到肉體坐起來後，看到外面確實有那些雲，就跟我剛剛在天上時看到的一樣，不過當我躺下開始出體實驗時，天空還是多雲狀態。）

也許有一天，幫助者們會揭示自己的身分。我想，答案可能會令人驚訝。

①在作者的下一本書中，對這段經歷有更進一步的體驗和解釋。

10 智力動物

縱觀人類歷史，這類報告的內容有相當的一致性。人類周圍遊蕩著惡魔、幽靈、哥布林①、小精靈和各種「次等人類」生命，使我們活在「悲慘世界」當中。這些都只是神話嗎？只是幻覺嗎？至少這一回，讓我們在做了仔細的觀測之前，不要略過這個話題。也許所有這些「生物」確實都源於想像。但問題是，為什麼能想出這些生物？這種想像來源於哪裡？以下幾則筆記摘錄，提供幾種可能性。

一九六〇年四月十八日 上午

十點左右，我在沙發躺下，開始進行局部放鬆。房間被晨光照得亮堂堂的。第二輪放鬆進行到一半時，振動出現了。經過一會「調頻」（用下頜），我睜開肉眼，看看振動是否還能繼續。振動仍在。睜著肉眼，我決定試著「升起來」，看看視力會有什麼變化。此時我能清清楚楚看到時鐘，從秒針指示來看，我的時間感是正常的。我剛剛浮起到肉體上方約八英寸（約二十點三公分）高時，眼角忽然瞥到有動靜。一個人形的東西（側臥之下我嘗試讓眼睛右轉，只能看到它的下半身）從我的身邊走過。它裸著身體，沒有穿衣服，是個男性。「他」的體型看起來有十歲兒童那麼大，約三英尺（約零點九公尺）高，雙腿細瘦，陰毛稀少，生殖器發育不全。

他一副從容不迫的樣子，好像每天司空見慣了似的——像男孩一下躍到他最喜歡的馬身上那樣——他一條腿跨過我的背，爬到我身上。我能感覺到他的雙腿在我的腰側，他的小身體正坐在我背上。我太過驚訝，甚至都忘記害怕（也許因爲他體型弱小吧）！我一動不動地等著，眼球努力右轉，能看到他的右腿就跨在我身上，離我不到兩英尺。那是一條看起來很像正常的十歲男孩的腿。

我仍然懸在肉體外面，小心地猜測這是誰，是什麼東西。「他」似乎完全不知道我已經覺察到他的存在，或者就算知道也不在乎。我想，不管他是誰，顯然對這裡比我還要熟悉自在、居處如家，我可不想在這樣的環境中跟他對峙。於是我迅速回到肉體，切斷振動，開始記錄。

①哥布林（goblin），亦譯為「妖精」或「地精」，傳說中的類人生物，個頭較矮，長著尖耳和紅眼。

我不知道那是什麼東西。我意識到，自己當時就是沒有勇氣轉身好好看看「他」（如果我能轉過去的話）。它的體形無疑很像人類，但事後回想，我感覺它沒有人類智慧。它（他）看起來更像動物，或介於兩者之間。他爬到我的背上時那種旁若無人的態度讓我感覺受到了侮辱。他似乎很自信，知道自己不會被發現，也許是與看不見他的人類長期接觸，使他有了這份自信。如果這是一種幻覺，那這種想像可太眞實了——光天化日之下，在鐘錶的指針一秒一秒地走著，並且兩種感官（肉體及第二身體）都同時感知到的情況下。

一九六〇年四月二十八日　夜

大約七點半，在辦公室裡，經過了計數放鬆程序，振動來得很順利。我小心地出體——感覺有東西爬上了我的背！我想起上次那個小傢伙，當然不想背上掛著他展開出體旅行。我讓振動繼續，並伸手到體側去抓他的腿，雖然不確定非物質的手會不會直接穿過他，抓不住。手確實能碰到他，我還是蠻驚訝的！他的皮膚表面感覺很像肉體的質感，有著正常身體的溫度，還有種橡膠感，似乎能拉長。

我試著拉了一下，發現我愈拉，它就變得愈長。我把它整個（自認爲）從背上扯下來，除了一條壓在我身體下面的腿外。最後我終於把這條腿也拉出來，把這整個東西推到沙發旁邊的架子上。（它看起來仍然蠻活躍的。）它似乎想重新回到我身上，而我不得不阻止它。我們兩個扭成一團（他沒有惡意，只是想回到我身上），我有點慌了，這眞是讓我急昏頭！我甚至想要點根火柴把他點著，總之想個辦法擺脫他，什麼都可以。似乎除了重回肉體，沒有辦法能阻止他爬回我身上了。

從上次之後，我和各種人談到這一情景，這次我嘗試了他們提供的各種建議。我試圖保持冷靜，但那並不容易。我在自己身上畫了好幾次十字，沒有效果。我熱切地反覆誦讀主禱文②，但也沒能讓他老實下來。我還嘗試了大聲呼救。

更糟的是，當我跟第一個鬥爭時，第二個又爬到了我背上！我一隻手抓住第一個，另一隻手伸到背後，把第二個拽了下來，然後飄到辦公室中央，一手抓著一個，大聲呼救。我仔細觀察他們兩個，在我端詳的時候，他們各自變成了酷似我兩個女兒的樣子（精神科醫生肯定會抓住這一情節大作文章）。我似乎立刻知道這是他們有意爲之的僞裝，爲了引起我情感上的混亂，喚起我對自己女兒的愛，不讓我進一步對付他們。

在我覺察他們把戲的那一刻，他們就不再呈現出我兩個女兒的樣子了。我焦頭爛額

②主禱文（Lord's Prayer），天主教亦稱之為《天主經》，是基督宗教最為人所知的禱詞，亦最為信徒熟悉的經文。

地思索解決辦法，然後想到了用火攻，這似乎有點作用。

然而，我的感覺是，他們兩個反而被我的掙扎反抗逗樂，好像我無能爲力，根本傷害不了他們似的。這時候，我已經開始哭著求救了。

然後我眼角餘光看到有人走過來。一開始還以爲是第三個小精靈，但這次絕對是一個「人」。他在不遠處停下來看著現場的情形，表情異常嚴肅。我很仔細地觀察他。首先，他的眼睛讓我覺得很熟悉，讓我想起一個堂兄弟的眼睛，淺色的，有點深陷。修剪均勻的頭髮圍著他的頭形成一個圓圈，前額還有瀏海，而頭頂的頭髮則很短，幾乎是光頭。他穿了一件長及腳踝的黑色長袍，我看不到他的腳。

我的第一反應是，他是來幫助那兩個「生命體」的，這讓我更加害怕了。當他慢慢靠近我們時，我還在抽泣。當時我雙膝跪地，伸著兩隻胳膊，手裡抓著那兩個小東西。那個男人很嚴肅，一句話也沒對我說，甚至都沒有朝我的方向看一眼。當他靠近時，我停止掙扎，倒在地板上請求幫助。他仍然不理會我，撈起這兩個小傢伙，一條胳膊抱著一個，低頭看著他們。在他懷裡，它們似乎放鬆疲軟下來，四肢和脖子都軟塌塌地垂下去。

一邊啜泣一邊道謝，我移動到沙發上，滑進肉體，此時仍然能感覺到振動。我用肉體坐起來，環顧四周，房間裡空空蕩蕩的。

經過對此事一天一夜的沉思，我多少有了一些猜測。有可能這整個事情都是幻覺或夢境，覆蓋住我的整個顯意識。如果是這樣的話，我就能理解那些患有妄想症的人為什麼很難分辨出哪個是現實了。如果這個事件有象徵意義，那就相當明顯了。我周圍的這些「生命體」只不過是我想像中的產物。他們變成我孩子的模樣，這一點除了表明他們是屬於我的（我創造了他們，我的孩子）之外，很難給出別的解釋。所以，他們是屬於我的，也無所謂好壞。我仍然不知道他們到底是什麼，他們是我分離出的部分嗎？還是被我的長期慣性思維模式創造出的思想實體？我要怎麼處理他們？穿長袍的人又代表誰？想要釐清這些，一天一夜遠遠不夠。然而，下一次再遇到這種情況，我必然會盡力保持一種更加冷靜、客觀、勇敢的狀態，並積極理性地去分析、研究。

一九六〇年五月二十一日 夜

傍晚時分，我躺在臥室裡，處於深度放鬆狀態。振動均勻開啓，我很快注意到了搭在我身上的一條小小的腿（非物質的腿，我猜測）。我感覺到有個小小的身體正掛在我背上。我很小心地四處摸索（非物質？），又感覺到他那單薄的小脊背貼在我身上。我輕輕拍了拍他的小肩膀（傳達理解之意），小心地抬起那具小身體，把它推離我。我等待著，發現它沒有回來或試圖靠近。不想抱有僥幸，我還是回到肉體，坐起來，記下這些筆記。

一九六〇年五月二十七日 夜

出體後，我再次感覺背上附著一個以前遇見過的那種橡膠小人。他沒有話語，也沒有動作，只是將小小的身體緊貼在我背上。這一次，我沒有太害怕，設法慢慢拉動它。我一邊拉扯，一邊呼喚上帝幫助我（幾個比我更信仰宗教的人士強烈建議我這麼做）。

當我拉扯它時，這東西又伸長了，但沒有完全脫離。我想起之前觀想火的主意，但上次似乎用處不大，只起了一點作用。這一次，我試著觀想電。我想像出兩根高壓電線，把電線插在我拉下來的那部分「身體」的側面。這團東西立刻縮小、變軟，似乎要死了。就在這時，一個蝙蝠狀的東西尖叫著從我頭上飛過，衝出窗外。我覺得我贏了。我如釋重負，回到物質世界，融入肉體，並坐起來（用肉體）。

一九六〇年八月二十五日 夜

這次出體又遇到這個情況。就在我準備出發時，幾個「東西」附著在我（非物質）身體的各個部位。我之所以說它們是「東西」，是因爲當時一片漆黑，什麼都看不見。它們「看」起來像小魚，大約八到十英寸（約二十點三到二十五點四公分）長，正像海洋中那種寄生的「吸盤」魚一樣附在我身上。我把它們拉下來，盡可能把它們推開，但它們（或其他的）又立即返回來。它們並不凶惡，只是很煩人。最後我只得回體才擺脫了它們。

一九六一年十一月三日 夜

對於這些「吸附者」，我新發現了一些相關訊息。有一個層面裡幾乎全是這種東西，有時你會穿過這種層面，但大多數時候並不會穿過，或者你穿梭得太快以至於都沒有注意到這個層面。這一次，我恰好停在這個層面的正中間，此時有「魚」被我吸引聚集過來時，我沒有做出以前那樣的反應，只是等著，一動也不動。過了一會兒，它們脫離了我，離開了。然後周圍什麼都沒有了，只有黑暗。我開始移動，它們就回來。我停下來靜待，它們又移開了。然後，我開始慢慢移動，這次只有一、兩個回來，沒有更多了。然後我向上移動，繼續往其他地方。當時，我就像是落入魚群中的魚餌。

一九六〇年七月十三日 夜

這次的經歷必須記錄下來，因爲可能會有用。時間是深夜，在達拉謨（Durham）的酒店房間裡，妻子睡在我旁邊。我剛要睡著，忽然感覺到房間裡有人或什麼東西。一開始還沒弄清發生了什麼事，我馬上衝下床保護自己和妻子。我立刻被某種東西襲擊，但在黑暗中看不見是什麼。它的打鬥是動物式的，也就是說它一直想咬我、撓我，我們在房間裡搏鬥得昏天黑地。房間裡很黑，我什麼都看不見（或者我是閉著眼的？），我完全是憑著一股堅定的意志，才一步步把它趕到窗邊，扔了出去。它顯然沒有人類或智力生物的特徵，純粹是動物，大約四英尺（約一點二公尺）長，有一條大狗那麼大。

在把這東西處理完之後，我在窗邊轉過身，才第一次意識到我已經不在肉體狀態了。（我的手穿透了緊閉的窗户！）我飄到床上，看到有兩個人躺在被子裡。我靠近床頭櫃上的手錶，螢光錶盤顯示現在是二點三十五分。我記得我躺的位置是靠近床頭櫃那一邊，便飄了過去，下沉，翻轉，然後「進去」了。我用肉體坐起來，房間寧靜而黑暗，並無其他人。我看了看床頭櫃上的手錶，時間大約是二點三十八分。

一九六〇年十月二十七日 夜

上床很晚、很疲憊，已經是凌晨一點半左右了，心裡告訴自己不要進行「活動」。就在我開始睡覺的時候（沒有感到意識出現中斷，也沒有感覺到從肉體分離，但我確實感到之前有一種釋放感），我被什麼東西襲擊了。它沒有明顯的人格，起碼我沒看出來。然而，我知道這東西邪惡至極，企圖「奪走」屬於我的東西，並且首先要除掉「我」（不一定是除掉肉體的「我」，而是能獨立於肉體行動的「我」）。

這場戰鬥跟上次擊退動物那種可不一樣，這是一場沒有規則限制的生死之戰，無聲無息，速度快得可怕，而且對方一直在尋找我的所有弱點。起初我沒有激烈反擊，因為我還不太明白狀況，只是盡力自衛。然而，與我對抗的「東西」似乎在逐個攻擊我的神經中樞，施加一些束縛和壓力，這令我痛苦萬分。我明白如果不反擊，我就會失敗，「不成功便成仁」。然後，我便開始同等激烈地回擊，野蠻而不顧一切地攻擊它。和我打鬥的這個東西知道我的每一個弱點，並逐一攻擊。我們似乎搏鬥了有好幾個小時，我逐漸覺得自己可能眞的會輸了。我想我不可能永遠這麼打下去，又意識到自己不知怎的已經脱離肉體。我一邊反抗，一邊把它引向我肉體的方向。當我們離肉體足夠近了，就在肉體的正上方時，我倏地一下「進去」了。這是我唯一能想到的不以失敗來告結的戰鬥方法。我睜開（肉體的）眼睛坐起來。房間安靜，沒有他人。被單還保持著原樣，所以很顯然，並沒有發生肉體活動。我的妻子正安穩地在旁邊睡著。我起身在房間踱步，朝客廳裡看了看。一切都很正常。

這有可能只是夢。如果眞是夢，那也太生動了，而且肯定不符合我常規夢境的模式。（我很早就能辨別出純粹的釋放型夢境，也就是說，這類夢反映了白天時累積的緊張情緒或長期的內在焦慮，這類情況可以類比爲電話線路間的「串音」。）這個房間與夢境中的各種動態完美地融合在一起，再加上我當時的動作都是有意識控制的，這些都讓我覺得那不可能是夢。

冷靜大約二十分鐘後，我回到床上。我自然不願緊接著就入睡，畢竟不想再搏鬥一次，而且也不知道如何阻止它發生。我做了一個嘗試，這也似乎是唯一的答案。（另一種選擇是整夜不睡，但我太累了。）我躺在那裡心裡重複想著，「我的思想和身體只對建設性的力量開放；以上帝和善意的名義，我正在進入正常的平安睡眠。」這次我確實睡得很好，早上在正常時間醒來了。在入睡前，我至少重複那句話有二十遍。

使用這樣的措辭表明了我當時的嚴肅和擔憂，那些很了解我的人會看出這一點，畢竟我都用了那些方式來尋求幫助和保護了。事實上，我當時也別無選擇。事後回想，我也仍然找不到替代方法，也不知道有任何方法、地點、人、宗教途徑（我確信的）、藥物或我所知的任何知識、經驗和訊息，能絕對保證我免受一切攻擊。然而，即使不知道在跟什麼東西戰鬥，除了出於自衛而進行純粹「反擊」外，一定還有別的辦法。這就跟在夜間叢林中被動物襲擊時你所啓動的那種防禦機制一樣，你不可能在戰鬥當中停下來思考怎麼戰鬥，也不會停下來仔細分辨是什麼襲擊了你。在動物攻擊時，你是在爲自己的生命而戰，利用你手上現有的任何東西。你不顧一切地打鬥，沒有時間思考怎麼打，爲什麼要打，跟誰在打。你被攻擊了，這無緣無故的攻擊本身似乎就在向你表明，攻擊你的不管是什麼，它都是壞的，否則它不會以這種方式攻擊你。防禦是自動、本能的，除了求生以外別無他想，其前提是：向某些人或事物投降是錯誤的——它們具有你所憎惡的品質（無故攻擊、對殺戮具有盲目的欲望）③。

③作者註：不過最近，「惡魔」來得很少了。

11 天賦還是重負？

在實驗早期，一項「副作用」開始出現。這項活動不是在出體後出現的，而是在離體之前的深度放鬆狀態下發生的。很明顯，這就是業內人士所謂的「預知」現象。當我躺在那裡，心如止水、身體放鬆，不運用自身意志的時候，「異象」就會顯現。

此時會出現斷斷聲，位於前腦部位，我能感覺到一個小小的矩形門，一端固定，向下打開約四十五度，裡面露出一個很圓的孔。緊接著，我會像做夢一樣看到且部分體驗到某個事件，不過期間我會保留全部的自身意識和覺知。這種夢境會直接疊加在外界刺激上，兩者我都可以輕易地同時感覺到。我不能主動製造這種效果，也做不到。它只能自然發生，或是被某種無意識機制觸發。

起初，我並沒有特別關注這一現象，認為這一夢境異象是無意識內容的釋放產生的。後來的一個重大事件，才引起我對這異象的強烈關注。這件事相當重要，所以就直接摘錄筆記原文。

一九五九年七月五日

凌晨，這個「閥門」又打開了，其中顯現的內容引起我的關注，因爲它眞的太眞實生動了。內容顯示我正要登上一架商用飛機。D.D.正站在飛機艙門口等待，我和他相識有十多年了。我進入飛機，坐下來。我注意到座位很多，飛機也差不多要起飛了，我確信我的朋友能趕上。我注意到一群人正在機艙前部靠門的地方熱烈討論著，一個剛登機的年輕黑人也加入談話。他們聊得好不熱鬧，都很高興這個年輕黑人參與了討論。這群人裡有兩位年長的黑人，一位年長的白人，以及最後加入的那位年輕黑人。他們發現飛機就要起飛了，就沿著我身邊的走道各自回到座位。我向前俯身，想查看我的朋友是否上了飛機，這時，我發現前座的女士有些焦慮不安。就在飛機起飛的前一刻，我的朋友上了飛機，坐下來。我正要起身去見他時，飛機開始滑行，我便坐回去。飛機沿著跑道滑了很久還沒有起飛，我開始有些緊張了。最後飛機終於起飛，在林蔭大道上（以四葉草型盤繞）低低飛行。飛機保持低空飛行，飛行高度幾乎沒有爬升。

過了一會兒，我聽到空服員通過飛機的廣播說話。她說幾分鐘後，飛行員將在兩條路線中選擇一條，是走左邊（繞路）還是走「電線下方」的路線。等了一會兒，我注意到飛機經過了某個地點（一座城市上方的低空），空服員還沒有再次通知，但我已經意識到飛機選擇了「電線下方」的路線。當空服員宣布時，她的聲音聽起來似乎有點太輕、太隨意了，但我也能感覺到其中有點緊張的情緒。

從飛機窗口望出去，前方是橫七豎八的電線。飛機接近，然後從電線下方穿過，保持著低空飛行。我很緊張，盯著前面尋找可供飛機穿過的電線間的空隙。然後我能看到前方遠處已經沒有電線了，唯有陽光普照大地。我稍微放鬆了點，因爲看起來飛機可以成功通過。就在這時，飛機突然下降，撞上路面。同時，飛機上有什麼東西脫落了，就在離我很近的地方，我從約六或八英尺高處向下跳（或是掉）到了街道上。我在落地處看著飛機在彈起後向上移動，遠離而去，然後突然向右衝進了兩棟樓之間的空地。頓時滾滾濃煙升起，煙塵讓我看不清墜機的全貌。

墜機後，我的第一反應是感謝上帝，讓我能奇蹟般地逃出生天。第二個想法是家人會擔心，因爲他們知道我乘坐了這趟航班，我應該聯繫他們。第三個念頭是我應該趕到失事的飛機那邊，盡量救人，儘管我知道可能爲時已晚。我站起來向飛機殘骸走去，走近後我能在濃煙中看到火焰。飛行員（穿著皮夾克，戴著帽子）走上前來，茫然地看著我問道，爲什麼所有的乘客中只有我倖免於難？我也問了自己這個問題，然後閥門關閉了。

一九五九年七月二十四日

接下來可能還有四段空中旅程，我即將開始第一段旅程，先去北卡羅來納州。一想到這趟旅行，我就有些不安。想到其他飛機事故，這讓我不禁陷入思索，回憶起一九五九年七月五日筆記中的相關經歷。每次乘坐飛機時，我總是會有點擔心，我相信每個人都會有這種憂慮。我想北卡羅來納之旅不會出事吧，我有可能解讀錯了。但是，如果後面三次旅行中發生事故該怎麼辦——與一九五九年七月五日那天完全一樣的事！我能逃離飛機嗎？還是說不可能打破命運的安排呢？我當時看到的異象表明我能活下來，但在這種境況下，「活下來」也可能表示經歷了生死間的轉換過程，畢竟我認爲死亡不眞的是死亡，而是仍然「活著」。我眞的不知道會怎麼樣。然而，對於所有愛我的人——我希望有不少——如果眞的發生這種事故，並且如果我看到的異象表明我確實會經歷生死轉換，不再繼續活在世上，那麼請不要爲此悲傷。因爲我眞心地、深深地感覺到，死亡只是一個轉換過程，而且我相信，如果我眞的去世了，回到了「家」，那麼對於諸多我在此世間永遠無法達成而深感遺憾的事，那無法排解的深刻鄉愁，以及我盡力而爲要去實現、其結果卻不盡如人意的偉大渴望，都終將在我回「家」後成爲現實。因爲我比以往任何時候都更加確信，肉體只不過是「我」使用的一台機器。因此，一旦「我」離去，肉體也就毫無價值。這樣死去的人將沒有墳墓，沒有棺槨，但肉體本身並不重要。因爲「我」不在那裡。

如果這種轉換眞的發生了，同樣由於興趣所致，「我」會嘗試與那些有意願的人建立溝通。（不過可能阻礙這種溝通且確實有可能發生的情況是，我在「另一個層面或地方」也許會有和這個世界相同的問題，也就是我在那裡可能有更重要的事情要忙。）我不知道，也不能保證。但請放心，那些了解我的人會很容易辨認出是否眞的和我建立了溝通。

我的本意完全不是爲了引起恐慌，也許是我最近過於敏感了，但我只是想記錄下來，這樣萬一事故發生，其他人可能會得到一點點啓發。我不想出事，我感覺自己還沒有「準備好」，而且一想到要經歷這些，我就會陷入沉思與沉默。不過，我至少對此有了部分的準備。

一九五九年十月二十三日

這篇記錄是在上一篇約十二週以後寫下的。這十二週中，我有四週在醫院度過，其餘八週在家中休養。

但言歸正傳，在前一篇記錄中，我表達了對自己預知異象的憂心，以及該如何定義「活著」。我將後來的現實經歷與記錄的「夢境」進行對比，情況如下。

對比項一：我開始了旅程，如前所述，這一趟是前往北卡羅來納。我坐上從紐約航空公司航站樓到紐華克機場①的巴士時，第一個有相似性的跡象出現了。我走進巴士，在右側坐下，從前數第二個座位。一坐下來，熟悉感就鋪天蓋地而來。主要是我的座位相對於門的位置，以及門開關的方式。這讓我警覺起來，因爲我完全意識到這就是我一開始在預知「夢」中解讀爲飛機的「布局」。事實證明不是飛機，而是開往機場的巴士。

對比項二：四個人上了車，其中三位身著深色西裝，一位身著淺色西裝，在談笑著。（見前文中的記錄，我當時解讀爲黑人和白人。）

對比項三：一個女人坐下來，就在我正前方。她顯得焦慮不安，然而並不是因爲我，而是因爲搬運工在外面處理她的行李時出了問題。

①紐華克機場（Newark Airport），位於美國紐澤西州紐華克市與伊麗莎白市境內，距紐約州紐約市曼哈頓約十六英里（二十六公里）路程。現名為紐華克自由國際機場（Newark Liberty International Airport）。

對比項四：預知異象中我的朋友D.D.站在門口等著，是最後一個上來的。在現實中，我向外望去，看到巴士司機站在車門旁邊，等待可能還沒上車的乘客。這位司機的長相和身材使我立即想到了朋友D.D.，兩個人長得簡直像兄弟。有待後續進行照片比對。（當頭腦無法準確識別一樣事物時，便會在經驗中選擇與它最近似的東西。）然後司機上了車，關上門。所以他確實是最後一個進門的。他直接坐到駕駛座上，幾乎就在我的正對面。

對比項五：進入澤西高速公路②時，公共汽車「飛得又低又慢」，如果把它比作飛機的話，就會是這種觀感。高速路建在周圍大部分街道和道路之上。當我們在高速路上行駛時，我看著下面四通八達的道路和彎彎曲曲的林蔭大道，那種對比下的熟悉感再次突現。唯一區別是我這次乘坐的不是飛機（最初的錯誤概念），而是機場巴士。

對比項六：從識別出這些早期跡象後，我在機場就相當警覺了。飛機晚點了，所以我在候機廳等著。我坐在長椅上，機場廣播裡的女聲正在播報大廳裡東西兩方向的登機信息。聲音的空曠感再次讓我感到異常熟悉（東和西，對應於異象中聽到的左和右）。

對比項七：終於到了登機的時候，我短暫掙扎了一下，猶豫是否要登機，不是出於恐懼，而是對於「活著」的真實含義的不確定。我最終還是認定這一切是不可避免的，如果我再等下一趟航班，只是讓事件延時罷了。於是我登上飛機，保持警覺。飛機開始滑行，就要起飛了。然後空服員從飛機廣播中宣布，我們將在六千英尺（約一千八百公尺）高空飛行，這印證了「低空飛行」這一點③。飛機終於離地，但很快就遇到了雷雨，閃電一道接著一道。這驗證了「（電）線下飛行」這一點，這個對比項再明顯不過。在暴風雨中穿行的途中，飛行員決定改變高度（這一點沒有事先通知），不過飛機攀升，飛出了風暴區域，並在北卡羅來納州安全降落。一落地，我就認定自己那個關於事故的解讀是錯的，然後很快就將整件事拋之腦後。

四天後的週一早上，我正在辦公室裡跟人閒談說笑，這時突發了疾病——後來被診斷爲心臟病（冠狀動脈阻塞）——被送往醫院。我不相信自己會得心臟病，也完全沒想過自己會得這種病，直到在醫院做了心電圖檢查後確診。費了一番波折我才相信自己眞的得了心臟病，而且事出有因。每次體檢，包括在前一週剛剛由兩位不同的醫生做的兩次檢查中，醫生們總是說我的心臟非常健康，他們通常說的是：「永遠不必擔心你的心

②澤西高速公路，即紐澤西收費高速公路（New Jersey Turnpike），是一條貫穿美國紐澤西州的南北向收費高速公路。

③通常客機飛行高度在七千至一萬兩千公尺的高空，而作者乘坐的航班只在約一千八百公尺的海拔飛行，因此是低空。

臟。」以及「如果說有什麼病絕對不會成爲你的死因，那就是這個了，心臟疾病。」我的頭腦完全排除自己得心臟疾病的可能性。也就是我的心智不會接受我可能得心臟病的預知結論，得這種病對我來說似乎是不可能的。因此，它便選擇了記憶認爲有可能發生的災難，即飛機失事。（頭腦總是會在權衡之下採納最「接近」的事件。）因此，在預知中「心臟病」以飛機失事的形式出現，因爲這種可能性是可接受的。

由於使用了暗示療法（播放錄音帶），在醫院的四週沒有那麼難熬。這種療法對我的精神狀態產生了神效，似乎加速身體的康復。住院期間我沒有過任何超自然經歷，我最終推斷，這是由於醫院每三小時就要給我使用鎮靜劑（巴比妥類藥物④）。回家以後，我的身體也穩步康復，至今沒有出現復發症狀。

不言而喻，自從上述事件之後，每當「閥門」打開時我都會極爲專注地觀察。每次看到異象都會與幾天、幾個月或幾年後發生的事件完全吻合。

比如有一次我看到了一棟房子的內部裝修，包括塗料和裝飾，這房子是我妻子爲我們在南方城市選擇的。看到房子時我立即認出來，和兩年前我在筆記中的描述一模一樣。最不尋常的一點是，在預知發生時，我們根本沒有打算搬到南方。

另一次，在一個錄製節目播出前的五分鐘，「閥門」打開，我「看到」磁帶突然斷裂，磁帶軸開始瘋狂轉動。大約十分鐘後，在廣播過程中，磁帶眞的斷裂了，我們連忙重啓。以前在廣播中從未發生過這種事故，所以很不常見。此外，我一直親自負責所有磁帶剪接工作，知道磁帶很牢固。那次斷裂的原因是以前有人用過這盒磁帶，他當時做過剪接。

第三次是在辦公室裡，閥門打開，我看到紅燈亮起，寫著「油壓」。一小時後，我開著一輛幾乎嶄新的汽車回家，紅色的燃油警示燈亮了。同樣，這不可能是我意識中的擔憂造成的幻覺。畢竟汽車是新的，才開了不到五百英里，而且剛剛做過車檢。警示燈亮的原因是這輛新車漏油了——這種故障是你不想、也不可能擔心會發生在新車上的。

還有大約十八次類似的情況，都是不同程度的個人事件，也都是先通過閥門預知，隨後現實完全按照提示的情況發生，但會存在一些解讀方面的小誤差。

以下是由此建立的一致性預知模式：嘶嘶聲＋閥門打開的感覺＝未來事件異象。

鑒於這個公式已經經受住二十二次事件的驗證，那麼我記錄中的那些「未來事件異象」

---

④巴比妥類藥物，是作用於中樞神經系統的鎮靜劑，可用於輕度鎮靜到完全麻醉，還可以作為抗焦慮藥、安眠藥、抗痙攣藥。

還尚未發生的情況又是怎麼回事呢？下文列出的是部分在撰寫本書時還不能確認是否與公式相符的記錄，我將不做進一步評論。

一九六〇年八月三日

嘶嘶聲／閥門打開：一架飛機從頭頂掠過，明顯有故障，襟翼和起落架是放下的。它墜落在我們附近一座小山的後面，我和家人衝過去想幫忙。當我們到達事故地點時，飛機正在緩慢燃燒，發出深紅的光焰。我意識到這種光焰以及緩慢燃燒的狀況跟常規的汽油著火不一樣，於是警告其他人退後，免得受到傷害，對於已經遇難的乘客，我們則無能爲力。

一九六一年十一月五日

嘶嘶聲／閥門打開：我獨自站在我家外面。天空較爲晴朗，北面的雲層中間有一道裂開的雲隙。一群飛機從雲層中出現，就在雲上方。它們愈來愈近，我注意到那些不是尋常的飛機或火箭。第一波飛過去之後，又出現一排接著一排的這種奇怪飛機，有幾百架。跟我以前見過的任何飛機都不一樣。看不見機翼，每架都很巨大，大約有三千英尺

（約九百一十四公尺）寬。每一架的形狀都像箭頭，呈V字形，但沒有平時那種後掠翼飛機⑤的身機。這個V字形結構不只是單純的機翼，而是包含了兩、三層客艙，可容納乘客。這些飛行器從我頭頂威嚴地飛過，我對它們的強大力量感到敬畏。同時也感到恐懼，因爲我內心知道這些飛行器不是人類製造的。

一九六二年十月二十日

嘶嘶聲/閥門打開：我和其他人在郊區的街道上。抬頭一看，一個巨大的雲隙中出現了一些像是飛機的東西。仔細觀察後，我發現這種飛機是我從來沒見過的，顯然不是由螺旋槳或噴氣驅動（印象中這是一種獨特的火箭，但不是由化學燃料推動）。其中三架飛機下降、轉彎並俯衝下來，我可以看到飛機上有黑色的側面和白色的方窗，但沒有我們所知的那種機翼。這三架飛機低空掠過附近的一條街道，房屋和建築物都隨著飛行尾跡而倒塌。不是因爲飛機丟下炸彈而倒塌，而是由於飛機本身發出的某種東西。我們都跳進了一條溝裡躲藏起來。

⑤後掠翼飛機（swept-wing airplane），即機翼不是與機身垂直，而是向後掠，與機身呈銳角。這種設計可減少高速飛行時的阻力。

一九六三年六月十二日

嘶嘶聲／閥門打開：我和家人正面臨的情況是：我們這座城市的所有居民都想離開這裡。汽油供應不足，電力也切斷了，人人自危，害怕大難臨頭。這種局面似乎不是核戰爭造成的，也沒有放射性沉降物帶來的風險。主要是一種末日感，我們的人類文明正面臨崩潰，其原因是發生了某件重大事件，超出人類的控制能力。

一九六四年四月十一日

嘶嘶聲／閥門打開：我和家人住在一座大城市，但似乎發生了什麼大麻煩，這裡的每個人都想逃離。我離開了一個像是公寓的地方，想辦法帶我們一家人離開，到鄉村去。在大街上，我看到整個城市都已經陷入混亂和恐慌，汽車熄火並且擠成一團，這種景象就像被擊潰的蟻丘。

還有很多這類記錄，有個人的、一般性的、特定的、本地的，還有全世界範圍的。我們只能等待時間來驗證。我希望其中一些只是我的幻覺。

12 圓孔方釘

在我遇到的眾多謎團中，有幾個顯得格外「莫名」卻又深刻非凡。我唯一希望的是，有其他更具技術或哲學素養的人們，能破解這些訊息中我未能知曉的目的和原因。

下文中，我將列舉一些看起來不像是在現場二或現場三發生的事件。

一九六三年八月二十三日　晚

七點十七分，我在書房的沙發躺下，只是想稍事休息，不是爲了進行出體活動。當我躺平且閉上眼睛的那一刻，感覺出現一種巨大的無聲爆炸。沒有時間延遲，就在我閉上眼睛大約兩秒鐘之後，來自爆炸的衝擊把我掀飛到對面角落，撞到牆上，並滑到地面。我的第一個反應是認爲我家眞的發生了爆炸，因爲頭頂的燈具似乎在劈啪作響，爆出藍色火花，電線也在融化。（我躺下休息時燈是關的，房間也是半明半暗。）在我看來，可能是電線線路發生嚴重短路。我還感受到一種類似電擊的刺痛感（與我多次提過的那種振動感不同）。然後我看了看房間對面，我的肉體仍然放鬆地躺在沙發。我看得清清楚楚。

直到那時，我才認眞考慮了另一種可能性。這可能是死亡，眞正的死亡，而不是平時的靈魂出體。這種情況太不尋常了。也許我眞的已經死了，我的心臟停止跳動。爆炸導致的眩暈感還未完全消散，但我既不害怕也不驚慌。如果死亡眞的降臨，倒也無妨。

我在角落裡躺了一會兒，試圖理清頭緒。我摸了摸身體下面，我想我摸到了地毯，但不確定。不過我身體下是有東西在的，感覺很堅實。然後我決定，應該試著回到肉體，哪怕會失敗。試一試又沒什麼損失。

我鼓起強大的意志力向上浮起，來到沙發上方，又降了下去。我感受到一種痛苦扭曲的感覺，發現自己只有一半在肉體裡。我意識到這種狀態，於是又扭又擠，就像你在戴手套時扭動手部一樣。不一會兒，我又「完整」了。

我（肉體）坐了起來，打開燈。一切似乎都很正常，家裡很安靜，我的身體看起來也很正常，除了我渾身都是雞皮疙瘩之外。這段經歷令我駭然，而其原因和原理也至今不明。那次爆炸是發生在非物質層面的嗎？是某種內在的、在我之內的現象，還是由於某種外力作用產生？回想起來，當時我的身體、情緒或精神沒有任何可能觸發這一情況的異常狀態。我盡可能回想爆炸瞬間的情形，記得當時像是有一束雜散光束掃過房間，碰巧掃到我，而其效果則是把我從肉體中「轟」了出來。按照這個思路分析下去，我覺得這條光束可能是某種試驗性設備的產物，這種設備還沒有研發完成，而一些研究人員正在進行測試，也就是說，研究人員並不完全了解其影響。它使我聯想起出體時見到的那種有三個工作模式的電子設備。

一九五九年五月五日 下午

今天我了解到一種奇怪的設備，它有三種工作模式。大約五點時，我決定嘗試爲一種情況（1-20/LQ）制定公式。我躺在床上，想到了力場圖，然後開始二十個數的計數。似乎沒有任何進展，於是我轉過頭。此時我睜著眼，瞥了一眼窗外的太陽（那天陽光明媚，而窗户朝西）。微弱的振動立刻顯現，我閉上眼躺好。振動感表現爲我後腦部的刺痛。我使用了下頜移動法，而振動似乎會隨著下頜位置的變化而變強或變弱，一如我預期的那樣。最後，我確定了使振動達到峰值的下頜位置（這是我能找到的最好表述方式）。我腦中的振動非常強烈，有點太強了，所以我將其「移動」（？）到胸部，然後感受將振動置於身體各個部位的感覺，也就是在指定部位加強振動。每次振動經過身體右下方時，在肝臟、腎臟或右下結腸（內臟裡有異物或化學物質？）的部位，我都會感到灼燒感。這種事以前也發生過，雖然我不記得自己有提及。然後我心裡「想要」（？）向上，我便飄浮起來。然後一定是腦海中冒出了什麼雜散念頭，因爲我立即在空中翻轉，然後向下穿過地板。有一瞬間我聽到有樂隊在演奏（就像調節收音機時調到一個電台那樣），然後我就落在一棟未完工的房子裡，還沒有安裝窗户，粗糙的地板上堆著建築材料和各種碎屑。我看到窗外一片鄉村景象，有樹木和田野，而這座房子就坐落在一側山坡上，向下俯視著一個小山谷，另一側是低矮的山丘。

我低頭看去，地板上放著一個設備，約十八英寸（約四十五公分）長。似乎是操作者要去「吃午飯」，就把它暫時放在那裡了。我好奇地拿起來，我還沒見過這樣的東西呢。它是杆狀的，上面有三個附著裝置。我舉起它，沿著杆子瞄準，無意中把它對準了窗外院子裡的一個人，我之前沒有注意到那裡有人。沒有發生什麼，但那個人轉身注意到我。他在我的視野中消失了一會兒，然後從右邊的一個門口進來，來到我站著的地方。他微笑著——後來我仔細回想——他當時看起來很正常。看到我拿著這台設備，他表示可以教我怎麼用。他指著設備前面的管子（一個開口的圓柱體），向我展示如何前後移動這個管子或圓柱體來進行「聚焦」，前移是產生較窄的光束，而向後朝著自己移動則會產生較寬——很顯然更柔和的光束或光線。

然後，他讓我通過另一個窗口把設備指向外面，外面站著另外一個男人，一直在和我們視野之外的某個人興致勃勃地交談著。他說把圓柱體向前推，產生窄光束。我照做，然後就像用步槍一樣，把設備對準了外面那個人。我什麼也沒看見，設備並沒有發出光束或射線。然而，窗外那人立刻就癱倒在椅子上，好像死了一樣。我轉向身邊的人，又驚又怕，擔心我無意中殺死了那人。他笑了笑，讓我把設備再次指向外面處於無意識（？）狀態的那個人，這次往裡拉回聚焦杆，發出寬光束。我照做了，那個失去知覺的人立刻坐起來，繼續與人交談，好像什麼都沒發生一樣。

然後我的這位東道主帶我到了外面。我問那個剛剛被擊中的人有沒有什麼感覺。他停止談話，迷惑地看著我，說不，沒有感覺。我問他，記不記得自己剛才睡過去或意識中斷了，他再次否定，轉身繼續交談。

東道主看著我笑了笑，然後把我帶到房子朝向山谷的那邊，表示他要向我展示這個設備的另一項功能。他瞄準了遠處。大約三百碼開外的山坡上，有一團熊熊燃燒的小火，煙霧裊裊上升。他讓我用窄光束瞄準火堆。我照做了，火焰立刻就熄滅，快得就像火焰直接被熄滅了一樣。煙霧還殘留了一會兒，然後也消失了。

我對這個小玩意非常感興趣，要求他向我描述原理。他很樂意，他告訴我，這個設備由三部分組成。圓柱體是一個聚焦裝置，這一點我理解。中間是一個螺旋線圈，他說是作爲電源用的。電源後面是三個鰭狀板（像整流器①中的那些），他解釋說這些板並不太重要，只是充當護板來保護使用者。他用拇指擦過，板子就彎了，表明它們是有韌性的。他問我是否確實明白。我回答說，這個東西就像一個大的三極管②（我能想到的最接近這個設備結構的東西）。他興奮地點頭說道：「是的！三極管！」

我感覺到自己不能繼續待著，必須得走了，於是感謝他告知這些訊息，他說會在什麼地方（不記得了）再見到我。顯然，我的心智認出了這個地方，並回答說是的，Cadena Azul（「藍色網絡」的意思，這是我去南美旅行時學會的。）此時我正在尋找一種合適的表達，這個詞就脱口而出。他一開始點著頭，隨後卻茫然不解地看著我，我於是明白自己對地點的理解是正確的，只是他不理解這個西班牙語詞。

然後我就回到那個未完工的房間，縱身一躍「起飛」了。我向上穿行了似乎只有兩、三層樓，就停了下來。這個地方很像我的辦公室，但卻是一間空屋子。沒有辦公桌，也沒有沙發，地板和窗户積著一層灰塵——也沒有我的肉體！我意識到「地點」（時間？）不對，我想去的地方仍然在「上面」。我再次向上升，在穿過八層或十層天花板之後，出現在我眞正的辦公室裡，下降，進入肉體（一隻胳膊在融合時遇到了點困難），然後完全融合。

我坐起來，睜開眼睛。時鐘顯示時間過去了一小時五分鐘。我畫下這個設備的草圖，然後開始記錄。一種能讓人們入睡、醒來，還能滅火的設備。總有一天我會試著製造出來。

一九六一年三月十一日 夜

……我以爲自己正常回體了。我睜開眼睛，卻發現自己躺在一張陌生的床上。床邊是一個陌生的女人，她看到我醒來，朝我笑了。她身後站著一位年長些的婦女。她們都很高興，因爲我久病之後終於醒來了，從現在開始我會好起來的。她們扶我起床，我當時穿著一種長袍（像睡衣，兩位女性的衣著在我看來都很正常），我確信自己不是她們認爲的那個人。我不斷向她們解釋這一點，但她們只是順著我的話還就地回應著，似乎認

①整流器（rectifier），是電源供應器的一部分，可以將交流電轉換成直流電，但也可用來作無線電訊號的偵測器等。
②三極管（triode），即電子管，為有放大器功能的真空管，在真空的玻璃外殼內有三個電極。

爲我還迷糊不清醒。我問今天是幾號，她們也只是會心一笑，好像我還沒有完全搞清楚狀況一樣（我眞沒搞清楚！）。我本打算讓她們給我看看日曆，但後來決定還是只確定年份比較好，我就問了那個年輕女人，她好像是我的妻子（或這具身體的妻子），她回答說是一九二四年，這是根據希臘（？）曆法計算出來的。

我確信自己不能再待下去了，於是不顧她們的強烈反對，走出門來到戶外。我站立著，想要向上移動，我有一種感覺，必須向上離開，上升到非常「高」的地方才行。我正試圖起飛，但她們卻拉住我。我起飛失敗，開始擔心。我知道自己來錯地方。然後我想起自己的呼吸技巧，開始通過半閉的嘴唇喘氣。隨後我開始慢慢浮升，升到這座U形建築的上方，仍能感覺到她們想要阻止我，把我往回拉。我呼吸得更加用力，也更快了，移動速度變得愈來愈快，直到被一片熟悉的模糊藍色包圍。

突然，我停了下來，身處高高的空中，下方是一片鄉村景色，農舍星羅棋布。這景象很熟悉，我想我還在道路與河流之間看到自己家的房子。我向自己家衝去，下一刻我就融入肉體。我坐起來，安然回到了肉體，感激地環顧四周。我終於回到正確的地方！

一九六〇年八月十七日 夜

這一次出體我「迷路」了（這麼說都算是輕的）。晚上十一點半左右，我躺在臥室裡使用了 1-20/LQ 流程，帶著拜訪阿格紐．巴恩森的想法出體，感覺自己彷彿被風吹走一樣，但幾乎立即又回到肉體中——或者是我自己以為回體了。此時我沒在床上躺著，而是站著。這個房間也不是我的房間。一個膀大腰圓的男人正在左側扶著我。他的個頭比我高得多，兩肩上似乎閃著光。而在右側扶我的是個年輕女孩。他們正架著我在房間裡來回走動，我走路有困難，所以這兩人在我胳膊下面半撐著我。我聽到他們提到我的手有問題或不正常。他們的態度沒有不友好，但我清楚自己來錯地方。幸運的是我頭腦還清醒，於是伸展起飛，脫離了這個不知是哪裡的什麼人的身體。僅僅一、兩分鐘後，我又融入了一具肉體。在移動之前，我（肉體）仔細地觀察周圍。我意識到確實回到了自己的臥室，回到自己的肉體裡。接下來很久，我都沒能睡著！

一九六〇年十一月二十三日 夜

這次經歷極其不尋常且生動無比，但我可不知道自己是否還想再經歷類似的體驗。

那天我睡得很晚，疲憊不堪，凌晨兩點左右。沒有做任何引導，振動迅速到來，雖然我需要休息，但還是決定「做點什麼」。（可能這就算是休息吧。）在輕鬆出體並連續快速拜訪幾個地方以後，我想到自己需要休息，便嘗試回體。我想著自己躺在床上的肉體，幾乎立刻就躺回了床上。但我很快意識到不對勁。我腳的上方有個像盒子一樣的裝置，顯然是用來避免讓被單接觸到腿。房間裡有兩個人，一男一女，女人身穿白衣，我認出她是位護士。他們在離床不遠處輕聲交談。

對此我的第一反應是：我出了什麼事，我的妻子發現我昏迷了並把我送到醫院。護士、充斥著消毒水氣味的病房和病床都表明事實如此，但我還是覺得哪裡不對勁。

過了一會兒，兩人停止交談，那個女人（護士）轉身走出去，男人則來到我床邊。我開始驚慌，因爲不知道他要做什麼。他俯身過來，緩慢但用力地抓住我的胳膊，並且瞪著我看，眼中亮閃閃的，這讓我更加緊張。最糟糕的是，我拚命想動，但動不了，彷彿我身上的每一塊肌肉都癱瘓了。我驚恐萬狀，試圖躲開他，而他的臉正在一步步貼近我。

然後，令我震驚的是，他彎腰靠近，親吻了我的兩側臉頰，我居然感覺到他的鬍鬚，而他眼中閃亮的東西原來是淚水。然後他直起身來，放開我的胳膊，慢慢走出病房。

在這番驚嚇之後，我意識到自己並非是被妻子送到醫院，旁邊這個男人對我來說完全是陌生人，所以我又一次回體時來錯地方。我必須得採取點行動了，但就算我調集了自己全部能調集的意志力，也還是無濟於事。慢慢地，我發現腦袋裡有一種嘶嘶聲，很像強烈的蒸汽或氣流聲。我心中隱約知道，可以專注於這種嘶嘶聲，並讓它搏動，也就是說，將它調得柔和而響亮。我讓搏動的頻率變得愈來愈快，過了一會兒，它就加速成為了高頻振動。然後我試著浮起來，順利離開。片刻之後，我進入了另一具肉身中。

這一次我很謹慎。我摸了摸床，聽到房間外有熟悉的聲音。隨後我睜開眼睛，看到房間裡一片漆黑。我伸手到檯燈開關的位置，摸到了開關。打開燈，我長長地出了一口氣，我回來了。

一九六三年六月七日　夜

過了一會兒，我開始離體。到了室外，我遇到一個女人也在「飛」，她提醒我，我們回去要晚了（回哪裡？我不知道），可能會進不去。然後我們飛抵一座很高大像是某種機構的建築（醫院？），並愉快地直接穿門而入。沒有開門，顯然是為了避開那裡的警衛

（以及避開例行查房或太晚不睡時會受到的懲罰）。進去後我們分開了，馬上有一個男人（很友好，像個醫生）說他會照顧我，讓我在右邊第二間辦公室等待。我照辦了，儘管有點分不清是哪間辦公室，因爲每間辦公室裡都有幾個人在進行深入交談，沒有人注意到我。然而，我還是到了第二間辦公室，在裡面等著。最後，剛才的醫生進來檢查我的身體，並說我需要治療。然後，他談到了滴定③，以及一種治療法，要先升至一千五百毫升，然後回到正常狀態（不管是指什麼）。我問他，爲什麼我需要接受治療，他回答說爲了宇宙（或人類）能夠發展和進化。我又問爲什麼（意思是爲什麼要進化），但他沒有回答。我對治療有些擔心。隨後不久，我覺得有必要回去了，於是平安回到肉體。

一九六一年七月十三日 下午—晚上

在拜訪科德角④的一次旅行中，我到達海恩尼斯⑤時有點累了，在下午的時候躺下來休息。放鬆後，慣常的飄離過程出現，我發現自己飄到一棟房子後面，車庫附近。院子裡有隻狗（很大的德國牧羊犬），當牠注意到我時，激動地吠叫起來。一個男人繞過房子的一邊（右側，面向後方）出現，他拔出槍對準我。我趕緊後退，後來才意識到也許子彈傷不了我。我回來了，躺在床上，以爲事情到此爲止，對於那個男人，我只記得他個頭很高。

那天晚上，上床後，振動來了，我飄出去。我發現自己正飄浮在幾棟房子上方，正想著該做些什麼，突然那個高個子男人出現在我面前（上次遇到的那個），剛好擋住我的路。我感到他有一種平靜的力量。他問我，爲什麼想見總統。一開始我很驚訝，因爲我並沒有想見艾森豪⑥（這是我的心智在聽到「總統」一詞後聯想到的總統），但我臨時編出了一個示好的說辭，並告訴那個高個子男人。然後他問「我們如何才能確定你是效忠美國的？」我仍然有點困惑地回答說，我確信在華盛頓能查到我的所有訊息。過了一會兒，他說我現在不能見總統。我欣然同意，然後便回體了。躺在床上，經過仔細的思量，我首先意識到現任總統顯然已經不是艾森豪了。突然間我有了一種非常確定的感

③滴定（titration），一種分析溶液成分的化學方法。將標準溶液逐滴加入被分析溶液中，用顏色變化、沉澱或電導率變化等來確定反應的終點。
④科德角（Cape Cod），又稱鱈魚角，是美國麻薩諸塞州南部巴恩斯特布爾（Barnstable）縣的鉤狀半島。
⑤海恩尼斯（Hyannis），是美國麻薩諸塞州巴恩斯特布爾鎮的七個村莊中最大的一個，是科德角的商業和交通樞紐。
⑥艾森豪（1890-1969年），全名德懷特．大衛．艾森豪（Dwight David Eisenhower），美國政治人物和陸軍將領。他曾在一九五三至一九六一年間任美國第三十四任總統。第二次世界大戰期間，擔任盟軍在歐洲的最高指揮官。

覺，即現任總統甘迺迪⑦有個擁有心靈異能的貼身保鑣（或者更確切地說應該是貼「心」保鑣）。然後我意識到，甘迺迪那個週末可能就在海恩尼斯。我起床下樓，找到了當地報紙，頭版就是關於甘迺迪當天下午到達海恩尼斯的報導。（我過去兩天都沒看任何報紙。）

這些記錄只是我遇到的大量無法分類——尤其無法歸類爲普通日常夢境的——「事件」當中的幾個。也許每個事件都是一幅巨大生命圖景當中的小碎片，總有一天其完整性將會浮現。我希望人們不需要經歷「死亡」就能一覽全景。

⑦甘迺迪，全名約翰·費茲傑拉爾德·甘迺迪（John Fitzgerald Kennedy, 1917-1963），美國第三十五任總統，一九六三年十一月二十二日遇刺身亡。

13 第二身體

要證明任何一種特定現象，最好的證據就是反覆得到的一致性觀察結果。只有通過這種客觀認眞的分析式實驗，或者盡我所能的「客觀」，我才得出了「第二身體的存在是無條件的」這樣一個結論。我確實認爲每人都有第二身體。試想，假如世界上只有我一人擁有第二身體——我可無法想像自己能有那麼獨特。

如果第二身體存在，它會是什麼樣的？它有什麼特點？對此已經做過幾百次測試，以下是從筆記中摘錄的部分內容。

一九五八年六月十一日 下午

我再次睜開眼睛，一切似乎都正常，除了振動和大腦中仍然存在的轟鳴聲。我閉上眼，振動和轟鳴都愈來愈強了。我決定試著上浮，於是便從沙發上飄起來，飄過房間中央，然後非常輕地向下飄落，就像一根下落的羽毛。我接觸到地面，頭和肩膀似乎靠在地毯上，下肢則斜飄在空中。就好像我頭部比身體其他部分要重，更受地球引力影響似的，但我的整個身體都受到地球的輕柔吸引。看來我仍然有重量，雖然很小。

一九五八年七月十九日 下午

又躺在沙發上，感覺到非常平穩的振動。我睜眼環顧四周，一切正常，振動仍然存在。然後，我移動原本疊放的雙臂，平躺著，將胳膊向上伸展。我感覺到雙臂伸了出來，但隨即又有些驚訝（我已經不會隨便使用「震驚」這個詞了），因爲我肉體的兩條胳膊仍然交叉在胸前，根本沒有伸出來。

我向上看向我感覺到的胳膊所在的地方，看到胳膊閃閃發光的輪廓，手也在我感覺到它們的地方！我又看了看交疊著的肉體雙臂，然後又去看伸出來的兩條胳膊那閃光的輪廓。我可以透過它們看到屋子另一邊的書架。這種明亮發光的輪廓，會隨著我的感覺和意念而移動。當我擺動手指時，發光的手指也隨之擺動，我也能感覺到它們在擺動。我把雙手合在一起，發光的雙手便合在一起，我感覺到它們互握著。它們感覺起來就像正常的手一樣，沒有什麼不同。

有將近十分鐘，我都躺在那兒觀察對比這個奇怪的現象，以確定其間的差異。而視覺上，我可以看到自己的雙臂交叉在胸前。同時，我也能看到手和手臂的發光輪廓伸展在我身體上方。我試著移動肉體手臂，但動不了。但我一想要移動發光的手臂輪廓時，它們就完美地「響應」。我試著用肉體手臂去感覺，但很明確，沒有肉體感覺。而驅動發光輪廓手臂，我能把雙手緊握在一起，感覺完全正常。我用輪廓手去摸輪廓小臂，觸感也正常而堅實。當我將一隻輪廓手伸到小床旁邊的架子上時，卻感覺不到架子！我的那隻輪廓手直接穿過去。

振動開始消退，我迅速將發光的輪廓手臂移回到胸口。那感覺就像是戴上一雙長袖手套，然後我的肉體手臂便可以移動了。我可不想在振動消失後被卡在肉體外面——哪怕只是手臂。我不知道在那種情況下會發生什麼，或者會不會發生，況且我也無意一探究竟。

一九六〇年五月五日 夜

有好幾次，在我離開肉體的那一刻，我都能感覺到有一個溫暖而鮮活的身體貼在我的後背。在遇過一些「思維形體」和其他一些存在體後，我自然變得相當謹慎。

每次感到這個「生命體」趴在我背上時，我就會很快回到肉體。我確信它們更像是

「思想兒童」，要麼是某種「性向偏離」的存在體，儘管我沒有發現任何性暗示的存在。我對此小心謹慎，算不上謹小愼微，但肯定是害怕的。後來我注意到靠在我非物質脖子後面的那張臉上長著鬍鬚，這證實了我的第二種印象！鬍鬚濃密，就像好久沒刮過一樣。而且，我能聽到他的呼吸聲就近在耳邊。

這可不是什麼無害的思想兒童，這是個成年男性，氣息灼熱，性向完全偏離了，否則他爲什麼要找我，同樣身爲男性的我？如果對方是女性，我的感受會有所不同嗎？老實說，我覺得會。我必須擺脱他。

一九六〇年五月二十二日　夜

鬍鬚就是線索！我再也不用擔心我背上的「男人」了。他還在，但我知道他是誰了。這一次，在被嚇回體約五次以後，我鼓起了一點勇氣。我慢慢地出體，剛剛脱離肉體，我就和以前一樣，感覺到背上出現一具身體。長著鬍鬚的頭靠在我的脖子後面，喘氣聲充斥著我的耳朵。小心翼翼地，以防讓對方認爲我的舉動帶有敵意，我向後伸出手，將手掌覆上身後的那張臉。臉上確實長著鬍鬚，而且感覺起來非常眞實。喘氣聲還在繼續，他的身體依舊一直緊貼著我的後背，所以我重新回到肉體。

我坐起來，思考著。一邊想一邊用手掌摸著下巴。我需要刮鬍子了，我心不在焉地想著，然後停下來。我又搓了搓下巴。這種感覺太熟悉了。和我摸那個人下巴的時候一模一樣——難道？然後我注意到自己喉嚨發乾，好像一直都在用嘴呼吸似的，就像那個人……

有一種辦法可以找到答案。我躺下了，過了一會兒，讓振動成功出現。我慢慢地移出肉體。是的，我感覺到了，又是那個身體，鬍鬚貼著我的脖子，喘氣聲近在耳邊。我小心地向後伸出手，摸了摸長著鬍子的那張臉，和我自己的一樣。我屏住呼吸，或者想著屏住呼吸，耳邊喘氣聲立止。我再次呼吸，一次，兩次，然後再次屏住呼吸。我身後「身體」的喘氣聲完全和我同步。貼在我背上的那具溫暖的身體，就是我自己！

我返回肉體，坐起來思索。問題是，哪個是哪個？仔細想過以後，我感覺背後那個——我能聽到、觸摸到的那個——是肉體的「我」，而前面的那個「我」是精神的或眞實的「我」。之所以這樣假設，是因爲肉體感覺及相關行爲都在後面的身體裡，而思想則在前面的「我」當中。這種情況令人困惑，但非常眞實。

從那以後，再體驗到這種感覺，我就不會害怕了。這不就是傳聞中那種「人被自己的影子嚇到」的真實案例嗎！

一九六〇年八月八日 下午

這次我做了另一項有趣的實驗。躺下以後，我走完了正計數流程，感到振動強烈而迅猛地湧起，然後隨著頻率加快而變得順滑（就我的感覺估算，從大約三十周／秒開始，加速到變成一種溫暖感）。我決定慢慢出體，以觀察這個過程。我試著離開肉體，首先發光的腿出來了，然後是臀部，但接下來就卡住了！雖然我盡了最大努力，可是胸部和肩膀出不來。這眞是奇怪啊。這整個過程中，我一直上下移動腿和臀部。我用肉眼觀察它們的外觀，但像是有散光一樣看不清。有好幾次，我試著把雙腿向上移出肉體，然後向右移，讓它們落下。當我的腿出來後，它們會慢慢飄落，碰到沙發的一側，然後搭在地板上。兩條腿從沙發邊緣彎下去，就像沒有骨頭一樣，彷彿慢動作鏡頭中的一塊布鬆散地落下，接觸到固體物的地方就發生彎折。當我重新進入肉體並坐起來時，沒有發現什麼明顯的後遺症。時間過去了二十二分鐘。

一九六〇年九月十六日 下午

我脫離了肉體，又是一個週六，試圖保持在「本地」，也就是說，待在出體的房間裡。我再次注意到第二身體奇怪如橡膠般的彈性。我可以站在房間中央，伸出手夠到約八英尺（約二點四公尺）遠的牆壁。起初，我的胳膊離牆很遠。然後當我持續將手向外推出時，突然間牆壁的紋理就觸手可及了。僅僅是向外推，手臂就伸展到了原先的兩倍長，而我感覺上沒什麼異常。當我撤回推力，手臂又縮了回來，看起來很正常。

這一點證實了我們之前發現的其他相關證據，也就是說你可以有意識或無意識地把第二身體塑造成你想要的任何形狀。如果不去管它，它會回復到正常人形。如果你有意識地將自己想成某個特定形狀，我懷疑你就能變成那樣。你可以暫時變成比如貓或狗的樣子。這難道就是狼人和吸血鬼蝙蝠傳說的來源嗎？我可不確定自己是否想要嘗試。

一九六二年十月十日 晚

關於「在非物質狀態下你是什麼樣子」這一問題，我又找到了一條線索。傍晚約七點半，我決定嘗試去八英里外R.W.的公寓拜訪她，我確信她這時會醒著（當然是非物質身體方面）。一切順利，我立刻發現自己來到一間客廳。有一個人坐在一把椅子上，旁邊是一盞明亮的燈，我認爲那就是R.W.。我靠近她，但她似乎沒有注意到我。然後我確信她看到了我，但她似乎很害怕。我後退幾步，開始對她說話，但是有什麼東西把我拉回物質世界，我發現自己回到自家臥室，回到肉體中，而振動正在消退。回體的原因是我的胳膊血液循環不良，感到刺痛。我睡覺時壓到了胳膊。

關於這個事件，有個極不尋常的後續。第二天R.W.問我前一天晚上在做什麼，我問她爲什麼這麼問，她說：「晚飯後我坐在客廳看報紙，忽然感覺到有東西，一抬頭，就看到房間另一邊有什麼懸在空中搖蕩。」

我問她那東西長什麼樣。

「就像一片朦朧的灰色薄紗，」她說。「透過它可以看到後面的牆和椅子，後來它開始靠近。我很害怕，我想那可能是你，所以我問，『鮑勃，是你嗎？』但它只是懸在半空，輕微晃動。然後我又問是不是你，如果是，請回家去，不要打擾我。然後它後退並迅速消失了。」

她問是否眞的是我，我說我覺得應該是的。

「好的，那下次，說點什麼，這樣我就能確定是你，」她回答。「也就不會那麼害怕了。」

我向她保證我會的。一個顏色晦暗而且沒有人形的「鬼」——看來有時候我是這樣的。

一九六二年十一月二十一日夜

這一次，我決定來一趟純「本地」的出體旅行。我開始飄過房間，向門口去，然後我想起出體後不需要走門。於是我轉身徑直向牆飄去，希望能直接穿牆。穿不過去！我碰到了牆，似乎不能穿透。我試著用手去推，感覺就像現實中的牆一樣堅實。我推斷應該是哪裡出了問題，以前很容易就能穿牆而過。我應該能穿過去。接著，我伸出雙臂開始推牆。在感到一瞬間的阻力後，我穿過去了，很容易，彷彿牆是水做的，但和水有一點不同。當我通過牆穿到外面時，在穿越的過程中我能感覺到並辨認出牆裡的每一層材料——塗料、灰泥、板條、覆板，最後是外面的木瓦，就像以前把手穿過地板時能感覺到材質一樣。爲什麼第一次穿牆時會遇到那個奇怪的阻力？

一九六三年二月十五日 夜

這次實驗眞是非同尋常。輕鬆「浮起」出體，控制自己待在這個房間裡後，我終於壯起膽子，回去仔細查看躺在床上的肉體。我慢慢下降，在半明半暗中靠過去。（只有從窗口透進來的夕陽微光，視野不太清晰，也許這樣更好。對於觀察自己的肉體，總會有某種嫌惡。）我小心地伸出手，想去觸摸我肉體的頭，但摸到的卻是腳！起初，我以為自己的「手」飄到別的地方，所以觸到腳趾。我的左腳大拇趾的趾甲特別厚，因為很久以前被掉落的木頭砸傷過。但這個（左側）大拇趾的趾甲不厚！隨後我用手去摸右腳，右腳的大拇趾甲倒是很粗厚。看來是左右顛倒的，類似鏡像。我從腳趾開始，慢慢觸碰肉體，但我分不清其餘部位是不是左右相反。關鍵是，我能在觸摸自己的肉體時感覺到它，我的手並沒有穿透它。觸碰自己那閉著眼的面部感覺很詭異，就像摸別人的臉一樣。此時我離得很近，能看清那張臉。那就是我，沒錯，只是面部有點扭曲。要麼它確實有點扭曲，要不就是我的肉體長相遠遠達不到我那自尊驕傲的小我願意認可的地步。我從來不認為自己長相英俊，但至少要比這副尊容強吧！奇怪的左右反轉。飄浮在這樣半黑暗的環境中，稍一轉身我可能就會搞錯方向。但是厚腳趾甲眞的是在右腳而不是左腳上。我必須進一步研究這個問題。

一九六〇年三月十八日 夜

這次出體實驗的內容是被布拉德肖博士的一個問題引發的。在離體後出門前，我想著可以看看出體後的自己是否是穿了衣服，以回答博士之前的疑問。我以前從來沒有這方面的心思，我想主要是因爲我對服裝沒有太多關注，畢竟衣服對我來說主要就是爲了舒適和保暖用。我摸了摸自己的第二身體，這個非物質的身體。皮膚上有一些雞皮疙瘩，但沒有摸到衣服。反正這次出體是沒穿衣服了。

一九六一年二月二十三日 夜

我用「滾原木」法離開了肉體，然後想到房間的另一邊去，但似乎有一股阻力在阻攔我。這種感覺就像在水中慢慢行走一樣，用胳膊和腿划動著想要前進，卻寸步難行。突然，我感覺背上被拉了一下（不痛），我向後側翻，雙腳在空中翻過，頭朝下，重新進入肉體。我（肉體）坐起來，聽到有人敲門（我女兒）。剛才一直堅定地向後拉我的東西是什麼呢？是我在資料中看到過的「能量帶」嗎？

一九六〇年七月七日　下午

這次的出體實驗我可不想再來一次了。我在帶電的法拉第籠①（銅網，在地面上方，通五千伏直流電）裡，試圖穿過籠子。我順利離開肉體，然後就好像被一個軟電線組成的大包裹住了。我一推，袋子就隨之變形，但無法穿過。我就像受困陷阱的動物一樣徒勞掙扎，最後回到肉體。事後仔細回想，很明顯阻擋我的不是電線本身，而是通電後形成的電場，它的形狀與籠子基本相同，但更柔韌。也許這就是「捉鬼器」的基本原理！

一九六〇年十月三十日　下午

大約三點十五分，我躺下來，打算去約五英里外的E.W.家裡拜訪他。經過一些困難後，我設法進入了振動狀態，然後出體到了房間，離開肉體。心中將E.W.作爲目標，我起飛了，緩慢移動（相對而言）。我突然發現自己在一條商業街的上空，在人行道上方大約二十五英尺的高度（約七點六公尺，比二樓窗户的上緣高一點）緩慢飛行。我認出這是他鎮上的主街道，也認出了沿途的街區和路口。我沿人行道飄了幾分鐘，注意到拐彎處有一個加油站，在兩扇敞開的門前面，停著一輛白車，車的兩個後輪都被卸下來。

我感到很失望，因爲沒有去到目的地E.W.家。興味索然，我決定回去，然後平安回體。回體以後，我坐起來分析爲什麼剛才沒有去到我想去的地方。一時衝動，我起床來到車庫，驅車五英里（約八公里）來到他的小鎮。我的想法是，至少要讓這次出體有些收穫吧，實地核實一下我在出體時發現的東西。我來到主街道的那個拐彎處，在兩個開著的門前面確實停著一輛白色汽車。像這樣的小證據眞的很有價值！我抬頭看了看當時出體時飄在人行道上方的大概高度，吃了一驚。就在我飄浮的高度上有一些高壓電線。當時這個電場吸引了我的第二身體嗎？第二身體移動的媒介是電場嗎？這天晚上，我終於到了E.W.家。隨後發現，此前出體時我離目的地本就不遠。下午三點二十五分左右，E.W.正沿著主街行走，我們二人仔細回想後認爲，我當時應該就在他頭頂正上方。

一九六一年九月一日　晚

爲了回答與布拉德肖夫人討論時我們提出的問題，我決定觀察一下肉體和第二身體

①法拉第籠（Faraday cage），是一個由金屬或良導體形成的籠子。即使籠子上加了高壓電，內部電場近乎為零，因此可以有效遮蔽外電場的電磁干擾。

之間是否眞的有一條「能量帶」。以前我沒有注意到這種東西的存在，除了偶爾會感覺到奇怪的拖拽感。帶著這個想法，在傍晚天快黑的時候，我躺下來走完「記憶法」的流程。通過軸向旋轉，我脫離了肉體，停留在房間裡，就在離肉體幾英尺高的地方。我轉身尋找「能量帶」，但看不見，要麼是它的顏色太暗，要麼就是不在那裡。然後我用手感覺頭部周圍，看看前額、頭頂或後腦是否有東西伸出來。當我的手來到後腦勺時，碰到了什麼東西，我便把雙手都伸到後面。就我所能確定地來看，這個無論是什麼東西的帶子是從我背部兩肩胛骨之間的某個點伸出來的，而不是像我之前以爲的是從頭部伸出來。我摸到了它的根部，摸起來就像樹根一樣。帶子的根部向外延展，所覆蓋的區域下方到達背部身軀中央，向上直達頸部，並延展到兩側的肩背。我順著根部向上摸索，發現它組成了一根「繩索」——如果兩英寸粗的線纜可以被叫做「繩索」的話。它鬆鬆地掛在那裡，我可以明確地感受到它的質地。它有著身體一樣溫暖的觸感，似乎是由幾百（幾千？）股類似肌腱的東西整齊地組成爲一束，但並沒有扭轉或螺旋。它很柔韌，外層似乎沒有包覆。既然它確實存在，我也就滿意了，於是就地起飛，離開屋子。

上述記錄中提到的基本特徵已經過各種方式得到多次驗證。然而，除了經由自身體驗以及他人觀察，尚無其他方法能驗證其存在。也許有一天，這終將實現。

現在，讓我們來看看從之前的研究中獲得了哪些訊息。首先，第二身體具有我們認知中的「重量」。它受到地球引力的吸引，儘管比肉體受到的引力要小得多。當然，物理學家對此可能會解釋說，這是物質的質量大小問題，並且任何能穿透牆的物質，其密度必然非常小，使它足以穿過分子之間的空間結構。密度這麼小，說明其質量一定也很小——但它仍然可能是一種物質。這一點在「半出體」實驗中得到過進一步的證實，在那次實驗中，我的腿和臀部在出體後自由落下，並搭在床邊。低密度的物質落下時就像羽毛飄落。穿牆也可能是一個例子，起初感到的阻力可能是由某種表面張力②造成的，從振動方面來看，一旦表面張力被打破，密度較小的物質就能從牆壁分子之間通過。也許對此感到好奇的物理學家們可以展開相關研究。

第二，第二身體在某些條件下是肉眼可見的。要變得可見，它必須得能反射或發出可見光譜中的光，或至少是屬於可見光範圍內的諧波。根據出體後所做的手臂和腿部實驗得出的

---

②表面張力（surface tension），在現實世界中，液體會產生使其表面盡可能縮小的力，即稱為「表面張力」。葉片上形成圓形的露珠，以及水黽之所以能站在水面上，都是表面張力的作用。

報告，我當時似乎看到第二身體的光，但只是在身體的輪廓處，其餘部分在日光下看不見。也必須考慮到，出體後我的知覺和感覺機制可能或必然被加強或處於某種轉換狀態，因而我才能「看見」。R. W.在燈光下和意識清醒狀態下看到的「灰色薄紗」可能是另一種情況。根據其描述，那或許是「第二身體能反射可見光」這一可能性導致的。根據報告，顯然在某些條件，完全清醒的觀察者可以通過肉眼看到第二身體。而這些條件具體是什麼，我還不清楚。

第三，第二身體的觸覺似乎與肉體的極爲相似，即雙手互觸時，那種感覺與肉體雙手互觸的感覺幾乎相同，而探索「能量帶」的報告也印證了這一點。手可以感覺和觸摸到非物質狀態下自己的身體，根據感覺來看，與肉體互相接觸的感受一致，除了皮膚上的毛囊突起。此外我還發現，非物質的手可以觸摸到肉體，感受大致相同——就像那次從腳趾開始查看肉體的實驗所述。這一點在「背後男人」的經歷中也得到過證實，那次除了通過手，我也通過第二身體的其他部分貼身感覺到肉體的觸感。似乎在所謂的「本地」條件下，第二身體也能感知和觸摸到物質物體。

第四，第二身體的可塑性很強，可以呈現爲任何適合你或你想要的形態。手臂能「伸展」到正常長度的三倍，就證實了第二身體的彈性之大。由此推測，你可以把非物質旅行完全設想爲肉體發出的某種物質所產生的不可思議延伸。一旦「待在肉體外」的願望或意志終止就會「快速回體」，這一現象也增加了上述設想的可信度。至於第二身體的外觀被觀察到像一片薄紗的情況，至今我還未能找到解釋，但可能再次表明了其可塑性。如果在特定時刻，頭腦或意志沒有設定某個形式的話，我們可以假設，出於自動思維慣性，第二身體會保持我們熟悉的人形。

第五，存在「第二身體與肉體呈直接反轉的關係」這種可能性。這一點可在「滾原木」旋轉離體法和之前「研究躺在沙發上的肉體」的實驗中得到證實。當時我發現肉體的頭腳位置顛倒，不過這一點也可能是因爲環境黑暗，導致我方向錯亂。但是，再加上大腳趾甲左右位置相反的問題，這一「反轉」的可能性就值得考慮了。在其他報告中也有類似跡象，這些內容最初被我忽視了，認爲是方向錯亂以及純粹的主觀反應導致。「反轉」的概念可能在某種程度上與「反物質」理論有關。

第六，經過直接調查，我傾向於支持「存在著一根『能量帶』連接肉體和第二身體」這一觀點，一如古今各種祕教文獻中多次描述的那樣。這一連接的目的是什麼，目前還不清楚。可以推測，第二身體和其中的智能仍通過這一連接控制肉體。似乎肉體訊息也會通過這一連接傳遞給第二身體，之前我的肉體手臂血液循環不良以及物質界的敲門聲導致的回體都證實了這一點。如果要一直保持這種連接，這根帶子必然得像第二身體一樣擁有極高的彈性，才能滿足出體旅行所需的近乎無限的拉伸範圍。

第七，第二身體與電場和電磁場的關係相當顯著。法拉第籠的實驗，以及第二身體在街道上方被電線吸引的經歷都表明了這一點。在後一次經歷中，第二身體被高壓電流形成的電磁場或被電流本身吸引。

14 意識與超意識①

我們已經探討過第二身體的「物質」方面，現在我們來看看一個至關重要的方面，當「意識」在應對第二身體的體驗時是如何運作的。

心理科學的學生可能會對我在這裡使用的術語有異議，畢竟我在此也沒有試圖用精神病學、心理學或生理學的術語來探討出體現象。我的本意是希望本章及之前的內容，對於不同學科背景的人士都能通俗易懂，並希望它作為橋梁，在無論哪個研究方向都能引發進一步的探索。

我最常聽到人們提出的問題是：你怎麼知道自己不是在做夢，而你經歷的也許不過是一場生動的夢或某種幻覺？除了反問對方「我怎麼知道醒著的經歷就是眞實的呢？」以外，這

① 意識（mind）與超意識（supermind），此處作者用「意識」代表清醒狀態下的意識（conscious mind），而用「超意識」代表超出常規思維的更高內在智慧。

個問題確實值得一答。正如其他筆記中所述，在早期的很長一段時間內，我都確信這些只是夢境或幻覺。只是在後來證據性數據不斷累積增多之後，我才開始認眞考慮這種體驗可能另有玄機。

這些體驗與典型夢境的區別，主要體現在以下方面：

(1) 意識的某種連續性；

(2) 在體驗過程中做出的智力或情感（或兩者混合）的決定；

(3) 通過感官輸入或等價方式獲得的多種感知；

(4) 不會重複出現一模一樣的事件；

(5) 事件發展是有次序的，這似乎表明存在著「時間流逝」。

對此能給出的最確定的說法是，當上述條件都成立時，你會意識到自己「不是在做夢」，就像清醒時你知道「自己不是在夢中」一樣。不過，上述五個條件，在第二狀態下和現實世界中卻都同樣成立。這就是早期實驗中令我非常不安的因素，這種雙重的存在性與現有科學素養和人類體驗完全矛盾。至於確認這一點的最佳方法，我還是建議你去體驗一番在這種存在狀態下的「自我」。

這是伴隨催眠後暗示②的一種自我催眠的產物嗎？很可能，引導和建立出體狀態的方法在諸多方面都與催眠有關。對於「催眠」這種現象本身，我們也是知之甚少。在催眠中會用到的「暗示」，可能也屬於激活過程的一步。然而，實驗中我們已經非常小心地避免產生任何間接暗示或會誘發幻覺的刺激。等我們對催眠中涉及的因素有了更多了解以後，或許就能明白出體與催眠操作之間的相互關係了。

如果出體狀態與清醒狀態下的意識運轉確實不同，那麼轉換點有哪些？大體上，意識心智（或整個個體）似乎會經歷一個漸進的學習過程。回想起來，我發現意識心智是在逐漸適應並接受自身「降」爲整體的一部分的。「整體」由意識、無意識和超意識（超自我？）混合而成，三種成分均能充分意識到彼此。然而，這種「混元合一」僅在第二狀態下是有效的。如果它延續到物質世界，那麼其效應也只是有限的。

在探索第二狀態的早期階段，我的思想和行爲幾乎完全受到無意識的主觀意識支配。而

②催眠後暗示（post-hypnotic suggestion），催眠期間向被催眠者提出暗示，令其在催眠醒來後的清醒狀態下採取某種行為。這種情況下被催眠者醒來後，可能並不知道自己為什麼要做這種行為。

我試圖進行理性理解的意願，總會被雪崩般的情緒反應淹沒。此時，所有原始的、主觀的欲望都開始招搖過市，要求你去覺察它們、和/或滿足它們，要否認其存在是不可能的。最先出現的就是你自認爲早已被消除的潛在恐懼。隨後或隨之出現的，則是同樣強烈的對於「性合一」的衝動，這一主題將在後續章節中討論。它們便是阻擋你在第二狀態中前進的兩頭攔路猛虎。縱觀人類歷史，恐懼和性欲一直是存在於各種社會組織中的主要激勵和控制因素。因此，它們在第二狀態中處於如此強大的支配地位，也就不難理解了。

慢慢地，意識心智會開始作用於這個明顯無組織、不合邏輯的部分，將秩序和客觀感知帶入其中。一開始，這看起來就像是不可能完成的任務。而在後期，意識心智會與之發展出一種共生關係，事態也只會在極罕見的情況下才可能失控。這並不是說意識心智此時在第二狀態中已經能掌控全局，而是說，它的身分是一個調節者，服務它的主人或驅動力。主人是誰？你可以稱之爲超意識、靈魂或較大自我——名稱只是個標籤，並不重要。

知道以下這點很重要，即意識頭腦會不假思索地自動響應「主人」的命令。在物質狀態下，我們似乎只能模糊地意識到這一點；而在第二狀態下，這一響應卻是自然而然的。超意識非常明確地知道什麼是「正確的」，只有當意識心智頑固地拒絕接受這一更高知識時，問題才會出現。「超意識」擁有的知識來源眾多，其中的大部分是我們的「意識—心智—世界」無法感知的。在這些來源中，最易於爲人接受的是「遺傳」這一來源，也是占比重最小的一部分。

隨著意識不斷適應，我們可以推導出某些可觀察到的前提，並得到一些適用於第二狀態環境的結論。

思想—行動同步性。在物質狀態下的情況是，思想在先，行爲跟隨其後；而在第二狀態下，二者卻是同一的。在第二狀態下，並不存在從「思想」到「行爲」這一機械性的轉化。你會逐漸理解到，「思想存在」本身就是一種力量，而不是觸發器或催化劑。最初它是一種情感思想力量，逐漸形成連貫的行爲。正是「要進行某種行動」的思想，創造了行爲。也正是「要造訪某人」的思想，決定了你出體的目的地。此外，也恰恰是超意識的需求創造了「探索未知領域」的行動，而意識心智通常不會立即領會背後的動機。

從肉體活動沿襲過來的思維模式會強烈影響你在第二狀態下的反應。當發現自己「培植」了那麼多細小的思維習慣時，你對此會驚訝不已。而在目睹這些習慣有多麼「自動化」後，你也會感到非常尷尬。雖然純粹的肉體習慣、需求或欲望（如饑餓、疼痛或抽菸）看來並不會延續到第二狀態，但瑣碎惱人的思維模式和定勢會對注意力造成混淆和轉移。所有這些習慣中，性欲是個例外，這一欲望也已被人爲的社會標準及其產生的相應習慣汙染。

以下筆記摘錄顯示了沿襲自肉體的一個小習慣。

一九六三年六月十一日

他們靠近我，兩人各拉著我的一隻胳膊，帶我穿過這個區域。我的手不由自主地伸向外套右胸口的口袋，檢查錢包還在不在，有沒有被偷。過了一會兒，我才意識到壓根沒有錢包（也許連外套都沒有），拉著我的兩個人也沒有任何企圖想拿走我那不存在的錢包。這就是生活在擁擠大城市中的「後遺症」！

這類小習慣確實會產生妨礙，你會在出體中一再遇到。對此的處置方法就是逐個覺察認出它們，一旦被覺察到，它們就不再煩擾你了。與肉體體形相關的想法也是一樣。例如，如果你對裸體非常敏感，你會自動認爲自己是穿著衣服——因此你就會穿著衣服。除非你特意給自己「另立人設」，否則你的肉體外形會被完完整整地複製過來，精確到每一個毛囊和疤痕。

另一方面，如果你的思維習慣「轉向」了，你可能就會有意或無意地呈現出任何最方便的形式。我懷疑第二身體可以被變成任何想要的形式。一旦你放棄了某個想法，第二身體會回到其慣常的人形。這使我們對人類「神話」的形成有了一些有趣的猜測。如果有人想體驗四足動物的生活，他的第二身體可能就會暫時變成一隻大狗；擁有第二狀態視覺的人（這樣的人也許有很多）可能就會看到「狼人」，或者他們看到的東西經過流傳就有了關於「半人羊」或「半人馬」的寓言。一個人可能會「想著」擁有翅膀並能飛翔，然後就暫時變成一隻吸血蝙蝠。在第二種狀態下運用思想力量進行實驗時，幾乎沒什麼是「不可能」的。

換句話說，在這個新－舊式的「第二人生」中，思想似乎無所不能。以下警告需要用醒目的紅字寫在心裡：對你想要什麼結果要有百分之百的確定，並且切記要一直對自己產生的思想念頭保持掌控。

感知會改變。正是在這個方面，最顯著同時也是最令人難以理解的改變出現了。由於人類還沒有學會用其他方式來處理感知訊息，所有的感官輸入都會首先被轉譯成能被五種肉體感官理解的方式和涵義。例如，當出體者開始在這種不熟悉的形態下「看見」時，會感覺這種「看見」與肉眼接收光線的情況非常相似。直到你經驗更豐富以後，才會發現二者並不相同，這根本不是肉眼的那種「看見」。你會認識到自己無需轉頭就能同時「看到」所有方向；而你的「看到」或「看不到」是由思想決定的。經過客觀研究後，你還會認識到這種視覺更像是與「放射」而非「反射」有關。

對於其他肉體感官感覺，也是一樣的道理。你一開始以爲是聽到人們的「說話」聲。隨後，你察覺到並沒有什麼來接收感知訊息的「耳朵」存在。你是用其他方式收到訊息（思想），而你的心智把訊息轉譯成可以理解的文字。不過，在第二狀態中，觸覺似乎與肉體觸覺最類似。但迄今爲止，嗅覺和味覺一直缺席。最有趣的是，有證據表明這些感知方式都不是全自動運行，似乎能通過意願來「打開」或「關閉」。

似乎還有幾種新的感官輸入途徑。其中一項是識別其他人類實體（活著的，去世的？）的能力，不是通過「外貌」進行識別，而是通過其坦露的主要個性習慣和思想。這可眞是非同凡響，因爲它絕不會出錯，畢竟最核心的自我在不斷進行放射，就像恆星物質或金屬會放射出獨特的頻譜③一樣。我懷疑個體不能關閉這種放射，所以眞正的內在自我或許無法被掩蓋起來避人耳目。

另一項能力是，能在超出「意識覺察」的層面與他人交流，這發生在與清醒或入睡的在世者進行交流的時候。這種交流很可能也會發生在肉體狀態下的人與人之間，只是人們完全沒有意識到它。在第二狀態時，這種交流方式很明顯，且很自然。我的筆記中有大量這類記錄，對方在與第三方進行物質世界交談的同時，也與我進行著超出意識層面的交流。

然而，其中最令人沮喪的一點是，與你交流過的人在事後鮮有記憶存留。同樣，與肉體清醒狀態的人開啓這種溝通途徑也很難，就像把一個人從酣睡中喚醒一樣困難。可能原因在於，在肉體清醒意識狀態下，大腦中負責這種交流的部分實際上在休眠。如果有需要，自由聯想或回溯催眠技術應該能喚回這類來源的記憶。

在第二狀態下的感知中，我們會時不時遇到一個問題。這不是我獨有的經歷，肉體感知中這種情況也會發生，只是沒被公開提及太多而已。我指的是人類心智對「在當時尚屬未知的人物、地點或事物」的識別。

在尋找證據數據和定位的過程中，在遇到尚未成形的思想時，心智會做出強烈回應，進行「識別！」，不加修改、絕不含糊。因此，當你遇到未知或顯然不可能的情況、地點、人物或事物時，心智肯定會給出某種答案，而不會沒有響應。

答案是經過了「合理化」加工的產物，如果可以這麼描述的話。或者更通俗的說法是，心智會搜索過去的記憶和經歷，以便進行合適的識別。它將當下感知的事物及行爲所處的情景與過去的個人經歷進行比較，如果記憶中沒有與當下數據完全一致的東西，心智就會報告

③ 頻譜：頻率譜密度的簡稱，是頻率的分布曲線。由於不同物質成分發出的波動頻率不同，因此可分析物質頻譜來鑒別物質及確定其化學組成和相對含量。

出與之最相似的記憶和狀態，聲稱「這就是你現在看到的物體或行爲」。只有經過批判性的分析，一些我們實際感知到的內容才會浮現出來。

能證實這一現象的例子有很多。其中一個很好的例子就是清晨拜訪巴恩森先生家的那次。我的心智在記憶中找不到那個被放在汽車後面的物體（范德格拉夫起電機）的參考物，但正確識別了其大致尺寸、圓形的像輪子一樣的突起物連著一根柱子，以及底座平台，所以錯誤地認爲那是一輛兒童汽車。心智正確識別了男孩和棒球，因爲這是它記憶庫數據的一部分。然而，在巴恩森夫人分發早晨信件時，我的心智遇到了困難。它將其識別爲是在「發牌」，但也覺得在擺滿盤子的餐桌上玩白色大撲克牌（信件）很不協調。不過由於在進行「記憶關聯」時，「玩牌」是所有想法中「不可能性」相對最低的一個，所以這個想法被心智保留下來。

第十一章中報告的飛機失事事件也是如此。其中的一系列事件中充滿了經由心智「記憶關聯」過濾的感官數據。何況，訊息的疊加、拼合也令人措手不及、更添混亂。「乘飛機旅行」的印象相當準確，然而，心智「忘記」了上飛機之前要先坐機場巴士。因此，在報告乘坐巴士的過程時，它將其識別爲坐飛機。登上巴士時，心智感知到在車門邊等待的司機。爲了識別司機，心智搜索記憶，選擇了我過去經歷中出現的最相似的人（D.D.），將司機識別成他。（事後比對發現，大巴司機和D.D.的外形確實有很高的相似度。）

發現前座女士及其焦慮狀態，則是另一種誤解。對不安或焦慮的辨識是準確的，但原因錯誤。我的心智無法確定女士焦慮的原因，故而以爲是與我個人有關，因爲心智總是需要答案。然後，「低空慢速飛過街道上空」是對事件本身的完美描述——巴士車沿著高速公路行駛到機場，確實是這樣的場景——只是心智仍然堅定認爲我是在乘坐飛機。

心智仍然頑固地認定飛機已經起飛這一「事實」。當飛機遇到暴雨天氣時，心智報告說飛機正在輸電線和電話線下方飛行，因爲它無法直接將「暴雨」的場景轉譯出來。

其中最顯著的一點是心智對這次「事故」或災難的詮釋。它「看到」我的心臟活動出現中斷，對它來說這是一個不可能的情況，因爲根據經驗，發生這種事是難以想像的。基於這種記憶數據，頭腦被迫去進行「識別！」的動作。根據其經驗，空難的「不可能性」相對較低。因此，它選擇「飛機墜毀」這個它自己願意相信並能接受其可能性的事件。

由此可見，要準確報告觀察到的未知情況有多困難。如果在熟悉環境中尚且這麼複雜，那麼感知與記憶經驗毫無關聯的事物時會發生什麼，就可想而知了。在經過艱苦的嘗試和試錯後，才能蒐集到一丁點事實，但這些事實可能無法與他人的心智達成共識，因爲每個人的經驗背景不同。這就是其他人也需要去體驗的原因。更多相關報告或許將有助於清晰呈現這一現象的全貌。

在少數被正確標記的事實中，包含了一些「飛行夢」和「墜落夢」。我很確定，這類夢其實就是對第二狀態下的經歷的部分記憶，我經常意識到自己在做飛行夢，隨即發現實際上是自己的第二身體正在飄浮。不需要有意識地去做，這種行爲常常會自動發生。很有可能不少人都會在睡眠中有類似經歷，只是不記得而已。

乘坐或駕駛飛機的夢也有類似的含義。限於心智的記憶經驗，它拒絕接受人在沒有機械的輔助下能直接飛行的可能性，就幻化出一架飛機來對飛行合理化。同樣，當你在這類夢境中恢複清醒的意識覺知時，「飛機」就會消失。你就在那裡，沒有任何東西支撐，竟能安然飄浮在高空中。這類不合乎邏輯的場景，如果不習慣的話，還眞是會令人惶惶不安。

在早期的實驗中，我也反覆研究過「墜落夢」。這是第二身體快速融入回到肉體時的常見「感覺」。顯然，二者不斷靠近時，肉體接收到第二身體傳來的感官訊號，即第二身體正「墜落」回到肉體中。同理，「入睡」④的過程往往會帶來「下沉」感。通過反覆嘗試，我發現「墜落感」是由第二身體與肉體「斷聯」造成的，此時感官印象也隨之產生分裂。也許當一個人出於其他原因失去知覺時，也會體驗到同樣的下墜感，比如在經歷昏厥、麻醉等情況時。

智力測量。表面看來，除了上文提到的感官能力增加，在第二狀態下，似乎不會立即提升到什麼知識訊息的新境界。用物質世界的標準來衡量，也就是說，人的智商沒有出現跳躍式的提升。不過其中確實有一種新的智力在起作用，但呈現爲一種無法爲人理解的形式。這種複合心智使用了物質生活中得來的經驗，但只有當這些經驗「適合」用來描述當前事件時，才會應用它們。有時，意識心智會認爲發生的行爲純屬無稽之談，只有在事後才會認識到其實並非如此。

在經過大量的實踐之後，你會意識到一點，即「意識心智」本身，即使再加上其記憶—回憶模式，也不足以勝任「完全理解事物」這項任務。畢竟要評估的東西太多了，超出了個人意識經驗的範圍。要完成這項任務，我們需要持續地將「可用數據」梳理成「可理解」的形式，並通過其他意識心智提供的證據經驗來擴充認知。我個人的意識心智算是認識到了它的局限性！

記憶模式。如果說第二狀態下的智商並沒有提高，那麼記憶庫就另當別論了。早期的變化之一就是，會逐漸湧現出與當前或曾經的物質生活沒有任何關係的事件、地點、人物和事

④入睡的英語表達 falling asleep 與墜落夢（falling dream）一樣，都使用了「墜落」這個詞。

物的記憶。這些似乎與當時拜訪過的現場二或現場三也沒有任何關係。

這些記憶來源於何處，仍然是個謎。在第二狀態時，這些內容會被感知並回憶起來。例如，我對曾經生活過的一個地方有著鮮活的記憶——通往那裡的道路、土地的形狀、它與道路的相對位置以及它周圍的風景。這塊地不算很好，但我勤懇工作，傾盡所有才買下它。我打算有一天在上面蓋一棟房子。

還有一段記憶，關於城市街道上三座相連的建築——差不多八層樓高的老樓房。這些樓（類似於舊公寓樓）的頂部幾層連接起來，組成了一個大的生活區，裡面高大寬敞。由於樓層高度不同，從一個房間到另一個房間需要上下台階。這是我去過的一個地方，不太經常去，某時某地。

類似的例子還有很多，可能於整體來說並不重要。然而，重要的是要知道，這些都是第二狀態實驗的直接產物。除了令人疑惑之外，它們有什麼價值，還有待我們去研究。

15 第二狀態下的性

整個過程中，愈來愈多證據開始指向第二狀態中一個至關重要的因素。然而所有地下的「奧祕文獻」都對這一因素絕口不提，甚至連隻言片語的涉及或解釋都沒有。這個因素就是性和肉體性衝動。如果我們認爲第二狀態中得到的相關數據是事實，那現實人類之間的「性」在某些方面來看已經完全混亂、扭曲和被嚴重誤解了。

在美國，既然全國超過百分之九十的執業精神科醫生都是佛洛伊德①學派的，那麼這一因素自然會被大量提及。如果我們完全認同這個理論，那麼就不會覺得思想或行動還會來自於其他動機。

由於這一主題被長期打上「邪惡」的標籤，地下組織可能認爲它太過「物質化」，不配在精神和靈性進化中占據一席之地，故而忽略這個因素。而宗教——無論是何種宗教團

①佛洛伊德，心理學家、精神分析學家。佛洛伊德的理論認為，人類精神問題是由於性欲望被壓抑所導致。

體——也持有同樣的態度。就像食物，這種生存必需品在歷史上一次又一次地被人爲的規則和禁忌操縱，被用來控制大眾。很大程度上，這一禁忌仍然是一種「基本」控制力，主宰著人類的欲望和行爲。看看任何一則美國電視廣告，都可見一斑；聽聽講述「地獄之火及詛咒」的牧師布道，也能了解一二；研究任意一個大型文明或宗教的歷史原貌，就能看出其長期影響。

在地下組織中有一些捕風捉影的謠言，即傳說許多著名的通靈者都是通「性」者。個別團體則聲稱了解這一方面，但又沒有什麼實質內容。據稱，二十世紀早期著名的神祕主義者葛吉夫②曾說過，如果「成道之路」上還有其他像「性因素」這麼難克服的障礙，那就連他也無法成道了。

如今我對葛吉夫這一見解的贊同與理解之情，難以言表。因爲我和其他美國人一樣，都受到相同的社會觀念和框架制約。即使是此刻，在已經度過了「去除制約」的過程後，我依然爲在本章中對這一主題的坦率描述而感到內疚和罪惡。然而，我知道如果缺少這一主題，我的報告就不完整了。

以下內容摘自實驗早期的筆記。

一九五八年五月七日

深夜，臥室，低濕度，沒有月亮。我的肉體疲憊，心情平靜。我躺下睡覺，大約五分鐘後振動出現。我鼓足勇氣，嘗試「上浮出體」的想法，然後我便緩慢穩定地開始移出，並向上移動到了床上方約五英尺高的地方。正要決定做什麼時，一股強烈的欲望升起，渴求得到性滿足的欲望，這欲望強到讓我忘記一切。我環顧四周，發現我妻子躺在我下面的床上。我飄下去，想叫醒她親熱一番，但不行——她沒有醒來。我覺得要達到目的，唯一的辦法是回體，所以我衝回肉體，振動幾乎立即開始減弱。等我（肉體）坐起來時，性慾卻已經完全消退。這很奇怪，我不知道自己內在竟有如此強烈的欲望暗流。

②葛吉夫（George Gurdjieff, 1866-1949），俄國神祕主義者、哲學家、靈性導師、作曲家、作家、舞蹈家，同時也是希臘後裔。他認為大部分人類不具有身心整合的意識，要超越這種「夢遊」狀態，達到靈性進化，他提供了一套方法。由於這套方法融合了苦行僧、僧侶和瑜伽士的前三道，是故又被稱為第四道。

一九五八年六月一日

深夜，臥室，平均濕度，多雲。我很睏，但意識警覺。躺下睡覺約兩分鐘後，振動出現。我用「意念」法直接出體並飄了起來，「它」又來了，這已經是我連續第四次被性衝動淹沒了。不管怎麼努力，我都擺脫不了這股欲望。我對自己感到厭惡，於是回到肉體中。當我坐起來時，振動已經不明顯了。一定有辦法克服的！

一九五八年七月二十九日

深夜，辦公室，平均濕度。我有點累，但意識上很警覺。我想我已經找到了解決自己身上那股「色情狂」渴望的辦法——這次成功了，效果驚人！振動輕柔地出現，我等到振動變強，然後意念「想著」離體，便又飄在床的上方。我又開始在辦公室四處尋找女性。和過去一樣，每次當我想要去到離肉體十英尺以外，性念頭就從中作梗。我找到的新技巧是，與其對抗、忽視它或否認性念頭的存在，倒不如想，好的，這個念頭很不錯，我們（我）必須爲此做點什麼。我馬上就會去滿足它，但是得先去別的地方。突然，我向著天花板竄了出去，幾秒鐘後，就到了另一個房間。有兩個人正圍桌而坐，桌上有一本長長的白色書本。我很興奮，但很快就開始擔心回體的事，便把思想趕緊轉向肉體。很快，我感到自己在肉體裡扭動。我從沙發上坐起來，環顧四周，一切如常，包括我自己也都正常。我最終還是成功離開了屋子。很好奇之前看到的那兩個人是誰。

由此可見，性衝動並沒有被我眞正征服，只不過是被旁置了。在我充分認可和承認其存在的條件下，它暫時被擱置。事實上，這個技巧來自於以前人們所說的「金・奧崔③愛情場景」。在典型的「金式」西部影片中，他會打敗惡棍，救出一個女孩，並將她帶到畜欄旁。他會靠近她，稱讚她的頭髮美得如雲似霧。這個女孩也眼含愛意，向他靠近。你（以及那個女孩）此時都很確定他要吻她——甚至在她要求他親吻之後——我們的金會說：「我當然想吻你，蘇西・簡——但首先，我要給你唱首小曲。」然後他就不知從哪裡抽出一把吉他，唱起了一首關於馬的歌。唱完之後，他也沒有吻那個女孩，因爲還沒來得及等他上前，畫面就到此結束了。事實證明，擺脫性欲支配的辦法是「拖延」而非「否定」。性衝動曾經存在，

③金・奧崔（Orvon Gene Autry, 1907-1998），美國鄉村音樂歌手和演員。以「歌唱牛仔」（The Singing Cowboy）的形象走紅。

也仍然存在，且只要稍有機會，它就會回來。這類「機會」確實會在第二狀態中出現，只是形式「不同」。

然而，「不同」其實是個非常不充分的描述。肉體層面的「性行為—反應」似乎只是對第二狀態中極為親密的交流與交融形式的蒼白模仿與徒勞再現。而這種第二狀態的交融，根本不是我們所理解的那種「性」。在渴望性結合的肉體衝動中，人們好像只是在某種程度上模糊記得第二狀態下的情感高峰體驗，並將其轉化為肉體性行為而已。如果你覺得這一點難以接受的話，可以試著不考慮向來制約著你的種種因素，去具體客觀地審視一下自己的性慾。去掉規則和禁忌，不帶感情偏見地仔細觀察。這是可以做到的，你可能也會為之側目，人類怎麼會被誤導到如此地步呢？

以下是與第二狀態經驗最接近的比喻，與之相比，肉體性行為只是它的影子罷了。如果靜電學所說的相反的帶電極能有「知覺」，當兩極彼此靠近時，它們會產生合而為一的「欲望」，無可阻擋。隨著兩極靠近，欲望會逐漸增強。接近到一定程度時，欲望變得迫切；相距得很近時，欲望便鋪天蓋地；突破一定的距離後，吸引的欲望會產生巨大拉力，讓相異的兩極沖聚到一起，相互包裹。一瞬間，震顫心靈（靈魂？）的電子交流便會產生，互相流動，不平衡的電荷恢復了，回歸平靜的平衡，雙方都被重新激活。一切只在刹那，卻有如永恆。隨後到來的，是平靜安然的分離。

就是這麼正常自然。生命中如此重要的機能情感，也許確實很難簡化爲一種單純自然的需求，簡化爲「在另一個層面上某個物理規則的應用」。然而，這一假設在許多實驗中得到了反覆驗證。

得出這個結論來之不易，因爲需要克服的諸多障礙可以說是不可逾越的。第一個障礙就是，由社會規則與禁忌建立和維持的條件反射。在初期，這些被帶到了第二狀態中。以下筆記節選是一個很好的例子。

一九五九年九月十六日

在決定要讓自己「看」到的時候，我意識到自己在房間裡身處的位置。辦公室光線昏暗，我在桌子上方，離沙發大約八英尺（約二點四公尺）遠，而我的肉體就躺在那裡，在黑暗中隱約可見。然後，在門附近，我看到一個我能確定是人形的形體，它正在向我移動。我立刻「知道」這是個女性。我仍然很謹慎，但還是在與性慾鬥爭，這種欲望的上升絲毫不受我任何意願的控制。

「我是個女人。」這女性的聲音很低沉。

了。

我說，我知道她是，同時試圖壓抑自己。她聲音中的性暗示明確無誤，她靠得更近

我的意識對此的理解是，她的的確確是個女人，而且極具性吸引力。我退縮了，內心在欲望和恐懼之間掙扎，害怕如果我在第二身體裡眞的發生性關係會怎麼樣，也害怕可能對妻子「不忠」。最後，我對未知後果的恐懼戰勝了欲望，我匆忙衝回身體，重新融入肉體，坐起來。環顧四周，房間空空蕩蕩。當我想到這件事的那一刻，肉體就有了反應。我出去散步，然後回來做筆記。也許我就是膽怯！

我總是認爲它是「不正當」的而選擇退縮，在後續經歷了好幾次不同強度的這種「會面」後，我才開始對此進行思考。在我理解爲是「性衝動」的東西和使我能夠脫離肉體的這股「力量」之間，似乎有一種直接聯繫。「性慾」會不會就是這種基本驅動力（被我感受爲「振動」）的另一體現？或者反之？難道性慾就是這股力量在生理和情感上的表現嗎？

也許在嚴格控制的科學條件下有辦法來驗證這一猜測——也就是說，如果有某個社會發展得足夠成熟，能夠進行這種實驗的話。當然我們的社會還不行，在我們當前的社會狀態下，所能做的就是盡力對某些點進行研究。最近，在關於夢和睡眠的科學研究中，研究人員

注意到，在快速動眼睡眠期間男性受試者會出現陰莖勃起的現象。這一現象的出現與夢境內容無關，沒有性內容的夢境仍然會產生這種效果。迄今爲止，與此相關的科學實驗也只有這些了。我在此提及這一研究，無非是因爲從第二狀態返回肉體時，我注意到身體經常會有的反應就是陰莖勃起。這是一條線索，僅此而已。

對第二狀態的性行爲，無論是進行轉向還是純化，它依然與肉體性行爲不同，就算是把後者的習慣和先入爲主的觀念都「純化」的前提下，也是如此。社會環境造就並不斷強化的那些障礙，只是其一半的構成。「物質—機械」元素本身已經不再適用。很長一段時間，心智都會繼續把「吸引—行爲—反應」這一序列轉化爲非物質狀態下類似的功能。但隨著感知和控制力的增強，其中差異會日漸顯著。

首先，也是最明顯的一點是，沒有發生明顯的兩性間的「貫通」。回想起來，在第二狀態下嘗試以這種「方式」表達性需求，顯得有些可悲。人們沮喪地發現，在那裡原來的性行爲方式已經不再適用。其次，肉體形式的性行爲產生的感官享受也完全不存在。畢竟在第二狀態，無論是視覺還是觸覺上，明顯的肉體形式都不復存在。

那麼究竟是以哪種方式？會發生什麼呢？「相對磁極」這一類比在這裡仍然成立。你會敏銳地覺察到一種「差異」，就像是來自太陽的輻射（很可能眞的是），或者是給在寒冷中瑟瑟發抖之人帶來溫暖的火焰，它是動態的吸引力和「磁性」。這種吸引力的強度因人而異，（想想是什麼決定了有的人更具性吸引力，肉體身材的魅力只是一部分而已。）就像是強大的磁場一樣。

「行爲」在這裡根本不再是「行爲」，而是在一種不動的、固定的「休克」狀態下，雙方達到眞正的交融合一，不僅僅是表面上或一、兩個特定身體部位的融合，而是所有維度的融合，從每一個原子，直至波及整個第二身體。期間會出現短暫、持續的電子（？）流，從一個人流向另一個。這一瞬間會產生難以言喻的狂喜，然後是寧靜、平和，然後結束。

爲什麼會發生這種情況，爲什麼需要這樣，我不知道。我只知道，這就像磁鐵的北極明白它「需要」另一磁鐵的南極一樣。然而，與磁鐵不同的是，我們有客觀的感知能力，並能問「爲什麼」。有一項事實是肯定的：與物質狀態下一樣，這種行爲的存在在第二狀態中也同樣有必要。在現場二的某些地方，它就像握手一樣常見。以下是一則筆記摘錄。

一九六三年九月十二日

我偶然來到了一個戶外區域，那裡有七、八個人，隨意聚在一起。他們看到我時並沒有顯得特別驚訝，我也像往常一樣謹愼。他們有些猶豫，好像不知道如何對待我或打招呼，但他們沒有敵意。最後，一個人友好地走上前來，似乎要握手。我正要伸出手，那個人卻靠得很近，突然，有一種性能量瞬間閃現，一種充電感。我很驚訝，也有點震驚。然後，他們一個接一個，每個人都走上前，以這種方式與我打招呼——就像握手一樣簡單——逐個進行。終於，最後一個人走過來，這是唯一我眞正能感知爲是「女性」的一個。她似乎比其他人和我都年長很多。她看起來很友好，心情頗佳。

「你看，我很久沒這樣了」——她邊說邊笑著——「但我很樂意試試！」

說完，她便靠近我。我們雙方進行了短暫但強度不弱的性充能。她退後一步，笑了笑，回到人群中。過了片刻，在研究了一會兒身處何地以後，我開始感覺不太舒服，覺得應該回體了。我徑直向上移動，伸展回體，平安無事地回來了。

性充能式的問候是那裡的典型習俗嗎？還是他們暫時採用一種在對方的家鄉似乎司空見慣的習俗，以便對這位陌生人表達友好？第二種情況是有可能的，如果他們看到我們大多數人類那被「肉體」束縛的「祕密自我」的話。

或者說，這是由早期性壓抑引起的性幻想式夢境？佛洛伊德可能會這樣解釋，這種回答也是一種「權宜之計」，隨意爲此貼上標籤，自然能避免去面對某些未知的可能性。還有能證明其他可能性情況的證據嗎？以上情況皆無法證明，因爲沒有辦法確定其地點到底是在「哪裡」。至少對於以上經驗來說，確實是這樣的。其他情況呢？還是來看筆記吧：

一九六一年三月四日

深夜，一樓書房。我不是很疲憊，意識警覺。我有意識地誘導振動出現，然後使用了削減法。當時是在週六晚上，而這則記錄是根據當晚的筆記和後續事件，於今天（週日）下午寫下的。一些事先聲明：週六下午（昨天），我妻子的一個朋友，女性（J. F.），打電話問她是否能來我們家過夜。她於晚飯前到來，大家一起度過了一個安靜愉快的夜晚之後，回房各自休息。這位客人去到樓上位於房子前面的方形小客房——應該是那裡，我是這麼認爲的。我也以爲我們的兩個孩子在他們自己的房間睡覺。兒童房比較長，是長方形的，就在書房正上方。而我當時決定睡在書房，而不是和妻子一起睡臥室，因爲我覺得這樣更方便引發振動，也不想打擾她的睡眠。

準備了好一會兒，強烈振動出現，其頻率隨後加速，直至讓人感覺不到單一的「脈動」。我輕鬆地浮出肉體，帶著一種強烈的自在解脫感和控制感繼續向上，穿過天花板和地板，進入一個長方形的房間。房間很暗，我確定自己來到了孩子們的臥室，但看不見人。我正要去別的地方，忽然發現房間裡有個女人，離我不遠。看不清容貌，但她給我的印象有三十多歲，是一個有相當性經驗的女人（上文提到過的那種熟悉的「放射」特徵？）。後一種察覺激發我的性慾，我被吸引著靠近。

我走近時，她說（？）她還是「不要」了，因爲她很累。我尊重她的意願，撤了回來，並表示完全沒有關係。她顯得很感激，我能體諒但也有點失望。然後我注意到背景的右側還有一個女人，這位女士年齡更大一點，四十多歲，同樣富於性經驗。第二位女士向前靠近，主動提出要「在一起」，就像是說「我願意」（暗示如果前一位不願意，她會願意的，態度急切）。到了這一步，就順理成章了，我們很快聚到了一起。令人眩暈的「電擊」出現，隨後我們分開了。我謝過她，她看起來平靜而滿足。我覺得今天晚上的體驗足夠了，便轉身穿過地板，很快重新進入肉體。我坐起來，打開燈，房子裡寂靜無聲。我抽了根煙，然後躺下睡覺，一夜無恙。

今天早上（星期天），我像往常一樣起得很早。大約十點鐘的時候，我的妻子到廚房去喝咖啡。她在猶豫要不要上樓叫醒J. F.一起去教堂。她不經意地提到，希望J. F.昨晚能睡得好，因爲她最近一直很累。這並沒有引起我的注意，但當我妻子說J. F.睡在兒童房，而不是客房（按理說那裡的床更舒服），而孩子們睡在客房時，這引起了我的注意。

如前所述，兒童房是長方形的，就在書房的正上方。此外，J. F. 年紀在三十五歲上下，是一名職業歌手。她無疑有著廣泛的性經驗（兩任丈夫加上一些風流韻事），再加上她「很累」這一事實。

我花了好幾分鐘才有勇氣問出來，畢竟我得知道答案。我的妻子此時已經見怪不怪了。我請妻子上樓問問 J. F. 是不是在性方面「很累」。妻子問我是什麼意思，我解釋了。然後，她當然想知道爲什麼，還說這種事情她不方便問，我說她肯定能問出來的，這很重要。最後她同意了，上樓去叫醒 J. F.。我等了很久，最後妻子獨自下樓回到廚房，盯著我看。

「你怎麼知道的？」謝天謝地，她沒有帶著懷疑的口氣。她繼續說道：「這就是她要出來的原因。整整一週，她都在一段熱烈的情事中夜夜春宵。她告訴我，她實在太累了，再多一天也忍受不了了。」

過了不久，J. F. 下樓吃早餐。當然，關於我對她的情況感興趣的事，我妻子隻字未提。這天的晚些時候，J. F. 看起來都很正常，只有一點例外。通常，她對我的態度很自然，只是把我當成老朋友的丈夫。但今天我卻發現她好幾次目不轉睛地盯著我，就好像是在努力回憶和我有關的一些事，但卻記不起來了。我沒有表現出自己注意到她對我的這種突如其來的興趣。這是個很好的驗證。但另一個年長些的女士是誰？

事件後續：一九六一年三月七日。現在是星期三晚上。過去幾天，我想弄清楚那個年長女士的出現代表了什麼。我差不多就要下這個結論了——她是個已故之人，只是仍被肉體性關係深深吸引，因此跟隨在J.F.周圍，以間接享受肉體性活動——如果這種可能性存在的話。然後，昨天，一個朋友順道來我辦公室。在談話過程中，他提到了我們共同的朋友R.W.，說她上週六晚上夢到我。

一提到週六晚上，我立刻警覺起來。R.W.是一位四十多歲的商業女性。雖然已婚，但據我觀察（而非參與），在那方面她絕對有資格被稱爲「經驗豐富」。R.W.沒有向這位朋友描述夢到我的內容，所以我決定自己查明。我後來終於模糊地了解到夢的內容。在我態度溫和的堅持下，她說夢到我幫她做了詳細的「體檢」。除此之外，她不再細說。要麼是她眞的不記得了，要麼就是內容太私密，不便告訴我。但她在同一個週六晚上夢到我，而且夢的內容暗示了某種親密關係，且重要到她會向人提及，再加上R.W.也符合我前面列出的特徵——這些要素匯集在一起，很難被稱爲「巧合」。

對我來說，就算潛意識裡對J.F.或R.W.有任何性欲望，那也不在我的顯意識覺察之中。知道這兩位仍然「在世」，也算是有些安慰。

筆記中的許多出體實驗同樣也是「過於私人」，不便摘錄於此處。我相信，目前爲止我提供的內容已經足夠明確。只能說我的各種經歷眞是五花八門，畢竟第二狀態下的現場一和現場二中的體驗無所不包。「星光界④」概念的擁護者會說，這種相會的「質量」決定了你訪問地點的「層次」——「質量」是指性體驗是「強」及/或「弱」或「無」。這一點取決於如何解讀。那些還沒有開始理解第二狀態環境的人（「活人」或「死人」）很可能仍然延續肉體模式，只不過這裡不再有「文明」物質社會的那些禁忌和限制。但我們仍舊嚴格按照這種禁忌、限制和社會結構來評價性行爲是「正」還是「邪」。這一觀點的謬誤表現在：在我們自己的時空連續體中，我們也無法令性行爲與社會規則相調和，在現存各種社會秩序下，人類也不能就這一主題達成共識。

「性衝動」本身可以作爲一種催化劑，幫助我們達到「振動狀態」，即通往第二狀態的大門。然而，它很棘手，就像一個精力旺盛的孩子，不斷地考驗指揮者的權威，並威脅著要篡位奪權，唱對台戲。但在第二狀態，它絕不是邪惡的。

④星光界（astral plane），也稱為星光世界，或星界，是西方古典、中世紀、東方宗教以及神祕學中假設存在的一個層面。是靈魂在出生前和死後的星光體所在之處，通常認為天使、靈體或其他非物質生命體生活在這一層面。

16 出體前的練習

在本書中，我多次提到一個明確的事實，即要理解第二身體以及在第二狀態下的存在狀態，唯一方式就是去親自體驗它。

顯然，如果此事輕而易舉，那它早就路人皆知了。我懷疑，只有與生俱來的好奇心，才能幫助人們克服成功路上遇到的障礙。儘管出體的相關例子還有很多，但它們大部分——至少在西方世界——都是自發的、一次性的，出現在人們精神壓力較大或身體有問題的時候。

而我們這裡談到的「出體」則完全不同，它可以被客觀觀測。實驗者希望這種出體可以產生具有一致性的結果，也許不是每次結果都符合，但這類結果要多到能支撐證據，令他滿意。我相信，只要意願夠強，任何人都可以體驗到第二狀態。但一個人是否應該進行這種體驗，我無從判斷。

一路上收穫的證據使我相信，就算不是全部的人，至少大多數人都會在睡眠中不同程度地出體。隨後我在查閱資料時得知，這個想法早在幾千年前便已經誕生在人類歷史中了。如果這個前提有效，那麼離體現象本身並非是「不自然」的。另一方面，鑒於有限的數據，我們發現有意識、有意離開肉體的做法似乎並不是常態。

出體活動對肉體的有害影響則尚未確定。我個人（以及任何醫生）也沒有發現任何直接歸因於出體活動的生理變化（無論是好是壞）。

我倒是覺察到自己產生不少心理變化，可能還有更多我沒有覺察到的。然而，即使是我那些精神病領域的醫生朋友們也沒有聲稱這些變化是有害的。縱觀全書，讀者能明顯看出我的基本概念和信念在逐步修正。即使這些心理和性格上的改變眞的有害，目前也只能先將其暫時擱置。

對於有興趣從事出體實驗的人們，我需要提醒一點，因爲這扇大門一旦打開，通向這一體驗的通道就無法關閉了。更確切地說，就是那種典型的情況，也即「一旦體驗過它，就有點離不開它，它若不在，還會感覺失去了什麼」。出體活動和由此產生的意識與我們社會中的科學、宗教和習俗頗不相容。歷史中的殉難者不計其數，他們唯一的罪行就是與大眾路線不相容。如果你這方面的興趣和研究爲大眾所知，你就有可能被貼上「怪胎」「騙子」或更難聽的標籤，並受到排斥。除了這些風險外，如果你不繼續探索調查，就會錯過一些至關重要的東西——在莫名出現的「低谷」時期，無論你多麼小心嘗試，都無法出體，你就會深深意識到這一點。你會有一種強烈被排除在外的感覺，被人生的重大意義源泉拒之門外。

關於「出體」的技巧，以下是我目前能給出的最完備的書面總結。

恐懼障礙

要研究第二身體及其活動環境，有一個很大的障礙，這也許是唯一的主要障礙。這種障礙似乎所有人都有，無一例外。它可能會被層層的壓抑和習慣掩蓋，但當這些外層被剝離後，障礙依然存在。這是一種盲目的、不理性的懼怕。只要稍受刺激，這種懼怕就會發展成恐慌，然後加劇成驚恐。如果你有意識地穿越了恐懼障礙，那麼你就跨越了這項研究中的一個重大里程碑。

我相當肯定，許多人每天晚上都會無意識地越過這道障礙。當「超越意識」的那部分「自我」開始接管時，它不會屈從於恐懼，儘管它會受到意識頭腦的思想和行爲影響。不過，它似乎很習慣在恐懼屏障之外運作，而且更了解這個異世界的存在規則。當頭腦意識在睡夢中被關閉時，這個超意識（靈魂？）就會接管。

探索第二身體及其活動環境的過程，似乎就是意識與超意識逐漸交融或融合的過程。當最終完成時，「恐懼障礙」就被克服了。

「恐懼障礙」有多個面向。一些膽大的人本認爲它並不存在，但直到我們發現，有一天竟於內在與它不期而遇。首先，是對死亡的恐懼。因爲「脫離肉體」與我們認爲死亡時會發生的情況很像，對這一體驗的最初反應都是不由自主的。你會想，「快回到肉體裡去！你快死了！你的生命在那裡，在肉體當中，快回去！」

無論你在現實中的智商或情商如何，這些反應都會出現。在重複了這個過程十幾二十次以後，我才終於鼓起足夠的勇氣（和好奇心）在外面多待了會兒，客觀地進行觀察。逐漸熟悉以後，對死亡的恐懼要麼是被轉化了，要麼是有所緩和。有些嘗試過這種技術的人，往往在第一次或第二次出體後就不再繼續，因爲無法越過這第一道障礙。

恐懼的第二個面向也與懼怕死亡有關：我能回到物質世界，或者還能「進到」肉體嗎？由於缺乏指導或具體說明，在最開始的數年中，這一直是我最害怕的事，直到我找到了一個每次都能奏效的簡單辦法。我的方法就是理性化。既然我已經「出去」了幾百次，而證據表明我總是能夠安全返回。因此，概率表明下一次我也能安全返回。

第三種基本恐懼是「對未知的恐懼」。我們對於物質環境中的規則和危險能有一定程度的把握，畢竟我們從小到大都在學習如何應對它們。現在，你突然要適應另一套完全不同的規則，一個充滿著全然不同的可能性的世界，而其中的居住者似乎對這些規則都瞭如指掌。

你沒有規則說明書，沒有路線圖，沒有禮儀手冊，沒有任何相關的物理課和化學課，也沒有什麼權威能爲你提供建議和解答問題。許多時候，那些去遙遠大陸上的傳教士們會死在異鄉，就是因爲這種情況！

我必須承認，這第三種恐懼至今仍會「理直氣壯」地出現。「未知」在很大程度上仍然停留在未知狀態。從所做的探索中，我幾乎沒能收穫什麼確定且恆定的規則，只能說到目前爲止，我在這些探險中算是倖存了下來。其中有太多東西是我不能領會或難以理解的，還有更多事物也超出了我的能力範圍。

另一個隨之而來的恐懼，是擔心參與和嘗試這種形式的活動時，肉體及意識心智會受到的影響。這一點也是眞實存在的，因爲縱觀人類歷史，至少就我所知，似乎沒有關於這方面的準確訊息。我們有對偏執、精神分裂症、恐懼症、癲癇、酒精中毒、嗜睡病、痤瘡、病毒疾病等等方面的研究，但沒有關於第二身體病理的客觀數據集合。

我不知除了「謹愼地邁出每一步，在前進過程中一點一點地創造熟悉感」之外，還能用什麼辦法繞過恐懼障礙。我希望這整本書的字字句句，能爲跨越這一障礙打下心理基礎，幫你識別出熟悉的狀態和模式，畢竟至少有一個人（我）有過類似的經歷並倖存下來。

對於想練習出體的人，以下是必要的步驟。

1. 放鬆

具備放鬆的能力是第一前提，甚至可能本身就是第一個步驟。這個狀態需要有意去營造，在身心兩方面進行。在這種放鬆狀態中，我們還必須確保沒有什麼緊急的事情需要處理。你不能著急，不能讓待定約會或需要你後續關注的事情來打亂思路。任何的不耐煩狀態都會在很大程度上降低成功率。

營造放鬆狀態的技巧有很多，不少佳作也對各種技巧有詳盡的解釋。只需要選擇最適合你的方法就好。主要有三種通用技巧，以下練習中包括了其中兩種。

第一種方法是「**自動催眠**」或稱「**自我催眠**」。大多數相關工具書中都講到過這種催眠法，只不過有所差異。同樣，只需要選擇對你自己來說最有效的方法。最快速有效的方法，便是找一位訓練有素的催眠師，向他學習自我催眠。他可以幫你設定「催眠後暗示」，從而帶來立竿見影的效果。然而，擇師需謹慎。從業者當中新手人滿爲患，而眞正負責任的則鳳毛麟角。不同形式的冥想也可以帶來有效的放鬆狀態。

第二種方法是達到「**邊界睡眠狀態**」。這也許是最簡單、最自然的方法了，通常能同時保證身體與意識的放鬆。其困難在於要維持住睡眠與完全清醒之間的微妙「臨界」。最常見的情況是，你會在過程中直接睡著——當次實驗只能戛然而止。

經過練習，你的意識覺知可以被帶到這個邊界狀態中，進入並穿過它，達成目標。我知道的唯一有效方法，就是練習實踐。其操作方式如下：躺下來，最好是在你又累又睏的時候。當你逐漸放鬆並開始要進入睡眠狀態時，嘗試把你的注意力集中在某些事物上，任何事情都可以，同時保持眼睛的閉合。一旦你可以無限期地保持在邊界狀態中不睡著，這就表明你通過了第一階段。然而，在這個「意識深化」的過程中，你可能會一次次睡著，這都是正常的。對此你也無能爲力，但不要因此而氣餒，這不是一朝一夕就能成功的。當你發現自己開始感覺到無聊，開始期待能有什麼事發生時，你就知道你成功了。

如果這種「保持在邊界狀態」的練習讓你感到緊張，也正常。因爲我們的意識心智不想要讓出它在清醒時的權威。如果出現這種情況，那就中斷放鬆過程，起床走一走，活動身體，然後再躺下。如果這樣依然不能緩解緊張，那就睡覺吧，下次再試。你可能只是沒在狀態而已。

當你發現那個「對象」，即一直在腦海中鎖定的畫面溜走了，而你在想別的事情時，就接近了「狀態A」。一旦達到狀態A——即有能力在將意識專注於某個單一思想的情況下，同時能一直平靜地維持在邊界狀態——你就可以進行下一步了。狀態B與之類似，只是不再有「鎖定」。什麼也不要想，只須保持在清醒和睡眠之間。你只要閉著眼，「看著」眼前的黑暗就可以了，僅此而已。這樣練習多次之後，你可能會看到幻象，看到一些「意識畫面」或發光的圖案。這些畫面可能沒什麼意義，可能只是神經放電產生的。例如有一次，我試圖達到這種狀態，在閉上眼睛以後，看到的都是足球隊員斷球、跑動、傳球等意識畫面（此前我剛看了幾個小時的電視轉播足球賽）。至少半個小時以後，畫面才逐漸消失。這些意識畫面顯然與進行練習之前的八到十小時內視覺所專注的內容有關。在練習前對某些事物的視覺專注愈強烈，練習當中這些意識畫面消失所需的時間就愈長。

當意識畫面消失後，如果你能一直躺在那裡，沒有緊張感，除了黑暗什麼也看不見，這個時候你就達到了狀態B。

狀態C，是「狀態B下的意識」系統性深化後的結果。你需要小心翼翼地放開此前對邊界狀態的嚴格維持，才能達到狀態C，並在每次練習中一點一點地去往更深處。通過練習有意識地「下沉」到某個特定水平並按照自己的意願返回，你能逐漸學會幫這一意識深化過程劃分出不同的層次，能根據各種感覺機制輸入的關閉情況來識別這些層次。觸覺顯然是第一個關閉的，此時肉體各部位似乎都沒有知覺。緊隨其後的是嗅覺和味覺。接下來是聽覺信號，最後消失的是視覺。（有時最後兩項的順序會顛倒。我懷疑視力最後關閉的原因是，即使在黑暗中，練習還是需要使用到視覺功能。）

如果不在疲憊睏倦中而是在得到充分休息後開始練習，並完結狀態C，這樣就達到了狀態D。這一點非常重要，而且實際操作起來，可不像字面上看起來的那麼容易。在能量充沛且意識清醒時進入放鬆狀態，能極大程度上幫助你維持意識掌控。在最初嘗試進入狀態D時，最好是選擇在午睡醒來或睡了一晚上好覺後立即開始練習。在你醒來後還沒用肉身活動的時候就開始，那時你的身體仍然處於一覺醒來後的放鬆狀態，你的頭腦也會非常清醒警覺。睡前不要喝太多東西，這樣醒來後你就不會想要立即上廁所了。

第三種方法是「藥物誘導」。現有的具備放鬆效果的藥物似乎都無助於出體。巴比妥類藥物能夠迫使意識失去控制，但只能帶來在更深意識下的混亂狀態。鎮定劑也是如此，只是程度較輕。使用鎮定劑可以放鬆，但代價是感知受到影響。酒類（無論什麼類型）也會帶來類似效果。至於更罕見的一些化合物，如生物鹼和致幻劑可能效果更好。但我沒有足夠的相關經驗，也沒什麼機會接觸到這些東西，因此我無法給出結論，或是給出哪怕有根據的猜測。這個方面還有待進一步研究。

這三種方法我都使用過，並且很早就捨棄了藥物放鬆法，因為這樣做會導致意識控制的大幅喪失，以及感知扭曲。在使用第一種方法時，我準備了專門的催眠誘導錄音帶來進行實驗。它們非常有用，效果顯著。我最常用的方法還是邊界睡眠狀態技術，儘管操作流程聽起來似乎很複雜，但對我來說它是最自然的方法。

2. 振動狀態

產生「振動狀態」是最關鍵的一點。關於振動帶來的主觀感官印象，我會另作描述。振動狀態出現時，是不言自明的，如此你就跨過了又一個主要障礙。

現在我們能給出的都只是線索。以我們目前的認識程度，還不知道爲什麼這些東西會起作用。這很像是打開開關讓電燈亮起來，我們不知道開關在其中做了什麼，電從哪裡來，或者電爲什麼且怎樣就讓一個包著鎢絲的玻璃球亮起來。

至少，本書中所有材料的構築，都盡可能地遵循實證性。除了其中主要的實驗人——本作者——還有其他幾個人也使用過我的方式。可以說，他們都取得了積極的成效。

要想更好地產生「振動狀態」：躺下，用任何最有利於你放鬆的姿勢即可，但身體要南北朝向，頭部朝向地磁北極。把穿著的衣物都鬆開。蓋上被子，讓溫度比你平時習慣的體感溫度稍暖一些即可。摘掉所有接近或接觸到皮膚的珠寶或金屬物品。確保你的胳膊、腿和脖子的位置和姿勢不會壓迫血液循環。把房間調暗，使其亮度維持在閉眼時不會透過眼瞼看到光線的水平。不要在全黑的房間中進行練習，因爲那樣的話你會缺少視覺參考點。

必備條件。你需要確保自己在練習時不會受到任何干擾，無論是直接的身體層面的干預、電話鈴聲還是其他噪音。不要限定持續時間或截止時間。把時間花在做其他事情上並不比把它用於出體實驗來得要緊，不要在實驗期間安排可能打斷你的待辦事項。

達到放鬆狀態。用你能找到的最適合自己的方法達到放鬆狀態。嘗試達到狀態D或其同等狀態，然後盡可能在不減少意識清醒度的情況下，保持在最深度的放鬆狀態中。當你花了足夠多的時間，確定自己已經達到上述狀態時，在心中默念：「我會有意識地感知，並記住我在放鬆期間遇到的一切情況。當我完全醒來時，詳細回憶起的只是那些會有益於我身心的事。」將以上句子在心中重複五遍，然後開始通過半張的嘴進行呼吸。

產生振動。當你半張著嘴進行呼吸時，逐漸把注意力集中在閉眼後「眼前」的黑暗視野上。先看向黑暗中離你前額一英尺（約三十公分）遠的一點。然後把你的專注點移到三英尺（約九十公分）遠，然後是六英尺（一點八公尺）遠。堅持一段時間，直到你的這個專注點穩固下來。從那裡開始，將專注點向頭上旋轉九十度，使它來到一條直線上，這條直線平行於身體軸線且延伸到頭頂上方。「去」到那個點上感受振動。當你「去」感受到以後，用意念把它們拉回到你的腦袋中。

這個簡單的描述一定會帶來很多疑問。用什麼「去」取？把什麼東西拉回你的腦袋中？讓我們換一種方式來解釋。集中注意力，想像兩條直線從你閉著的雙眼外側向前延伸出去，讓它們在離你額頭一英尺遠的地方相交。觀想當兩條直線相交時會遇到阻力或壓力，就好像兩根帶電的電線碰到一起，或試圖把磁鐵的磁極壓在一起時出現的情況。然後，將這個交點向前延伸大約三英尺，或約一臂長。由於角度差，壓力模式改變了。聚攏的兩直線之間必然會產生空間的壓縮（力？），因此壓力必定會增加，以保持兩直線的相交。在建立並維持住三英尺遠的那個交點之後，將該點進一步推到距離你頭部六英尺遠的地方，或者兩直線的夾角三十度之處。（要準確想像出三十度角，可以用量角器在紙上畫出一個三十度角，並記住它的樣子，可能會有所幫助。）

一旦你能建立並保持住上述三十度交角（或將交點維持在大約一點八公尺遠的位置），將交點向上彎曲九十度（或呈「L」形），以轉向你頭部的方向，但要與身體軸線平行。你就從這個交點去「取」。不斷伸展或從這個點去取，直到取得反應。同樣，當你取得反應時自己會很清楚，那就像是一股湧動的、嘶嘶作響的、有節律脈動著的熾熱火花，咆哮著進入你的腦袋。然後從腦袋開始，它席捲你的全身，使身體僵硬且無法移動。

一旦你了解這個過程，或熟悉了這個概念，就沒有必要每次都走完全過程了。你只需要在放鬆狀態下想著要獲得振動，它們就會產生。一種條件反射或是可以重複沿用的神經元通路已經被建立起來了。同樣，這項技術也不是第一次嘗試就能成功。每多練習一次，其成功概率都會增加。你練習得愈多，就愈有可能獲得積極的成效。然而，你就算成功了一次，也不代表以後每次都能做到。其間仍存在著許多干擾變數，有待區分和識別。但這種方法確實得到反覆的驗證，可供進一步研究。

3. 振動控制

當取得振動狀態後，你需要遵從一些明確的指導。我們的目標是能夠在意識控制下應用這種狀態。要做到這一點，需要一些周密步驟。當然，這些步驟需要按次序進行，如下文所述。

沒有證據表明上述振動狀態會對身心產生傷害。以下就是我們說的可以系統應用的流程步驟。這些步驟，是我們經過「貨眞價實」的成百上千次試錯實驗才總結出的精華。

習慣與適應。這是說你應該讓自己習慣處在這種異常狀態的感覺。當你感覺到像無痛電擊一樣的波動正彌漫全身時，你要消除自己的恐懼慌亂。最好的應對方式是，什麼也不做，靜靜躺著，客觀地分析它們，直到它們自行消失。這通常會在五分鐘內發生。體驗過幾次以後，你就會意識到自己不會被這種「電擊」至死。盡量不要驚慌失措地去掙扎打破這種全身麻痹的狀態，只要用強烈的意志力讓自己坐起來，就能打破這種狀態，但你會對自己的這一行爲感到失望。畢竟，你這麼努力練習，不就是想要獲得這種效果嗎。

操縱與調節。一旦你消除了恐懼反應，就可以進入「控制」步驟了。首先，用意念把振動「引導」成一個環，或者迫使其全部進入你的腦袋。然後用意念把它們沿你的身體向下推，推到腳趾，然後再推回頭上。開始讓振動有節奏地掃過全身，從頭到腳，再從腳到頭。在你給振動波提供動力以後，便可讓它自動行進，直到消失。這個過程大約需要十秒鐘——從頭到腳五秒鐘，回來再五秒鐘——這樣振動波就走完了一個循環，從頭到腳，再回到頭。不斷練習這一步驟，直到振動波可以瞬間響應意念指令、立即啓動，並穩定移動，直到消退。

到了這個階段，你有時會注意到這種振動有些「粗糙」，就好像你的身體正在被強烈地搖顫著，直達分子或原子層面。這種感覺可能會有點不舒服，你會想要「撫平」這種粗糙的振動。要「撫平」振動，只要用意念使它「脈動」，使其頻率增強就行了。最初的振動速率似乎是二十七周/秒左右（這是振動本身的速率，而不是從頭到腳的循環頻率）。一開始，振動模式對你的「脈動」指令反應會非常細微且緩慢。當振動變得不那麼粗糙並平順下來，就是成功的先兆了。當它們能產生穩定持續的效果時，就說明你距離成功控制愈來愈接近。

你要學會並運用這個加速方式，這一點非常重要。當振動速度愈來愈快，你才能脫離肉體。一旦你「推動」了加速，它就會自動運轉。到後來，你可能只會在剛開始振動時才有明顯感覺。隨後振動頻率會逐漸抬升——就像發動機啓動時那樣——直至頻率高到讓你感覺不到其存在。這個階段的感官效果是，身體感到溫暖、輕微刺痛，但不強烈。如果能反覆到達這個階段，就說明已經條件俱備，你可以進行第一次離體了。此處我必須要重申：邁出這一步，我想你就沒法回頭了。

最終，你將投身於這一異界的實相中。你的人格、日常生活、未來和思想觀念會受到怎樣的影響，完全取決於你自己這一個體。因爲你一旦向這一異界實相「敞開」，這扇門就不是你想關就能完全關上的了。物質界事務的壓力可能會讓它暫時消失，但它會再次回歸。你總不能一直保持警惕，不讓它重新出現。當你躺下睡覺或中途醒來時，當你剛放鬆下來時，振動可能會毫無徵兆地湧現。當然，你可以關掉它，但長此以往，你會覺得太麻煩了，就順其自便吧——然後你便會再次「出」發，開始又一次的旅程。你會發現，一味抗拒無異於是在和自己作對。

誰會想要跟自己作對，搞得一整夜睡不好覺呢！

17 離體過程

在你達到了振動狀態，並對放鬆階段能有所控制以後，有一個額外因素必須納入考量。很可能你已經在用它了，因爲先前的練習通常會帶來這一結果。儘管如此，這個因素必須要關注。

它就是「思想控制」。在振動狀態下，你顯然會受制於腦海中閃過的每一個想法，無論是有意還是無意出現的想法。因此，你必須盡可能讓自己接近「無念」或「一念」（專注）狀態。如果有雜念飄過腦海，你就會立即做出反應，有時候一些反應可不太體面。我懷疑人類永遠不可能完全擺脫雜念的誤導，至少我沒有做到，這可能也解釋了爲什麼我曾莫名其妙去到很多不認識的地方，見到各種各樣的陌生人。這些意外之旅似乎是由不爲我所知的、意識層面之下的念頭或想法引發。唯一的解決方法就是盡力而爲。

了解這些以後，在最開始練習從肉體分離時，我們就應該在時間和行動方面設定限制。關於接下來的步驟，我們的設計初衷是開發出一個「熟悉和定向技術」，幫助我們在無憂無懼的狀態下離體。

四肢離體。這是爲了讓你在沒有完全離體的狀態下事先熟悉第二身體的感覺。在放鬆並達到振動狀態後，使用你的右手及手臂（或左手及手臂），一次用一隻手。這一點很重要，因爲這將是你第一次切身體證第二狀態實相。伸出一隻手去觸碰物體——地板、牆壁、門或其他任何東西——只要是你的肉體手臂碰不到的東西。伸手去觸摸那個物體就行了。不要向上或向下伸，而是朝著手臂指向的方向。就像要把手臂伸長一樣，而不是舉起或放下手臂。另一種方法是在心中沒有特定目標物的情況下，只是用同樣的方式伸出手去。通常第二種方法更好，因爲這種時候，你對自己會「觸摸」到什麼東西沒有先入爲主的預設。

當你這樣伸出手去，什麼也沒感覺到的時候，就把手再推遠一點。繼續輕推，就像把手臂伸長，直到你的手碰到某個物體。如果你還處在振動狀態，你會成功做到的，你的手最終會感覺到或觸摸到一些東西。當你觸摸到時，用觸覺去感受物體的物質細節。去感受上面有沒有什麼裂縫、凹槽或不尋常的細節，這些細節都可供你事後驗證。到此時，你還不會感覺到什麼異常。你的感覺機制會讓你覺得，你是在用自己肉體的手觸摸物體。

現在來進行你的第一項測試。當你通過伸出的手，對物體有些了解以後，便可以把手臂伸出，用指尖去推壓物體。一開始你會遇到阻力。再用力一點，慢慢克服你感受到的阻力。

此時，你會發現你的手直接穿過了這個物體。繼續往前推，直到你的手完全穿過該物體，觸碰到附近的另一個物體爲止。觸摸這第二個物體，識別它。然後小心地收回手，穿過剛剛穿透的第一個物體，慢慢回到正常狀態，直到你的手感覺回到了「原處」。

然後，減弱振動。要達到這一效果，最好的方法是慢慢嘗試移動肉體。想著自己的肉體，睜開肉眼，有意識地恢復你的肉體生理感覺。

在振動完全消失後，請安靜地躺幾分鐘，讓自己完全回體。然後你可以起床，記下來你之前「感覺」到的物體，用你躺著的時候它與你手臂的相對位置來幫它定位。記下你感覺到的第一個和第二個物體的細節。完成後，將你筆記中的描述與現實中第一個物體的實際情況進行比較，特別注意那些從遠處看不到的小細節。用肉體觸覺去感受物體，與你在振動狀態下感受到的進行比較。

以同樣的方式對比第二個物體。在實驗之前，你可能都沒有意識到過它的存在或具體位置。這點也很重要。從實驗時你肉體手臂所在之處的位置開始，通過第一個物體，到第二個物體，這個路徑呈一條直線嗎？

核對結果。你觸摸的第一個物體是否位於肉體手臂絕對觸摸不到的地方（除非你走過去）？物體的細節——尤其是小細節——和你筆記中的一致嗎？對第二個物體也進行同樣的比較。

如果答案是肯定的，那麼你就獲得了第一次成功。如果事實不對應，你可以改天再試。幾乎沒有其他限定條件，只要你達到振動狀態，你就可以進行這個練習。

以下練習也很容易。達到振動狀態以後，保持仰臥，將雙臂放在身體兩側或搭在胸口。輕輕抬起雙臂，但不要去看它們，讓兩手手指相觸。這樣做的時候要隨意一些，若有似無地，並記住有哪些感覺。如果你將雙手互握在胸前，就先用閉著的眼睛去「看看」它們。如果移動手臂時能做到較爲輕鬆隨意，你就會同時看到肉體和第二身體的手臂。你的肉體手臂會在身體兩側或置於胸前，而感官感覺將來自於肉體上方的非物質身體。這個實驗你想做多少次都可以。讓自己眞眞切切地知道，你不是在移動肉體手臂，而是在移動其他東西。用一切必要的方法進行驗證，讓自己能夠充分確認第二狀態實相的眞實性。

在「關閉」振動狀態之前，記得讓非物質手臂與肉體手臂的對應部位都完全融合，這一點很重要。雖然不這樣做可能也沒有什麼嚴重的後遺症，但我認爲在早期最好不要冒險嘗試。

離體技術。從肉體中分離的最簡單方法是「上浮」法。這種練習並不是用來出體到遙遠地方，而是用來幫助你熟悉在自己房間中，和周圍環境中的感覺。這樣做的目的是，讓你第一次眞正的出體經歷能有一些容易識別的參照。

爲了更好地達到這一效果，最好在白天進行第一次完全離體練習。測試一下你需要怎樣的室內光線。如果可能，盡量不要使用電燈。

建立這種條件，要達到振動狀態，並對自己的思想過程保持完全的控制。接下來你只會待在你熟悉的房間裡。想著自己變輕，向上飄起，想著飄起來的美妙感覺。一定要想著那種美妙的感覺，因爲主觀聯想非常重要。你得這樣做，因爲這是會引起你情感反應的事情。甚至在行動前你就有所反應了，在預料之中。如果你持續地專注於這些想法，你就會離開肉體，輕輕地上浮。可能在練習的前一、兩次還做不到。但可以肯定的是，如果你完成了前面的練習，你總會成功的。

第二種方法是「翻轉」法，在前文中提到過。如前所述同樣的放鬆與振動狀態下，嘗試慢慢翻身，就像你在床上想睡得更舒服時一樣。不要用胳膊或腿來幫助翻身，首先扭轉身體上部、頭部和肩膀。一定要慢慢來，要溫和而堅定地用力。如果用力太猛，你可能會控制不及，從肉體中鬆脫，像原木滾入水中一樣不停旋轉。這會讓你慌亂不安，因爲你可能會完全迷失，不得不在天旋地轉中小心翼翼地找回方向。

當你感覺翻身時很輕鬆，沒有摩擦阻力或重量感，這就表明你已經成功脫離肉體了。這時候，要慢慢翻身，直到感覺自己轉了一百八十度（亦即與你的肉體面對面）。怎樣認識到自己轉到了這個位置有些神奇，這個一百八十度無非是轉兩個九十度，不需要定位，你很容易就能感知到。

一旦到了一百八十度的位置，你就可以用意念讓自己停下來。不要猶豫，直接想著上浮，面朝下離開肉體。當然，如果你已經成功達到振動狀態，這個方法肯定會讓你順利離體的。

在這兩種離體技術中，應該先嘗試第一種。然後，在對兩種方法都進行研究實驗之後，使用你感覺最容易的那個就可以了。

本地實驗並熟悉周圍。在成功離體後，請保持完全控制，這對你自身的「客觀連續性」維持至關重要。要達到這個目的，唯一可能奏效的辦法似乎只有在出體早期階段待在肉體附近。所以請離你的肉體近一些，無論你對此會有什麼感受。

我之所以這樣點明，不是爲了幫你避免什麼已知危險，而是爲了讓你一步一步地去熟悉，從而能夠親身確切地感知正在發生的事情。在這個階段，錯亂顚倒的遭遇很容易讓你落入不舒服的局面或境地，使你不得不對之前已經成功完成的階段進行重新學習。這個心理適應過程與你曾經有意識體驗過的任何經歷都不一樣。一點一點去適應吧，這將極大地平息你的頭腦，增強信心。

到這個階段，我們要著重練習的是「回體」。讓自己與肉體的距離保持在三英尺（約零點九公尺）以內，懸停在肉體上方。此時不要試圖水平移動或繼續「上浮」。怎麼知道自己離開肉體多遠了呢？同樣，這需要憑感覺判斷。你現在的視力為零，你也已經習慣了不睜開眼睛，那就暫時繼續閉著眼。靠近肉體。只要心裡裝著這個想法，你就能讓自己保持在適當範圍內。

在接下來的三、四次練習中，你只需要練習「出」來然後返回肉體，不做別的。要在這些情況下回體時，只需要「想著」回到肉體，你就會回去。如果你已經使用了第一種離體方法，回體就相對簡單了。當完全回體後，你就能移動身體的任意部位，並能重新激活任一或所有的肉體感官。每次回體時，都請睜開肉眼，坐起來，這樣你就知道自己完全「回來了」。這是為了核實確認，建立起你能夠「隨心所欲回體」的信心，而且最重要的是，這能確保你與現在所屬的物質世界維持接觸。無論你相信什麼或有什麼信仰，建立這種「信心」都很有必要。

如果你用了第二種方法「翻轉法」，那麼你也可以通過意念，慢慢靠近肉體，當你感覺已經完全接觸到肉體時，開始向回翻轉一百八十度，融入肉體。回體時的一百八十度是否與出體時一致，似乎都沒有什麼區別。

在使用這兩種方法時，當你再次與肉體融合，似乎會產生「啪搭」一下的輕微抖動。要準確描述這種感覺相當困難，但你會認出來的。每次回體後，一定要等一會兒再坐起來，這樣做主要是爲了避免產生不適，給自己一些時間來重新適應物質環境。「肉體坐起來」這一行爲，對「連續性」提供了直觀的證明。這一行爲讓你知道，你可以有意識、任意地在物質世界活動——此時還交替進行了非物質環境下的實驗——同時全程保持意識覺知。

當你能夠離體，回體，坐起來記錄時間，再次進入離體過程，並第二次回到肉體，整個過程中都沒有出現意識中斷的話，你就完成了一個周期。對鐘錶時間進行記錄會有所助益。

「熟悉周圍」的下一步是在離體後離開得稍遠一點，步驟與前文相同。十英尺（約三公尺）左右的距離就行了。你需要一直將精神集中在單一目標上，不要有雜念，尤其是在做這些擴展練習的時候。在你習慣了離得「更遠」的感覺後，用意念告訴自己，你能看見。不要去想「睜開眼睛」這一動作，因爲這很可能會把你帶回肉體，使振動狀態消失。而是想著要去「看見」，想著你能看見——你就會看見了。你不會有睜眼的感覺，只是眼前的黑暗會突然消失。起初，你的視力可能比較模糊，好像在光線不足、模糊或近視狀態下視物一樣。目前我還不知道爲什麼會這樣，但是練習得愈多，你的視力就會變得愈清晰。

如果你已經做了前面的那些練習，那麼在第一眼看到躺在下方的自己的肉體時，你應該不會感覺太緊張。在你確認躺在那裡的是「你」之後，從你所在的位置掃視房間。用意念讓自己稍微向某個方向移動，慢一點，不要急。動一動你的胳膊和腿，讓自己確認一下是否能正常活動。如果你想，可以打個滾，跳一跳，同時要確保自己始終待在如前所定的距離之內。

在這個階段，你可能會被各種幾乎無法抗拒的強烈欲望充斥，這是你目前可能會面臨的最大問題。這些不請自來、出乎意料的欲望是主觀的、情緒化的，很容易沖毀你精心建立的理性狀態。最重要的應對線索是，你要明白，決不要給它們貼上「邪惡」或「錯誤」的標籤。它們僅僅只是「存在」，而你必須學會應對它們。方法是不要否認這些欲望的存在。認識到它們是你內心深處不可分割的一部分，不是光憑你「想一想」就會消失的。除非你做到了這一點，否則就不能掌控它們。

這些欲望包括自由（陶醉於能夠脫離肉體限制和重力影響）、性接觸（首先是與喜愛的人，然後是在純粹的「感官層面」）、宗教幻想與狂喜（根據兒時所受相關教育的區別而千差萬別），以及其他可能源於個人特殊經歷的欲望。對此，我們相信，每個人都會有這些主觀欲望，即使是那些有著最嚴格的自律和自省品質的人。這些都是遠在我們表層意識以下、位於意識深層的元素，正是這些元素，構成了我們底層的性格與人格。正如前文所述，這些元素之所以出現，是因爲你不再只是那個「有意識」「有智識」的自我，這也許是你第一次成爲「完整」的自己。你在採取每一次行動時，都必須傾聽並考慮自己的每個部分。其中的訣竅是，始終讓有意識、理智的那個你（那個最了解物質世界的「你」）處於主導地位。這並不容易。

因此，如果你試圖否定自我，就會遇到問題。所以，你必須如實接納這些有時會令你驚訝的衝動——承認它們是你的一部分——然後繼續做你在做的事。你無法消除它們，但你可以暫時將其擱置。許諾以後再去滿足它們，這樣就不會有阻力了。這些需求會理解這種「轉移注意力」的方式，畢竟在你活著的這麼多年裡，它們早已經習慣了！

當你恰當地處理了那些「其他部分」的你，並且在近距離出體的情況下（在同一個房間裡，離肉體很近）能成功做到這一點大概五、六次時，你就可以進行更遠、更明確的旅行了。要實現以上所述，到現階段爲止出現的大部分恐懼都需要首先克服。如果你還沒能克服，那麼就重複進行那些讓你產生恐懼的練習，直到你擁有足夠的熟悉感，可以消除恐懼爲止。

可靠的回體信號。如上所述，對「無法回體」的恐懼是阻礙成功出體的一個基礎障礙。

在早期實驗中，我多次遇到過這個問題，好在每次總能及時化解。對數百次實驗進行仔細分析後，還總結出一項萬無一失的技術。不過唯一能保證的是，至少對我本人來說一直是「萬無一失」的。

首先，如果你回體困難，不要驚慌。最重要的是，將你的理性思維保持在主導地位。恐懼只會雪上加霜。把這個簡單的公式記在心裡，並去使用它：不管想要從哪裡返回物質世界，想著肉體即可。你可以嘗試用意念移動肉體的某個部位，比如手指或腳趾。讓肉體有意識地做一次深呼吸，重新激活你的五種肉體感官，或者其中任意一種。移動下頜，做吞咽動作，或動動舌頭。任何需要涉及肉體活動或用到肉體能量的行爲都可以。如果一種方式沒能立即生效，可以換一種試試。毫無疑問，總有能把你帶回肉體的。無非是哪一種效果最好罷了，因人而異。

用了這種方法，你幾乎能立即回體，就像裝備了自動導航系統的火箭一樣。使用這種方法時，你瞬間就能融入肉體。然而，這種「瞬間回體」的方法會使你失去選擇權或者說是決定權。一旦火箭發出，就無法阻止了。這樣回體時，你就沒有機會知道回去的過程和方式。因此，應該把它做爲緊急備用措施，而不是一個日常步驟。

正常情況下，在回體時你應該去想著或感受肉體的方向和位置。然後，不急不躁、平靜地、有意識地返回。

運動機制。那麼，相應的控制措施已經就位（包括緊急回體信號），現在你就可以踏上最重要的一步了：嘗試「出」趟遠門並返回。當然，在你完成前面所有練習並掌握純熟之前，就貿然地刻意嘗試「出遠門」顯然不可取。畢竟你很有可能已經在出體練習的早期，就無意識中「出」過遠門了。如果不慎遇到這種狀況，你肯定就能明白尊重流程的重要性。

首先，設定你的「目標」。記住這個原則：你必須「去」到某個人那裡，而不是去到某個地方。除非你與這個地方有較深的情感連接，那麼也可以不遵循上述原則，直接到達，但迄今爲止，就我的實驗來看，其成功率很低。當然，這也可能是我本人的個性所致。

選擇一個你想拜訪的（在世的）人，要選你很了解的人。不要告訴這個人你要做這種實驗，這一點非常重要，因爲這樣可以排除給對方造成暗示的可能。在你進入振動狀態，以及開始放鬆過程之前，就在心裡確定人選。

進入放鬆以及振動狀態，用你選擇的出體方法離開肉體。移動到離肉體六、七英尺遠的近處，當你的視野還很「黑暗」時，請仔細地去「想著」你要拜訪的人。不僅要想著對方的名字，還要想想這個人的個性和特徵。不要試圖想像出一個「肉體存在」的影像，因爲會吸引你過去的不是肉體屬性，而是對方內在人格的「倒影」。

當你這樣想著的時候，慢慢地做三百六十度的轉身。當旋轉到某個點時，你會「感覺」到正確方向。這是一種直覺，一種確定感，像磁鐵一樣吸引著你。即便如此，你隨時可以再核實一下。繼續轉身，越過這個點，然後再回來。你會再次強烈地感覺到這個與眾不同的點。那麼就停下來，朝著這個方向。想像你的視野「恢復」了，開始看見東西。

要去到目的地，你需要用整個第二身體去做「伸展」，也就是在第一次練習中用手和手臂做過的那種伸展動作。最簡單的方法是把第二身體的手臂舉過頭頂，兩手拇指扣在一起，就像你準備躍入水中那樣。就這樣高舉雙臂，想著要去拜訪的人，然後向那個方向伸展你的身體。此時你可能會移動得很快，也可能會較慢，這取決於你伸展的力度。「伸展」得愈用力，你移動得也就愈快。到了目的地後，你就會不知不覺自動停止伸展。

要回體時，也可以用類似的方法。想著自己的肉體並伸展出去，你很快就會回體。通常就這麼簡單，不需要做其他的。關於像跳水時一樣「高舉雙臂」的必要性，有如下考慮。最初考慮的是，如果路上遇到什麼阻礙物體，使用這種姿勢就可以用雙手開路或遮擋一下，而不是一頭撞上去。另外，比起雙臂垂在身體兩側，雙臂舉起也確實有助於讓人做出伸展的動作。

情況就是這樣。上述流程看似有些儀式化，但我們並非有意爲之。它們可能看起來就像中世紀的魔法公式一樣。到目前爲止，我們還無法解釋爲什麼這項技術會有效。也許在未來的歲月裡，對這一領域有好奇心、感興趣的物理學家、化學家、神經學家和其他學科的科學家們能發展出一些理論，解答上述問題。如果有足夠多的人對這一現象進行實踐性的研究，也許就能促成一門新學科的誕生。

與此同時，如果你有勇氣和耐心，這些界限就會消失在你面前。想要接受並了解這一異界實相，唯一的方法就是親自去體驗它。

祝你好運。

18 事件分析

這一切都是怎麼發生的？有什麼合理的途徑或方法嗎？要尋找眞正的答案，還是要以數據分析爲準。雖然地下組織是唯一一個將我的「問題」認爲或接受爲不僅僅是「幻覺」的地方，但我只能把地下數據排除在外，因爲這種數據大多是模糊的泛泛而談，而我需要的是確切的數據。

我想，一定有什麼辦法能把我累積的那些相互矛盾的數據組織起來，所以我開始嘗試從已知數據中推斷出合理的可能性和概率。也就是說，當你的一隻腳小心翼翼地邁入黑暗且變幻莫測的領域時，要將另一隻腳穩穩地立在明亮處、立在堅硬的岩石上。

那些「已知數據」是由一系列的事件、現象和結果組成。我的經歷和實驗總體上能較爲明顯地劃分成四個時間階段。

初期

這個階段包含了前文所述的我遭受太陽神經叢痙攣之前的所有事件和活動。我在早年經歷的兩個難以解釋的離奇事件，似乎跟這項研究都有些關聯。

第一個事件發生在我八歲的時候。當時我向父母講述了我做的一個夢，夢中，我坐在鑲有紅棕色木板的屋子裡。屋子的角落裡有一個小櫃子，裡面發出音樂和說話聲，像那種手搖留聲機。櫃子的前部有一扇小窗，窗子裡有在活動著的畫面。櫃子裡傳來的說話聲和畫面中人物的口型一致，就像學校裡放映的電影一樣，只是區別在於，人物講話時有對應的聲音傳出來，而不是用字幕顯示出來。還有，櫃子裡的動態畫面是彩色的，就像現實中的人事物一樣。（三十年後，我坐在一間鑲有紅木板的房間裡，第一次觀看了彩色電視。）據我所知，在我做這個夢的年紀，我還從未看過任何彩色電影。①

第二個離奇事件發生在我大約十五歲時的高中時期。某一個週五晚上，我正在期待第二天晚上的一場聚會，而我估計這次活動需要花費兩美元。問題是我要怎麼在週六晚上之前獲

①作者八歲時的二十世紀二〇年代，有聲電影尚未普及。

得這兩塊錢呢？本週沒有能供我賺錢的工作可做。由於種種原因，我的父母也愛莫能助。想在週六白天賺到這筆錢顯然無望。週五晚上我上床睡覺時，還在擔心眼前這個棘手問題。

週六早上醒來時，一種清晰的信念立刻浮現，就是屋外的一塊舊木板下有兩塊錢。我知道那塊木板，因爲它在那裡已經有一段時間了。然而，我以爲這只是我一廂情願的願望而已，便打消了這個念頭，下樓吃早餐。

吃完以後，由於我還是在擔憂這個可怕的財務問題，我再次想到了那塊木板和它下面壓著的兩美元。爲了不要再「胡思亂想」，我踱到屋外，繞過房子走到木板所在的地方。它看起來沒有被移動過，有一半覆蓋在泥土和樹葉裡。要說有人無意中在下面「丟失」了一些錢，或者把錢放在下面，是不可能的。不過，反正來都來了，哪怕只圖個心安，看看也無妨。

我抽動木板，把它抬了起來。下面潮濕的土地上蜂擁著幾百隻螞蟻和蟲子，正慌不擇路地向四面八方亂爬。同樣在這片潮濕的土地上，就在木板之前壓著的正中央，躺著兩張折起來的、乾燥平整的一美元鈔票。

我沒有細想錢怎麼會剛好在木板下面。除了跟一個朋友說過，我也沒有跟其他人提過這件事。畢竟當時我很擔心恰好撞到這兩塊錢的失主，反正週六晚上的事有著落了。隨後我就徹底忘了這件事，直到最近開始盤點個人歷史時我才想起來。再沒什麼別的異常事件了。我沒有受過太大的創傷，只是一個在學術家庭中成長的普通美國人。鑒於這是一個關乎「精神」的問題，似乎應該向「精神病學」方向尋找答案。然而，沒有任何外在證據顯示我患有在常見精神疾病中會出現的強烈壓抑、強迫、焦慮和／或恐懼症狀。

我的首次出體由一次嚴重痙攣引發，因此我仔細研究了這一現象發生前的一些事件，發現了幾個值得探究的線索。當年，我身上只出現過一次相對異常的生理變化。

那一年裡，我相當長一段時間都在看牙，七顆下牙陸續戴了牙冠。我把這件事仔細回想一番，畢竟後來發現通過活動下頜可以進行第二狀態「調頻」，有可能當時牙冠上的各種小金屬片對我的大腦產生電學或其他方面的影響。這種可能性存不存在，還未可知。物理學、生理學和電子學方面的專家也沒有提出過什麼相關理論。如果能進行對應的研究，我們就可以證實或否定這個假設。牙齒裡鑲了金屬的人不計其數，也有不少人報告過出體事件。如果能研究一番，可能會得出有趣的結論。

在我有意識地去回憶時，沒有發現其他明顯的生理方面變化。除了營養方面有一個略微異常的因素，即我曾服用維生素。我的妻子非常相信營養學，所以我曾多年日常服用維生素

A、複合維生素B、維生素C、維生素E以及礦物質片劑。因此，出體現象可能又是某種累加效應引發的，但尚無報告或研究表明這些會產生類似第二狀態的效果。除此之外，我的食譜比較固定，至少五年內都沒有過重大變化。

在心理和身體活動層面，則有很多值得注意的地方。出體現象的原因很可能就隱藏其中。

第一個值得注意的事件，我們可以稱之為「麻醉事件」，在「最初跡象」出現約六個月前。事情是這樣的，一開始我注意到接觸性黏合劑罐子裡的氣味會讓人產生一種異樣的「迷醉」感。當時我正在家裡一間臥室的牆上用這種黏合劑安裝桌面文件架，忽然有了這種感覺。罐蓋上有清楚的標識，說這種黏合劑應在通風良好處使用。我只能說這肯定是廠家的「火災警告」啦。

這種感覺讓我想起了以前處於麻醉狀態時的奇特感受。出於好奇，在隨後的一個月裡，我多次試驗了這種氣味的效果，試驗結果非常顯著。在得知那種氣體是甲苯（常見的商業碳氫化合物清潔劑）和丙酮（曾被用作麻醉劑）以後，我轉而用揮發性較低且相對安全的吸入式麻醉劑「三氯乙烯」做了幾次實驗，觀察自己在輕度麻醉狀態下的主觀感受。回想起來，實驗結果與那些使用過致幻劑的人所報告的內容十分相似。其效果具有強烈的衝擊性，但並未導致任何不適，它很可能引發了我內心對「超越我已有經歷、追求更高體驗」的欲望和需求。我不情願地停止了這個實驗，因爲如果繼續下去，它似乎有可能帶來生理上的副作用。雖然我設置了嚴格的控制，但也不確定會一直有效。然而，我確實找到了一些有關麻醉的有趣訊息，滿足了我的好奇心。在愛爾蘭，據說每天早上都會有街邊小販一勺勺地兜售乙醚②。早些年，醫學院的學生會經常舉行「乙醚聚會」，很像今天「黑市」致幻藥使用者們的聚會。不少醫生提到，乙醚成癮已是多年來相當普遍的現象。運輸汽油的輪船船長們也苦於自己的船員成了「海上醉鬼」。這些船員剛上船報到時都還一切正常，但隨後就一個個昏昏沉沉的，躺在油艙通風口旁邊。我明白，他們是「聞上癮」了。

後來，我還了解到酒精和其他麻醉劑之間的關係。麻醉劑的效果，就是使人從有意識狀態過渡到一種無意識狀態（尚未導致死亡的臨界狀態）。麻醉師的職責是盡快把患者「放倒」，讓其進入深度無意識狀態，略過任何「暴力」的中間狀態（正是我探索的領域）。接下來要做的，主要是將患者維持在無意識狀態，而不至於超過死亡臨界。當乙醚被首次引入使用時，其主要優點是比酒精的副作用更少，並能讓醫生更好地控制無意識狀態的深度。吸

②乙醚（ether），一種無色、易燃、極易揮發的液體，其氣味帶有刺激性，以前被當作吸入性全身麻醉劑。

入乙醚後，患者的意識清醒期相當短，而到達終點（死亡）前的無意識狀態則相當長。

另一方面，飲酒後的清醒期則相當長。而到達深度無意識狀態時，距離「終點」的距離也要短得多。無意識狀態的範圍太小了，所以如果患者醉酒「神志不清」以後還繼續攝入酒精，很可能會死亡。

我還查到，專家們對一些古希臘和古埃及神廟遺址（曾發生諸多異象和神跡）進行了考古和地質研究，發現遺址或附近區域在古代某個時期有可能有地下氣體逸出，如一氧化二氮③。而一氧化二氮也是現今使用的一種麻醉劑，無臭無味。

在距離「藥物」體驗事件大約三個月後，我差不多都已經忘了這件事，那時我開始對「在睡眠期間學習」產生興趣。我不知道這興趣是怎麼被引發的，也許是早期學術化的家庭環境所致，再加上受到了我觀察自己孩子小學階段接受的教學方法影響。

爲了探索這一興趣的潛力，我研究一些過去和現代對於「清醒—無意識心智」的相關概念。有證據表明，我們所有清醒和睡眠狀態下通過感官輸入的數據，都會被我們的「無意識」記錄下來。其中的要點在於，如何在睡眠期間輸入智能的和有條理的數據，並在有需要時可以有意識地回憶起來。

現有、有限的研究材料顯示的結論是矛盾的。如果僅僅向睡眠中的受試者朗讀數據，其醒後回憶起的內容會是不完整、不穩定的。目前尚未出現在深度（δ）睡眠和做夢狀態（即REM，快速動眼睡眠）期間分別進行睡眠學習的比較研究。而對於嘗試使用巴夫洛夫④的條件反射原理，去刻意創造接受性的睡眠狀態，以隨心所欲地喚起睡眠中所學內容的記憶，這類研究也尚未出現。⑤

爲了方便研究，我錄製了「自動催眠」錄音進行多角度測試，來獲得可行的技術。這看來是比較合理的第一個步驟，因爲通過類似方法，即利用催眠睡眠狀態而不是自然睡眠狀態，已經取得了一些結果。使用錄音帶是爲了使這項技術「去個性化」，並確保不同受試者能接受到同樣的測試。這種催眠錄音帶被設計用於隔間環境（隔絕光線和聲音）。

我們刻意讓錄音帶的內容簡單易懂。最開始是一段引導產生催眠睡眠的內容，之後，是一系列的定向暗示內容，各內容單元次序連接。這些內容會根據具體的測試和預期的結

③一氧化二氮（nitrous oxide），又稱笑氣，有輕微麻醉作用，並能致人發笑。

④巴夫洛夫（Ivan Petrovich Pavlov, 1849-1936），俄羅斯生理學家、心理學家、醫師、高級神經活動學說的創始人。他創建了條件反射理論，即在一定條件下，外界刺激與有機體反應之間建立起來的暫時神經聯繫。最有名的實驗是每次餵食狗前響起鈴聲，經過一段時間後，鈴聲響起時狗就開始分泌唾液。

⑤這是作者截止本書一九七七年第二版時的結論，不包括這一領域最近的研究成果。

果而變化。例如，在「數據學習」測試中，錄音帶內容有乘法表（從十二到二十四）、西班牙語、法語詞彙以及短語。其中還一直伴隨著會「完全記住」的暗示，以及「催眠後」暗示——清醒意識狀態下可通過「心理－生理」信號（比如想著數字555的同時用手指敲桌子五次）喚起記憶。

每卷催眠引導錄音帶中還包括「受試者的身心健康會得到提升」的暗示語句。這並非只是空泛的肯定語。對於「健康如何得到提升」，雖然引導詞中沒有給出具體細節，但包含了讓身體的每個功能區——神經、血液循環、腺體和消化系統——都完全「正常」的內容。然後，隨著引導或使用錄音帶，「變得更健康」以及「喚起記憶」的暗示都會加強。在我後來體驗的異常事件中，這一點可能起到關鍵作用。每卷實驗錄音帶都有詳細的註釋，每個字句都要遵照事先準備好的文稿及順序。

錄音帶的最後一段話能讓受試者恢復完全清醒的正常狀態。此處的引導詞極為簡單有效，沒有任何可能引起誤解的複雜用詞。實驗中，我們讓大約十一名受試者聽了錄音帶，年齡從七歲到五十歲不等。結果顯示，這種方式在技術上還有可改進之處，但毫無疑問具有潛在價值。

此處必須說明的是，我是最先用這些錄音帶做實驗的，而且自己聽得最多，這很自然地使我懷疑這些錄音帶與我的出體實驗有很大關係。我們將錄音帶置於「低背景值」(low background level)的安靜環境下，逐字逐句、逐音逐調地檢查每一卷，尋找可能引發後期「影響」的因素。雖然沒有找到明確的線索，但這種懷疑仍然存在。

隨著「最初跡象」的出現，錄音帶實驗終止了。

前期(一九五八年九月至一九五九年七月)

由於我感覺到在影響、事件、特徵、理論和結論之間會有某種關聯，於是便開始進行分類。很快就發現，這一時期可被分爲三個階段。除此之外，可能還有其他階段，但尚屬未知。「前期」(開始階段)的起始點和截止點都十分鮮明。

影響。第一個無法解釋的「影響」，就是如前所述的腹部絞痛或是痙攣。幾個星期後，又出現了新的「影響」——來自北面的「光線」導致我全身僵直。經過謹慎的實驗後，我識別出了其中的「振動感」。我後來發現，這種感覺在十九世紀後期的唯心論者、神祕主義者和其他人的經歷中，一直都有被提及。在許多地下組織的交流中，它也仍然會時不時地被提起。

在整個「初期」，只有「振動感」這一現象持續出現。然而，它是在不斷演進。早期，振動感是粗糙的，有時你還能「看到」局部出現「火花」電環的樣子。頻率約爲十周／秒（照時鐘看來）。在「初期」要結束時，頻率增加到約十八周／秒，且肉體感到的不適也減少很多。這個效果，約百分之五十九的時間（在這一時期的後半段）被有意引導。

第二個影響，是出現一種覺察，即對聽覺中樞內一直存在著的輕柔高頻「嘶嘶聲」的覺察。一旦出現，就會貫穿整個階段。耳科專家診斷說我聽到的其實是「靜脈中血液流動的聲音」。除此之外，聽覺一切正常。

在這個階段的第三個月才出現離開肉體的現象，最初是無意的。後來的大部分出體現象則都是我有意誘導發生。但所有的出體現象都是在振動狀態存在時發生，隨著時間推移，製造出振動狀態變得愈來愈容易了。

除了這些，沒有觀察到其他明顯的或重複性的影響。我的生理指標相當平穩，沒有任何衰弱或虛弱的跡象。在這個階段，隨之產生的對身體的影響（興奮和刺激效果）非常顯而易見，但並未到達極端的程度。這些效果包括脈搏加快、出汗和性反應。

情緒模式。在這個時期，有整整一半時間我的心中都充滿了對精神和／或身體失能的恐懼。通過醫學和精神病學專家的診斷與相關檢查，這些情緒得到極大緩解。

後續的「主流」要素是好奇心，它被其他潛在的焦慮暗流沖淡——這些焦慮源於對探索未知神祕領域的恐懼，對被社區和/或家庭譴責的擔憂，還有對無法回到肉體的懼怕。

實驗次序。從第一次出體經歷開始，實驗範圍從「逐漸熟悉『本地』出體（三公尺或更近距離）」到「在部分離體時進行客觀觀測」，最後到了「訪問現場──（當下的時空）區域」。

方法論。我探索了誘發出振動狀態的一些方式，主要是對前文描述過的那些錄音帶錄音的使用，以及在完整意識狀態下進入徹底放鬆（產生振動的先決條件）的幾種方法。通過實驗已證實，一旦進入意識放鬆狀態，產生振動狀態就會相對簡單。存在「口呼吸」的狀態，且通過小幅移動肉體下頜來「調整」振動狀態，已被證明是一種有效的方法。

明顯可見的是，「離體」只會發生在振動狀態下。換言之，「離體」技術只不過就是簡單的「向上」或「離開」的想法。經過連續測試，我們發現「第二身體」的任何非物質移動均只由欲望或想法激發。「在自主控制下移動到預定地點」以及「無障礙即時回體」這兩個問題仍然沒有得到解決。

結論。在此期間，我們得出了以下結論：(1) 第二身體確實存在，它穿插在肉體中或是與肉體融合在一起。(2) 第二身體可以獨立於肉體以外進行移動和行動。(3) 第二身體的這些移動和行爲可以部分受控於意識心智。⑷第二身體中的一些感覺輸入和肉體感官中的對應一致，另一些則是肉體感官無法轉譯的。⑸第二身體狀態下的一些活動與其肉體層面的對等一致，發生在相同「時—空」。

中期（一九五九年八月至一九六二年九月）

影響。這個時期從輕度冠心病的出現開始算起。雖然沒有證據表明出體實驗和我的這場病之間有任何關係，但是缺乏證據也不能完全排除這種可能性。

在這個階段的後期，振動狀態演變成一種「溫暖感」。當頻率逐漸「加速」到分辨不出單個的脈動，就會出現這種情況。在整個階段期間，聽覺上的氣流「嘶嘶聲」現象則一直持續。

離開肉體的過程不再那麼程序化，變得更加自然（只是偶爾出現回體問題）。振動狀態在白天是被有意誘發的，在深夜則會自動出現。

生理影響如前：沒有衰弱或虛弱跡象，出現了一些興奮刺激效果。考慮到剛經歷了冠狀動脈阻塞，我對這些生理指標觀察得極爲仔細。

情緒模式。在這一階段的早期，我對出體可能會帶來的生理影響有一些憂心，而無法完全隨心所欲地控制出體也加重了這種憂慮情緒。但到了該階段中期，憂慮大幅減少，主要是因爲沒有新證據表明出體對生理會產生不良影響，而且我的信心也與日俱增。不過，對於「回體控制」以及「對未知領域知之甚少而可能犯下嚴重錯誤」的擔憂仍然存在。

實驗次序。對現場一的遠途訪問變得不那麼頻繁，取而代之的是無意中直接對現場二的訪問。在這一階段的後半段，我發現了現場三，並開展後續的一系列探索。在該階段晚期，我發現了「時間交互狀態」（intertime state）。

方法論。我在白天的出體實驗中使用了「倒計數」放鬆法。深夜時，「邊界睡眠狀態出體法」變成如今易識別的那種「振動–溫暖狀態」的方法。口呼吸變成一種自動功能（同時展開了更進一步的「下頜調節」實驗）。

事實證明，一百八十度翻轉（反相後退法）是能從肉體分離的最有效、最可靠的方法。我開始測試一種固定的主動回體技術，並將其付諸實踐。

結論。(1)再次確認了第二身體是存在的。(2)發現了現場二，它具有不同於現場一的特定特徵。(3)提出了「存在現場三」的假設，現場三的特徵與現場一有一定相關性，但兩者科學發展的階段不同。(4)發現人類的「人格」在肉體死亡後仍然「存在」，並會在現場二中繼續生活。(5)無論在清醒、睡眠和／或第二狀態下，人與人之間都可以進行「超越語言層面」的交流。⑹一些（或大部分？）在世的人類實體都會在睡眠中離開肉體。原因未知。

後期（一九六二年十月至一九七〇年十月）

這一時期的出體實驗受到了限制，主要原因是缺少機會。首先得專注處理物質界中的生活事務，其次還要評估先前的出體實驗。

影響。在此期間，振動感完全消失，演變為溫暖感，然後變成一種無法定義的「存在」感。

只有在這種「存在」狀態下，才能從肉體分離，且費力最少。我唯一注意到的肉體影響是，在某次出體實驗後的大約九個小時內，我感到輕微的迷惑、眩暈和輕度不適。對此，我沒有做什麼特別的研究實驗，故而尚未查明導致上述不適的原因。

在此階段的中期，我患上血栓性痔瘡，我認為是症狀出現前（約四天前）的一次出體造成的。我以前沒有這種疾病的病史。

在這一階段，睡眠需求減少了。然而當睏意真的來襲時，如果不聽從睡眠需求趕緊入睡，你就會感到身心虛弱。哪怕是短短五分鐘的睡眠也能令你煥發新生。

記錄中僅有的另一個顯著影響，是在兩個不同的時間點，我能強烈意識到自己有一種

「近似雙重存在感」。這是某種程度的「完全有意識」的狀態，此時，人對周圍物質環境有著完整活躍的感知，然而「自我」卻在「一線之外」。在我的兩次經歷中，我都需要做出有意識的決定，才能完全融入物質環境。留在「一線之外」的環境中會有什麼後果，尚且未知。「氣流斷斷聲」在這一階段持續存在。

情緒模式。在本階段，前幾個階段中出現的恐懼已經完全消散。之所以如此，最重要的原因是我對有需要時就能即刻回體的「回體方法」有了充分的信心。此外，先前數據的評估結果也讓我接受了總體狀況的走勢是「向上」，而不是「向下」的。

與此同時，對於「能否繼續存活於肉體中」這一問題的隱約擔憂開始浮現，這讓我大大減少了對「肉體危險」方面的忽視。這種情況的原因尚且不明。

實驗次序。由於其他緊急事務，這期間沒有預先制定實驗計畫。因此，出體實驗都是零零散散，只在有機會時才能進行。期間我對現場一和現場二進行了幾次拜訪（證據確鑿的）。其餘的大部分出體都是去現場二，其結果與物質世界（現場一）不甚相關。直到本階段後期，我開始進行基於嚴謹科學背景的實驗，在受控的實驗室條件下出體。

方法論。該階段很少關注「方法論」的方面，因爲有兩個主要問題尚未解決。第一個問題是「深度放鬆技術」的發展問題，達成這項技術的難度愈來愈高。第二個問題是「目的地控制」這一頑疾。我們使用過多種技術，但結果都不太確定。這一困難的核心在於，當意識和超意識均全力運轉時，兩者之間存在相互衝突的欲望。在第二狀態下，超意識的主導地位更強一些。

結論。(1) 在第二身體狀態下，對清醒在世者的肉體施加物質影響是有可能的。(2) 還有許多正在展開的知識概念領域，這些都遠遠超出實驗者本人意識頭腦的理解能力。

19 統計分類

要從這一大堆錯綜複雜的原始數據中理出線索，第一步得建立測量和分析的標準。情況在多次嘗試後變得明朗，即只有少量標準能適用。因此，我們提出一些假設或前提，以便在分類時進行識別，因而得出的結論只有在這些前提假設之下，才是有效的。主要假設如下。

1. 實驗者的可靠品質

此處並非意指實驗者在我們社會中的地位，而是指對其個人基本特徵的評估。不管實驗者能表現得多真誠，關鍵還是要看「可靠性」這一品質是否根植於其基本性格之中。在出體實驗中，只要能得到額外的相關數據，任何附加的精神、心理和身體檢查我都甘願接受。單獨這一點可能就足以讓人在理智上建立認同。

2. 相似類似

簡單說就是，我們觀察到的狀態或採取的行動具有一種「現實性」，與其「此時—此地」的「物質對等物」（physical counterpart）遵循同樣的標準。

如果出體體驗——不管與人類目前的知識和概念有哪些明顯不相容的地方——等同、接近或充分類似於人在物質界清醒時正常的「感知與詮釋」狀態，那麼出體體驗的「現實性」就是可接受的。

3. 感知與詮釋

假設這些的準確性是正確的——在「錯誤產生因素」（與正常清醒物質狀態下相同）的限制範圍內，這些因素要視教育、個體經驗、智商和情緒構成而定。我們必須假定，第二狀態的感官輸入，儘管與肉體感官的性質明顯不同，但都遵循同樣的推理和理性詮釋過程。對「結構與形狀」、識別、資格、分類和操作的客觀分析能力，就像在物質界正常清醒狀態下一樣，這項能力在第二狀態下依然與個人經驗和所受教育有關。此外，在感知超出個人經驗和所受教育之外的數據時，第二狀態下的心智會聽從一種要「去識別它」的強大命令。在執行這一明確命令時，心智不會去接受「未知事物」的存在或真相，而是會在有限的個體經驗範圍內對其進行識別。

換句話說，你必須假設實驗者如實進行了報告。你必須假設第二身體經歷的事件，如果符合我們醒著時候那個物質世界中的現實條件的話，這些事件也具有現實性。你必須假設，心智在第二身體狀態中的運作與在肉體中的相似，只是視覺、聽覺和感覺方式不同，還會用到一些新的感官。你還必須假設，心智會拒絕接受第二狀態中的未知元素，甚至不惜做出錯誤識別，也要將其識別爲某種熟悉的東西。你必須假設，人類在「感知與詮釋」方面會犯的錯誤，在第二狀態依舊存在。

有了這些假設前提，要對十二年來大約五百八十九次出體實驗進行劃分和歸類，就容易些了。我們從中得出的進一步結論如下。

在夢裡，我們的推理和理性過程是缺席的。我們所理解的那種「意識」不再生效。我們對事件的參與要麼是純粹反應式的或不可控的，要麼就完全不參與，只是做爲靜止的旁觀者，無法有意採取行動。我們在夢中的感知受到限制，變成一種「感覺」，或者最多兩種，我們也沒有或是無法使用即時分析能力。關聯性的錯誤識別雜揉著諸般所感，凡此種種，均被保留在意識記憶中。

第二狀態就像清醒狀態一樣，也是夢的「對照物」。在這種狀態下，對於「『我是』意識」的認知是存在的。心智試圖以與在清醒的物質意識狀態下一模一樣的方式來處理感知，決策和行動都建立在感知和推理之上。我們可以通過有意且系統性的重複行爲，來實現對感知的驗證。與在清醒物質狀態下一樣，「參與性」在第二狀態中也是基本要素。感官輸入的途徑不止一、兩種。第二狀態下，情緒模式比物質意識中的範圍更大、更強烈，但是可以被引導和控制到同樣的程度。

針對所有的出體實驗，未包含「第二狀態類別」中列出的大多數條件的，都被歸爲夢境。剩下的實驗則被再次分類。下一步是對環境進行分析，以尋找原因。如果眞的有什麼原因導致這一情況，那也是非常模糊的，如下方圖表所示。

物質條件（成功實驗中）	占總數的百分比（現有條件）
白天	42.2
夜晚	57.8
溫暖	96.2
寒冷	3.8
濕度（無明顯影響）	—
氣壓（無明顯影響）	—
臥姿	100.00
直立	—
南北朝向（頭朝北）	62.4
東西朝向（頭朝東）	19.2
未知朝向	18.4
月亮和行星位置（無明顯影響）	—

實驗成功的條件主要是：溫暖、臥姿、南北朝向。我們沒有發現陽光、濕度、氣壓變化、肉體所處地點或月球引力會產生什麼明顯影響。更複雜的環境研究是可能的，但迄今爲止還沒有就此展開。而評估生理狀態則稍微容易一些，因爲大部分筆記中都包含了相關訊息。

右下數據表明，在「自發離體進入第二狀態」報告中常常會提到的「身體疾病」，並不產生顯著影響。其中，占比最高的分別是「疲憊」狀態、兩餐之間，而藥物或化學興奮劑和抑制劑並沒有起到重要的影響作用。

生理狀態（成功實驗中）	占總數的百分比（現有條件）
身體健康	78.4
輕微虛弱	21.2
生病或受傷	0.4
疲憊	46.5
休息良好	18.8
中間狀態	34.7
餐前	17.5
餐後	35.5
兩餐之間	47.0
可能的刺激因素（藥物，其他藥劑）	12.4

在心理狀態的分類中，如果人體這個「實驗室」算是起點，「心情保持基本的平靜」看來是個先決條件，其中含有一些情緒和內省。必須指出的是，在「懼怕」這一類中包括了不同程度的「恐懼」，大多出現在實驗的一些早期階段，即在實驗前產生暴力或不安體驗的那段「平衡」。而不同程度的「期待感」，通常伴隨著「平靜」同時出現。

以下是對控制要素的分析。

心理狀態 （成功實驗中）	占總數的百分比 （現有條件）
平靜	3.2
情緒化	8.9
專注	64.0
期待感	11.9
不安	37
情感層面被激發的	9.0
理智層面被激發的	6.5
激動	0.7
懼怕	2.7
未知	30.0

狀態初始（成功實驗中）	占總數的百分比
有意誘導出體	40.2
自發出體	14.9
無法確定	44.9

刻意誘導出體的實驗	占總數的百分比
成功出體	58.7
落入睡眠	13.6
無效	27.7

使用方法	成功結果	睡著	無效
誘導出體的錄音帶	17.1	5.7	4.5
倒計時放鬆法	24.0	4.5	12.9
回憶法	3.7	1.7	4.7
混合方法	13.9	1.6	5.7

明顯現象（成功實驗中）	占總數的百分比
氣流嘶嘶聲	45.2
肉體僵硬	11.4
振動	30.2
溫暖感	66.9
混雜	33.8

在「自發出體」這一分類中必須強調的一點是，當第二狀態被激活後，出體就變成了「有意」、順勢而爲的，也就是在正常放鬆狀態下，出體條件會自然顯現，而我也會適時地抓住這種機會離開肉體。在「無法確定」這一分類的情況下，只有「傾向」是明顯的，「出體條件」的建立是刻意爲之的。

「成功出體」這一分類包含了能產生兩種或兩種以上「明顯現象」的案例，結果表現爲第二身體的部分或全部顯現。「落入睡眠」包含了那些我直接睡著的實驗案例。「無效」則指的是沒有出現任何可辨別的結果，並且也沒有誘導出上述任何明顯現象的情況。

「使用方法」中顯示了各種出體技術的有效性。這幾種技術在其他地方已有描述，體現了基於簡單「試錯法」的發展過程。例如，「誘導出體的錄音帶」經證明相當有效，但有其內在的局限性，並會限制一個人的自我決定性①。正是出於這個原因，我用得最多的是「倒計時法」。

我們必須從「發展」的角度來審視這些「現象」。「肉體僵硬」僅在早期階段被觀察到，「振動」也一樣。「振動」後來明顯發展成爲一種「溫暖感」，在中後期只被偶爾感覺到。「氣流嘶嘶聲」則在實驗早期就出現了，並會在整個過程中時不時地出現。

我們將成功實驗中觀測類數據的來源分爲以下幾類：

感知方式	占總數的百分比（現有條件）
視覺	67.2
聽覺	82.7
觸覺	69.8
味覺	0.7
嗅覺	0.3
移動	94.2
其他	73.0

必須指出的是，上表中列出的感知輸入，是第二身體的感知轉化後的結果（轉化爲肉體對應感知類型的近似值）。這並不是說，這些第二身體的感知中使用了與肉體等價對應的非物質神經系統。在現階段，我們還沒有證據能證明或否定第二狀態中存在類似的結構。對於味覺和嗅覺，我們尚未找到它們在感知方式中所占百分比偏低的明顯原因，除了一點——這兩種感知方式都需要在物質層面接觸到物質或物質微粒本身。然而，觸覺雖然也有同樣的局限性，卻顯然是主要的感知輸入來源。原因可能在於，觸覺是以某種輻射感知的方式進行運作，或者是因爲我個人的觸覺比味覺和嗅覺模式更爲發達。

①自我決定性（self-determination），心理學上指個體在採取行動時的自主性，由於催眠錄音帶是事先錄製好的，其中的內容和次序都固定不變，因此作者說會限制自我決定性。

「移動」也被劃爲一種感知分類，是因爲它隱含著「行動」之意，而非被動，而且看來確實是在傳統五感之外和之上的另一種感覺來源，就像肉體中的平衡機制會向大腦傳遞信號，它是與其他感官支持或衝突式的信號相互獨立的。在肉體中，這種平衡機制可能是建立在對重力和慣性力的應用之上，這一點可能在第二狀態中也成立。

「其他」這一分類，指的是一些無對應肉體感官的感知類型。在第二狀態下的感知方式，遠遠超出了我們現有的知識或理論範圍。最合理的推測是，第二狀態下的所有感知，都是由電磁波譜中的某種力（接收或感應到的直接的磁場，或者某種未知的力或場）實現的，而不是通過第二身體中與肉體相對應的機制實現的。我們只有在廣泛多樣的測試中進行實證性研究，才能確定這一點。

分析和分類

第二狀態現象中的一個關鍵點是，心智是如何積極準確地整理出感知數據，並根據所得訊息採取理性行動。我們將相關證據按以下方式排列：

	占總感知的百分比		
	熟悉	相似	未知
構型（形狀或形式）	20.6	44.4	35.0
結構	24.8	43.9	31.3
成分	17.4	32.2	50.4
生命			
智能	65.4	75.7	30.7
次人類	7.1	1.3	8.7
人造	27.6	23.0	17.4
未知	—	—	43.2
無生命	21.1	46.2	32.7
抽象	62.1	62.2	81.8
人造	37.9	37.8	18.2
事件／行為			
觀察	25.7	18.9	55.4
參與	39.0	19.2	41.8
相似	—	80.4	19.6

從這項調查中我們可以推斷出，第二身體所從事的大多數活動都與「人形智能體」有關（其活動環境對我們來說是熟悉或相似的，並使用可辨認的物體）。然而，當分析表格中「觀察到的事件/行爲」時，我們發現其趨勢是相反的。還有很多「未知」情況，遠遠超出我的經驗和知識範圍。

與第二狀態的相關性

對於「感知數據」，最大的缺點出現在我們試圖將已知的物理、科學、歷史和社會結構知識應用在第二身體的相關體驗時。具體參見以下表格。

我們必須將左側分類過程結合第二狀態中技術的進步和經驗的累積來考慮。左側表格中的「時間」指的是在第二身體狀態中的時候，對於時間流逝的感覺，與物理時間的測度無關。我們沒有將物質狀態中「流逝的時間」列在表格中，因爲它與第二狀態的現實沒有密切關係。在「相同」一列中則列舉了能讓我意識到時間流逝的事件。在「不同/不適用」中列出的是時間流逝感不同（加速、延遲或不存在）的事件。「未知」中統計的是沒有這方面數據記錄的實驗案例。

	占成功出體的百分比		
物理規律	**相同**	**不同／不適用**	**未知**
時間	45.2	49.1	5.7
物質結構	38.4	41.8	19.8
能量守恆	52.6	18.2	29.2
場力（相互作用）	12.9	3.7	83.4
波動力學	7.4	2.0	90.6
重力	37.9	17.1	45.0
作用力—反作用力	72.8	2.2	25.0
輻射	2.7	26.7	70.6
當前社會概念			
社區組織	22.4	50.3	27.3
家庭單位	33.4	41.4	25.2
男—女兩性關係	12.2	50.7	39.1
學習過程	0.8	61.8	37.4
成熟／衰老	0.8	3.7	95.5
遺傳關聯	3.1	5.8	91.1
共生關係	8.1	52.8	39.1
文化驅動力	2.7	47.0	50.3
基本動機	28.0	26.0	46.0
歷史／宗教			
技術發展	27.0	61.3	11.7
政治歷史	27.0	44.5	28.5
神學相關	4.9	64.2	30.9

其餘的科學概念僅指在第二身體狀態下的條件、行爲和環境，不涉及到「本地」實驗或對嚴格意義上在「此時—此地」的人物與地點進行訪問的情況。後一種出體遵循了所有的「自然」定律，儘管這一點不一定影響到第二身體實驗。

對社會概念的分析揭示了「適應第二狀態的環境」這一複雜問題。由於如此巨大差異的存在，其中的思想、行動和情感都變得極其令人費解。當時所遭遇到的不協調因素，在本書其他地方有過描述。

在對「歷史/宗教」概念的分析中，所有三個子類中「相同」一列中的事件，主要都是出體到「此時—此地」的產物。在第二列（「不同/不適用」）一列中，幾乎所有的出體事件都是到了「當前時空」之外的領域。第三列（「未知」）中是無法解釋或未報告的數據。如前一章所述，由於出體實驗的不斷進展，感知方面的變化也在穩步進行中。早期感知主要來源於第一列（即「相同」列）數據對應的實驗，而第二和第三列中的數據則代表了中後期的探索。顯然，只有採用新的概念，這些後來的數據結果才能落入「已知」領域。

依照相似和共性進行分類，我們發現了「現場」的另一種模式。

	特徵顯現時的實驗百分比		
在成功出體中的分布	現場一	現場二	現場三
時間	31.6	59.5	8.9
物質結構	85.8	—	88.7
能量守恆	75.4	52.5	75.8
重力	58.3	33.9	91.9
作用力／反作用力	54.0	23.3	87.11
輻射	60.2	20.7	67.3
社區組織	73.5	91.9	42.1
兩性關係	31.1	—	29.0
男性—女性	24.2	39.4	33.9
學習過程	1.9	—	0.2
成熟／成長	1.4	—	0.3
遺傳關聯	5.2	—	11.3
共生關係	12.8	—	33.9
文化驅動力	5.2	—	0.8
基本動機	43.1	—	71.0
技術發展	68.2	—	24.2
政治歷史	68.3	—	—
神學相關	13.7	—	—

還有一種不涉及「移動」的情況沒有包含在上表中，因爲它不屬於上述三個「現場」中的任何一個，這一點詳見第十二章中的描述。現場一在各方面都與物質世界完全一致。現場二則有多個面向，但證據表明它與現場一只有少量模式是相同的。這是一個對我們來說既熟悉又陌生的能量場區域，這裡沒有重力，但值得注意的是，幾條更重要的物理定律在這裡又適用。但從社會、歷史和哲學角度來看，與現場一鮮有類似之處。

現場三給我們帶出了一些神祕莫測的問題。除了幾個無法解釋的明確偏離點之外，現場三擁有與現場一幾乎相同的特徵。這些可以在「技術發展」「政治歷史」和「神學相關」分類下看出來。

只有擴大研究團隊的規模，對第二身體現象進行更深入探索，我們才能對這些領域進行眞正的比較研究。要這麼做，所需要的只是動力。

20 尚無定論

過了這麼多年以後，我仍然不知道自己當初是怎麼偏離「常態」的，偏離的原因又是什麼。表面上看來，沒有什麼明顯的原因。醫學和精神科學也沒有給出確定答案，這一點令我時而怨恨，時而悲傷，時而感激：怨恨的是，我原本對現代科學成就的範圍和廣度深信不疑，但現在這種信念已經嚴重動搖了；悲傷的是，與這方面直接相關的知識，在我有生之年都不太可能會實現全面發展；感激的是，我們這個時代中還有少數一些科學家擁有足夠的勇氣去客觀思考這些概念——這些可能會與自己多年的科研成果相左、與根深柢固的宗教和倫理信念相悖的概念。

因此，如果當前的科學理論無法解釋這一現象——除非經過「面目全非」的增減修改，那麼提出能解釋該現象的新假設看來也是合情合理。畢竟，我們也可以證明「人類無非是由幾十升水組成的」這一假設。只需要施以極大壓力，使現象「符合」理論。

以下假設，儘管對人們目前的啓蒙認知程度來說可能還無法接受，但卻值得認眞考慮。

沒什麼其他理論假設能夠比它提供更多解釋，解答更多問題了。這並不是說，這個假設就必然正確，因爲只有時間才能證明它是否有效。反過來看，目前也還沒有什麼已知理論能證明它是錯的。該假設的前提基礎肯定不是我獨創的，但對它的應用自我而始。

問題：實驗一旦完成，實驗裡的動物結局會如何？

在這個棲息著無數有情眾生的宇宙中，孕育生命的行星環境都遵循著一種典型模式。最基本的要求是，星球外圍要有一層彌散、束縛的屏障。在行星物質的正常進化過程中，當這層屏障形成後，這顆星球孕育生命的基本條件就達到了。

組成這層屏障的氣體和液體要有足夠的密度，以對來自母體和臨近恆星的輻射實現⑴偏轉、過濾和/或轉換，使輻射水平降低至生命活動所需的耐受點；以及⑵將行星內部產生的熱量保持在適當的均值水平，使之處於生化過程正常運轉所需的範圍內。

屏障一旦形成，到達行星表面的光線就會被過濾，到達的輻射也會被削減。行星上的能見度則會受到極大限制，只有地表附近的物體能被看到，而垂直方向上的能見度不到行星體直徑的十分之一。而遙遠的恆星、衛星或其他行星都無法被看見，最多，並不遙遠的母恆星發出的模糊光芒偶然可見，並隨著行星的自轉在地平線上升落。

在這樣的環境中，各種物質生命在不斷擴大的循環中誕生並進化。如果行星上沒有出現這種屏障，或屏障不能保持夠長的時間，物質生命就無法存在。在屏障層衰退或逸散到太空中後，星球上的生命就會衰落並死亡，除非這些生物具備夠高的智能知識水準，足以開發並設置自己的屏障。

那麼，一個合理的假設前提就是，所有行星體都能被分爲兩類，有屏障的和無屏障的。在擁有這種半透明屏障的行星上，物質生命可能得以進化，而無屏障的星球則會一片荒涼貧瘠，除了無機物以外空空如也。只有在極罕見的情況下，才會出現例外。

在這種環境中進化著的「有情眾生」，會首先覺知到並開始利用它們直接感知到的那些自然力量。按感知及利用順序，這些力量有：(1) 精神力（創造性的思維能量，超心靈力），(2) 生物化學能，(3) 核能，以及 (4) 重力能。電磁能只會被少量使用，它就像點火時會冒起的煙一樣，更多是作爲其他能量的副產品存在。

對於這些進化中的生命體來說，是通過發展超心靈力①滿足其主要需求。這些需求中第一個就是交流，這是一種與生俱來的權利。訊息在個體或群體之間的傳遞與接收，是超越時

①超心靈力（psi force），在超心理學中，psi 是超感知和念力中不能用已知的物理或生物原理解釋的未知因素。該術語源自希臘字母 ψ（psi，中文名稱「普西」），也是希臘詞 ψυχη（psyche，靈魂、心靈）的首字母。

間、空間限制的。通過經驗累積和學習、訓練，它們會熟練掌握超心靈力的其他用法，如移動物體、轉化物質、指導和控制較低進化的物種，以及與非物質世界生命體進行交流聯繫。

隨著智能生命體逐漸發展形成社會和文明，它們對其他可用力量的理解與認知就會較自然地產生。通常來說，由於一成不變且持續使用「超心靈力」不免單調乏味，個體（及社會）爲擺脫沉悶感，就會做出這種選擇。因此，它們便開始創造出機械方式來製造身體所需的營養，來掌握和控制行星環境，運輸物質，大量擴充移動方式，甚至用來調節和放大超心靈力。

通過對超心靈力的非物質感知，其餘幾種力量迅速被運用起來，用以滿足上述需求。很可能就在這個階段，該社會與本星球之外的其他社會以及非物質世界的居民有了首次理性接觸。

隨著邁向成熟的最後一步，該社會組織融入了那無限浩瀚的星際社會「大家庭」中。那麼隨之會產生關於「總體與造物主關係的眞理」這一主要成果就不足爲奇了。此時，錯誤的幻想和猜測會即刻煙消雲散。智能生命進化和擴展所要遵循的標準被與「能量的規則和法則」密不可分地交織在一起，並處於同樣的嚴密法度之下。

在遙遠的過去，許多這樣的社會組織都已經覺察到了來自一個遙遠星系外緣的低階超心靈力輻射。起初，這一現象只引起極少量的興趣。無論是從質量還是數量上來看，這似乎都只不過是某種亞智能動物所發出的信號。然而，一名空閒的技術員出於些許好奇，順手將這些超心靈噪音的原始數據丟進了隨機分類儀處理。令他驚訝的是，少量有超心靈力使用跡象的數據竟在處理結果中一閃而過。

出於對這一反常情況的好奇，他們將超心靈力探測器放置到該區域。不出所料，那裡有一個新社會正在誕生。這個異常事件令他們興奮不已，於是向這一區域發送了適用於新社會的標準超心靈通訊訊息。

奇怪的是，沒有收到任何回覆。後續的通訊嘗試也依舊毫無所獲。這次的情況實屬罕見。於是他們派出一個生態小組，去實地調查這一異常現象。

隨後的研究人員發現，信號來自一個十級恆星系統中的第三顆行星。他們環繞行星運行並進行觀測，結果表明，這裡的發展情況並不符合智慧生命繁衍的常規標準。行星外部的氣態屏障殼並不具備通常情況下完整、高過濾的特性。這顯然會導致超量的輻射到達星球表面，輻射量大到，即使從行星地表都可以清楚觀察到其恆星，而在沒有被恆星照射到的陰影面，還可以觀察到遙遠的行星和恆星。

此外，由於高轉速和其他因素，整個星球都充斥著強大的磁場。這一點，再加上那超常的輻射狀況，都對這個處於嬰兒階段的社會產生了深遠影響。

靠近行星後，他們發現超心靈噪音變得簡直無法忍受。如果沒有屏蔽或處理的設備，生態小組就無法降落在這顆星球上。這裡的超心靈力給他們的印象是原始、無理性、失控和不客觀的。然而在進行視覺觀察後，他們發現這裡已經出現社會集群和人造物品的雛形，並初步展現出征服自然環境的跡象。

幸運的是，小組中的一名成員在個人超心靈防護方面造詣頗深，他自告奮勇要到這個星球上直接建立物質聯繫。在他訪問地表時，其他成員則在這顆行星那零落荒涼的衛星上建立起來的庇護營地中耐心等待著。

這趟旅程證明了，這位調查員在極端條件下的防護能力訓練還是相當不足。他很快便精神力耗竭，不得不返回。幸而他已經在這顆星球上取得一些接觸。之前的發現是正確的，一個新社會確實在形成中，但所受的限制大到難以想像。這裡沒有任何關於超心靈力的知識，也沒有人能理解或使用這種力量。當他嘗試進行超心靈溝通時，居民們要麼驚恐逃離，要麼就像見到造物主似的拜倒在地，超心靈反應信號強烈。矛盾的是，經過仔細的超心靈探測後發現，偶爾會有「宇宙法則」閃過這些個體的心智，這顯然表明，種子確實早已播下，即無論這顆星球環境如何，這些生命都會按照「計畫」發展出社會結構。

了解到這些後，這支小隊返回自己的社會，對這一問題做進一步的探討。後來，其他裝備更為精良的調查團隊時不時造訪這顆行星，觀察這些艱難發展的智慧生命。所有訪問都遵守了一定的規則（適用於嬰兒社會），因此不會提供任何直接幫助，以免引發「文明壓制」的情況。少數情況下，會出現一些個體能夠智能地運用超心靈力，這些都受到了鼓勵。然而儘管防範周全，他們還是發現，這種對當地居民的直接訪問只會使一些神話傳說（源於被誤傳的接觸事件）更加深入人心。而個體出現客觀反應則是特例（通過超心靈探測得知）。這些反應也一直停留在「特例」狀態，沒有成為主流。

在最近的一些時期，情況有了重大變化。例行超心靈監測以及來自非物質智能的參考建議表明，這個受到關注的社會雖然仍處於生化階段，卻已經令人意外地進入核階段。核能量的應用自然會導向對星球引力的探索，根據歷史經驗，這就相當於為其今後星際旅行的繁榮發展鋪平了道路。缺乏對超心靈力場的充分理解，這個非超心靈的「新成員」如果與其他社會組織進行接觸，結果可能是災難性的。如果他們發展出物質層面的星際旅行技術，那麼這類接觸必然會發生。

考慮到這一可能性，研究團隊在不對「新成員」社會產生嚴重影響的情況下，加大了接觸力度。這樣做也很困難，因為同樣的障礙依然存在。當地居民仍然會對這種接觸進行「神聖化」的詮釋。一些被超心靈探測接觸到的人們，總是會失去理性，並被當作某種病人被隔離起來。而持久的超心靈交流通常會被認爲只是不眞實的，或是夢境（「夢」這個詞是該社會用來代表「充能」期間出現的那種缺乏協調性的超心靈活動，類似於宇宙正常社會文明中嬰兒的超心靈活動）。

與該社會中領袖團體的交流接觸最爲失望，因爲無一例外都失敗了。研究表明，這是因爲該社會將全部精力集中於物質層面的研究，長久以來一直將超心靈現象拒之門外，並且只能理解經由光、聲（氣體的振動）「傳感器」接收到的交流訊息，及各種（經機械產生並轉換的）電磁輻射。

唯一的微小進展是在一些沒有經過抑制性「科學」訓練的個體身上取得的。這些人就像一張張「白紙」，而且都籍籍無名，不用害怕名聲遭受損害。在這些相對「未受教育」的居民中，有一部分已經完成了卓有成效的理性思想交流。不幸的是，這種未經訓練的頭腦對收到的數據往往會做出高度扭曲的詮釋。更何況，這個年幼社會的當局因其無知，對他們的證詞與主張置之不理。

接觸工作仍在繼續。研究團隊將高水平超心靈力輻射設備投入使用，希望能在這個社會的成員們清醒、活躍的狀態下得到些突破。任何擁有一定智力以及客觀好奇心的個體都會接受到——有時是痛苦地接受到——超心靈力技術的基礎教育。其他個體會以「緻密粒子物質」或「超心靈實體」的狀態，被暫時帶離所處環境接受測試和檢查，以尋找解決問題的線索。

研究團隊不會採取任何直接行動。這是爲了遵守「較低進化社會」的通用保存規則。畢竟有一個已經多次得到證實的事實，這些較低等級的社會總是在與更先進的社會接觸時迷失。

以上這些假設的細節可能不太對，動機也不完全準確，但主線或許與現實相去不遠。我們於「他們」而言，也許只是實驗室中的有趣動物，被用來參與各種實驗，僅此而已。如果現在確實有生命體在嘗試與我們進行這種交流和/或實驗，那麼人類歷史上諸多未解之謎就有了解釋。這無疑會「橫掃」一切古往今來的神學信仰，畢竟無論以何種形式呈現的那些曾被歸於上帝及其助手的事蹟，與這一假設相比都將顯得平淡無奇。

生命科學，尤其是與意識、人格和神經功能相關的科學，將不得不經歷重大改革。我們可能會運用精確的知識來理解心理和身體方面的疾病，以取代現在廣泛採用的模糊假設。最能適應的將會是物理科學。在這裡，實驗和推斷將變得相對簡單，新資訊和新理論會建立在相當堅實的基礎之上。

而在個人層面上，上述假設的確能爲我的許多個人經歷提供一個合理解釋。逐項進行重新檢查則很有必要，以便在每種情況中都理出清晰正確的關係。像那些已經將多年的實驗、訓練和研究都投入在某個概念方向上的哲學家、精神科專家以及其他人那樣，我可不願再一次改變方向。

另外，以下早期出體實驗經歷值得一提，幾乎是逐字逐句從筆記中摘錄。

一九六〇年九月九日　夜

我躺著，身體呈南北朝向，突然感到自己正沐浴在一束光中，渾身不能動彈。光很強，似乎來自北方，與地平線呈約三十度角。對此我完全無能爲力，無法行使自己的意志，我感覺自己彷彿正在被動地與一個強大力量進行直接接觸。

這種智能以一種我無法理解的形式出現，它直接（沿著光束？）進入我的頭腦，似乎在搜索我腦海中的每一份記憶。這可把我嚇壞了，畢竟對於這種入侵我毫無抵禦能力。這種智能力量進入大腦（額頭上方），沒有傳達出任何安撫的想法或語言。似乎並沒有覺察到我的感受或情緒。它客觀淡漠、匆忙而明確地在我頭腦中搜索著某些特定事物。過了一會兒（也許只是片刻），它離開了，我得以「重新回體」。我起身，戰慄著，走到户外透口氣。

一九六〇年九月十六日 夜

它又出現了，同樣客觀淡漠的探索，同樣的力量，來自同樣的角度。然而，這一次我得到一個明確的感受，是「忠誠」將我與這一智能力量緊密聯繫起來，一直如此，而且我在地球上有工作要完成。

這份工作並不一定是我喜歡的，但卻是我的職責所在。我「看到」自己在管理一個「泵站」，這是一個骯髒、平凡的工作，但這就是我份內的事，我只能堅守，這種情況是沒有辦法、絕對沒有辦法改變的。我看到一些巨大的管道，由於太過古老，它們被灌木叢和鐵鏽覆蓋著。管道中傳輸的東西類似石油，但能量比石油高得多，有一些別的地方亟需這種東西，在那裡它價值不菲（假設：不是在這個物質星球上）。這種情況已經持續了億萬年，這裡也有其他的力量團體在汲取同樣的材料，它們互相之間競爭激烈，這些材料可以在某個遙遠地點或文明中轉換成對一些實體（它們遠遠超出我的理解能力）非常有價值的東西。

智能力量再一次迅速撤離，探訪結束了。過了一會兒，我從床上起來，感覺很壓抑。我走進浴室，居然有種感覺——工作結束了，現在應該洗洗手（雖然手很乾淨）。

一九六〇年九月三十日 夜

和九月十六日同樣的模式出現了。我再次感覺身爲一名泵站維護員，那個實體再次沿著光線（？）到來，在我的腦海裡搜索著，這次甚至要查看到底是什麼東西控制了我的呼吸器官。我似乎明白過來，這個實體是在尋找可以讓它們呼吸（在地球大氣層中）的物質，於是（在我腦海中）一個袋子的畫面被呈現出來，大概是兩英寸高，三英寸寬，一英寸厚，掛在腰帶上，然後我被告知「這就是我們現在的呼吸方式」。這給了我嘗試與之進行溝通的勇氣。

我心裡（同時也開口了？）問它們是誰，得到的回答我無法翻譯或不能理解。然後我覺得它們要離開了，便請求能留下一些可以表明它們來過的確切跡象，但得到的只是父親般的一笑。

然後它們似乎飛上天空，留下我在身後呼喚、懇求著。然後我確信，它們的心理與智力遠遠超出我的理解。這是一種客觀、淡漠的智慧，不帶有我們所崇尚的愛或同情，然而這可能就是我們稱之爲「上帝」的全能力量。縱觀人類歷史，這類訪問很可能就是人類所有宗教信仰誕生的基礎，而以今天的知識水準，我們並不能得出什麼比一千年前的古人更好的答案。

這時，天漸漸亮了，我從床上坐起來，開始哭泣。我深深地啜泣著，彷彿此生從未哭過似的，因爲那時我知道了，沒有條件、已然註定——我童年認知中的、全世界的教會和宗教中的上帝，並不是我們崇拜的那樣——而我的餘生，都將承受失去這一幻覺的「痛苦」。

那麼，我們，只是實驗完成後留下的動物嗎？或者，實驗仍在「進行中」。

21 前提：基本原理？

對於精通人文學科的人來說，本書的內容材料看起來可能像是對延續幾千年的思想脈絡的一種延伸。確實如此。那麼，爲什麼這些東西到現在變得重要了呢？

對此，我首先想說的是，這些材料並不是摘錄自古代書籍和前人研究的，而是來自於在二十世紀中葉已經出現且正在發生的事件。對比是建立在事實基礎之上。如果本書材料確實存在有效性，現代科學在對「第二身體」這一假設進行嚴謹而有組織的調查研究後，將可能爲人類帶來一次與哥白尼革命①相當甚至更爲偉大的躍進。這道裂隙可能就會成爲一扇大門，一扇開啓人類歷史新時代的大門。

假設前提：現有人類的範圍。

部分受到這個高度物質化社會的影響，我們已經習慣並受制於這樣一個概念，即「人類實體」本質上只存在於「物質身體」的範圍內。因此我們假設：活著的人類實體的邊緣——

它影響和被它影響的區域邊緣——延伸到了物質身體和意識心智之外。構成該區域的成分不是物質的或運動的，而是思想和情感。數據的傳輸與接收是不間斷的，在個體活著的每時每刻，無論是清醒還是睡眠狀態，數據交流都在有意識與無意識層面上進行著。人類實體以這種方式接收的數據可能有益，也可能有害，這取決於無意識心智對數據的詮釋。至於這些持續進行的數據輸入，對其產生的反應都可以在個體多變的身心狀態中找到。

比如，「邊緣」可以延伸至遠在他鄉的朋友，這位朋友就會客觀地或帶著情緒地想起你。然後同一時刻，關於他的念頭會莫明其妙地闖入到你的腦海，沒有經過任何相關記憶的引導或觸發。這種現象隨處可見、比比皆是，平常到我們都不會意識到它有何意義。只有將個體人際關係（當下及過去的）中幾乎無限的變化性和複雜性，與上述現象結合起來看待，你才能開始感受到這類數據的數量有多龐大，種類有多豐富。

看來基督教試圖在用一種非客觀的寓言來解釋這一事實。鄰居、朋友和敵人對你的想法會顯著影響你的精神自我，並通過精神層面反映在肉體層面。因此，個體的人際關係範圍愈

①哥白尼革命（Copernican revolution），指天文學領域從原先以靜止的地球為宇宙中心的認知（即地心說），轉變到以太陽為太陽系中心（即日心說）的認知，這場革命從哥白尼發表天體運行論開始，一直持續到艾薩克·牛頓時期。

廣、愈長久，他顯然就會受到愈多的輸入影響，與其人際經驗成正比。對於各國領導人來說，他們面對著成千上百萬人的「數據輸入」，承受著海量的善意或惡意情緒的湧入，其負擔之重難以估量。同時也要考慮到，你在他人身上引發的思想或情緒可是會「反饋」回到你身上。試著想像一個無形的神經網絡，從你而始，它將你和你遇到過的每一個人連接在一起。你發出的、進入你的各種信號（思想）沿著這張網絡川流不息。

從經常（無論有意或無意）想到你的人那裡，會伸出一條強韌而通暢的溝通管道。而另一個極端，則是那些可能一年才想起你一次的人。檢視一下你遇到過的和認識的所有人，以及許多你可能無意中影響過的人，那麼對於影響著你（無論何時）的諸多「非客觀信號」，你就能開始領會其可能來源了。

顯然，這些信號的品質千差萬別，主要取決於信號傳輸中攜帶情緒的強度。情緒愈強烈，信號就愈強。其情緒是「善意的」還是「惡意的」，並不會改變傳輸效果。

反之亦然。你會向自己所想的人傳遞信號，他們也會被你的想法影響。這裡的「想法」是指那些幾乎完全處於無意識水平的精神行爲，它們主要是情緒化和主觀性的。而相對的，當這種傳遞和接收被有意識地刻意製造，就是所謂的「傳心術／心靈感應」了。

對於這一現象，仍存在許多未知。在睡眠期間，接收和傳輸會增強很多倍嗎？當人類實體「死亡」後，這種影響就會停止嗎？它會影響到動物嗎？每一個答案，都會進一步引出無數個有待回答的新問題。而這是在擴展的「物質生命體驗」概念之中，我們要邁出的第一步。

假設前提：第二狀態存在性的實相。

許多（就算不是全部）在世人類都擁有第二身體。由於某種未知原因，許多（就算不是全部）人類的第二身體，會在睡眠途中暫時離開肉體。對於這一離體過程，人類通常沒有意識記憶，除了少數情況外。而更少見的情況則是「主動離體」。

然而，後一種情況向我們展現出一些驚人的數據和可能性。某種「實驗性的能力」只有一個人擁有，這是不可能的。如果一個人能進行「離體」這一行為，必然有其他在世的人也能做到，也許效率還更高。但是有多少人能做到呢？一千人中會有一個嗎？一萬分之一？十萬分之一？百萬分之一？讓我們假設，一百萬人中只有一個人能夠持續而有意識地在第二身體狀態下活動。這就意味著截至此刻，有超過三千五百個在世者可以在第二狀態下活動，可能技術比我更加高超。這麼一群人，如果將他們組織起來，是能夠掌控人類命運的。這就引出了一個問題：他們現在有組織嗎，他們正在控制著我們的命運嗎？

先不要覺得這太荒謬，想想以前我出體到現場一時「掐」了別人一下的那次，當時我就能夠在肉體層面影響另一個在世的人。既然有一個人能做到，其他人也能。也許改變世界的，也不過是於特定時間、特定地點掐一下某個人的身體。不難想像，如果某位國家領袖的大腦動脈被「掐」住，他可能就會中風發作。或者是另一位領袖出血的腦動脈被「掐」住而止住了血，就能死裡逃生。要做到這些，所需要的只是能力和意願罷了。如果說存在什麼規則會限制或威懾這種可能行爲的話，目前尚不明瞭。

此外，在第二身體狀態下活動的人還能影響其他人的精神層面。影響程度有多大、其方式如何，仍然不確定。然而，實驗表明這是可以做到的。這種影響可能只表現爲造成對方睡眠不安。也許會導致莫名的強迫行爲、恐懼、精神官能症②或非理性行爲。從數據來看，要系統性地、隨心所欲地達到這一效果，需要的只是高超的技術而已。

同樣，這種情況或許也是早有先例。

那麼，如果能對第二身體任意運用，產生的力量會非常巨大，在它面前一切其他對抗手段都將毫無招架之力。掌握這種力量的人，很可能有對「在這一知識領域展開的任何嚴肅深入的研究」進行封鎖或「改變方向」的能力。種種歷史跡象表明，某些事物已經使這個方向的發展受到阻礙。首先，是「無知之牆」。然後就是「迷信的帷幕」。如今，兩大障礙並存：（對於這類研究的）來自宗教組織的質疑以及主流科學界的嘲笑。

另一方面，對這一力量的運用也可能是在有活力、有智慧的或冷淡客觀的監管者的控制和指導下進行的，而這或許能夠防止「非建設性干預」的出現。有一些跡象表明，情況可能確實如此——我們也只能希望情況如此。

那麼，讓我們假設，這種高手將會對第二身體進行深入嚴肅的研究。然後一個接一個，其他人也會陸續學會這種技術，於是這一現象將被普遍接受。然後呢？

首先，人類對於「自身與上帝之間關係」的疑惑都將煙消雲散，而人類的定位（相對於自然以及宇宙）也會成爲確切無疑的知識。你會「知道」，而不是「相信」，死亡到底是種「過渡」還是「終結」。有了這類知識和更爲豐富的經驗，宗教衝突就不會存在。很可能天主教徒、新教徒、猶太教徒、印度教徒、佛教徒等等，在知道各自在現場二中都有相應的位置後，仍然會保留自身的大部分個性。然而，大家最終都會明白這一事實，並理解「光譜」包含著無限變化。每種宗教都會辯稱：「這就是我們一直以來試圖告訴你們的。」

---

②精神官能症（neuroses），屬於功能性心理障礙的一類，病人會感到痛苦，還會產生妄想、幻覺與幻聽。

祈禱的技術可能會被重新發掘。對宗教產生的認知（而不再是信仰）將極大地改變宗教儀式。那麼，人類就能夠擁有一個良好的基礎——千百年前無知且相對未受教育的狂熱教徒們，他們對主觀體驗到的並/或觀察到的扭曲異象的曲解，不再能影響我們——在此基礎之上，我們得以系統地爲「在現場二的生活」做準備。但這樣一來，人類可能不得不面對令人不快和不適的那些事實。毫無疑問，傳統中對好壞、對錯的概念會得到徹底的翻新。對眞相的認知會帶來痛苦，或許延續一代人之久。

醫療行業將受到嚴重影響。對肉體健康與第二身體之間可能關係的理解，將極大地影響目前這種純機械化的診斷和治療方式。第二身體與肉體的確切關係我們現在還不清楚，但是可供探索的空間很大。目前心身醫學③實踐的成果不斷湧現，這爲我們提供了額外的線索。但是，要在這些領域實現科學精確度，還是很有挑戰性的。

在第二狀態數據的衝擊下，心理學和精神病學將很快變得面目全非。這個領域的人類知識受到的影響，會比宗教更大。現有的精神官能症、精神病、無意識、超我、本我④的定義可能需要修改或捨棄。而導致精神疾病的眞實原因得以被揭示（不再是依據不完善的理論體系做出最終診斷），就是一種早期跡象。許多被貼上「精神分裂症」標籤的人，很可能都是患上某種第二身體相關疾病。

從第二狀態的觀點來看，一個肉體意識清醒、醒著的人，由於某些缺陷或未知原因而同時受到現場二的影響，很可能無法適應這種「雙重現實」的輸入。許多「精神病患者」聲稱自己聽到的「聲音」，可能眞實存在。緊張性抑鬱障礙⑤可能只不過是第二身體因某種異常原因離開肉體導致的，就像有人在離開家時任由家中那些自動運轉的電器設備繼續工作，然後便一去不返一樣。而偏執型受迫害妄想⑥的患者，可能確實是遭受了生活在現場二邊界層中的次人類物種侵擾，這是屏障在某些情況下無意中受到破壞所致。

心智思維本身的運作原理，自動系統運作，大腦的實際功能，超意識、靈魂或精神的關係，可能都會成爲新概念當中的常識。神祕主義者、哲學家和出體者宣稱的「高級意識狀

③心身醫學（psychosomatic medicine），是一個跨學科的醫療領域，研究社會、心理、行為因素對人類或動物的身體新陳代謝、生活品質的影響。

④在精神結構學說中，佛洛伊德將精神結構分為本我、自我和超我三個階層。超我是精神結構中最後發展的部分。超我是從壓抑本能要求而進化來的，是指人格結構中的道德良心和自我理想部分。本我則是人格中最早，也是最原始的部分，是生物性衝動和欲望的貯存庫，完全處於無意識當中。

⑤緊張性抑鬱障礙（catatonia），一種少見但嚴重的抑鬱障礙形式，包括運動功能紊亂和其他症狀，也是精神分裂症的一種常見病徵。病人經常保持緘默且僵直，或者不能活動或做無目的的甚至是怪異的動作。

⑥受迫害妄想（hallucinations of persecution），精神病學術語，亦稱為「被害妄想」。特徵是患者毫無根據地堅信自己或親屬受到迫害。患者常幻想出完整的受迫害經歷，以及有關的人和事，如被跟蹤監視，被陰謀陷害等。

態」可能會成爲渴望或有能力掌握這一技能之人的日常體驗。

如果第二身體的概念成爲眾所周知的常識，那麼與我們每個人日常生活中將會發生的劇變相比，以上種種可能性就會相形見絀。

首先，我們一天二十四小時中用於睡覺的三分之一時間將不再難以探測。也許我們仍然會稱之爲「睡眠」，但至少能知道自己在睡眠中做了什麼。根據有限的證據，我們知道睡眠首先是一個讓身體充能的過程。這一過程可能就是在第二身體自動進行不同遠近的離體旅行時實現的。有時候，第二身體可能只是離體一小部分，一英寸那麼點距離。而有時候，離體旅行的距離可能無法用物質界的測量標準來界定。這種離體行爲如何爲身體充能，目前尚不可知。我也不知道爲什麼有些人的離體「旅程」會遠至天涯海角，而有些則會近在咫尺。

對於我們現今定義中的「夢」，似乎有兩種解釋。第一種，常見的那種夢可能是我們的無意識在整理最近感知到的數據時，進行的某種「計算機式行爲」。第二種是我們能生動形象地回憶起來的「經歷」（雖然也被我們稱爲「夢」），實際上可能是由第二身體在離體狀態下活動時接收到的內容組成。除此之外，可能還有許多其他我們尚且不了解的類型或子類。只有在該方向上進行研究，才能撥雲見日。

無論如何，我們定義中的「睡眠」（那好夢沉酣或惡夢連連的八小時）將露出其眞實面目。這可能會促使我們調整睡眠需求。也許以後在二十四小時當中，我們只需要兩個小時的睡眠就夠了。未來的研究甚至可能證明，每小時安排五分鐘睡眠，會是個有效得多的「充能」方法。八小時的夜間睡眠期可能只不過是環境影響下的習慣性產物。對第二狀態的研究應該能解決這些問題。

假設前提：第三種力的存在。

這種力就是第二身體得以運作所使用的能量方式，思維過程很可能也建立在它的基礎之上。我們尚不清楚這種力到底是生命體產生的，還是一種永存力場，被這種生命體以某種方式調用。然而，它確實有一些顯著特點。它與電和磁都有著明顯的關係。我們可以將其想像成是一個「三元組」，而這種力就是其中之一，三者之間可以循環轉換。也就是說，在電、磁與X力兩兩之間進行。因此我稱之爲「第三種力」，這個名稱不是我首創的。在久遠之前，上述知識可能本就是一種常識，而我們神學中的「三位一體⑦」說法或許就是那時出現

⑦三位一體（Trinity），基督教認為上帝只有一個，但包括聖父、聖子耶穌基督和聖靈三個位格。三者雖位格有別，而本質絕無分別。

的，只是在後來的傳承中被扭曲了。

鑒於電和磁之間的相互作用，看起來「三元組」中的一項會在另外兩項中產生次級或三級形式。因此情況可能是這樣的，我們在思考時會使用這第三種力，而它只會極微弱地表現爲純粹的電力或磁力形式。我們推測，現有的設備已經可以檢測和測量這第三種力。然而截至目前，尚未出現嚴肅的系統性研究。另一方面，尚無證據表明使用強電、強磁或任何電磁輻射組合可以顯著產生出這個「第三種力」。然而，這二者確實會對第三種力產生影響（很像光受到影響的方式）。

對我們那唯一已知的傳感器——人類大腦——進行的實驗表明，意識會不斷試圖以電和振動的方式來把這「第三種力」象徵表現出來。在試圖將這種能量場轉譯爲已知體驗的過程中，大腦會「看到」和「感覺到」電導體、閃光，甚至常常出現實際的肉體振動。

在一項測試中，如前所述，我曾在帶電的法拉第籠中嘗試進行離體並在第二身體狀態下移動，當時我的肉體完全被強大的直流電場包圍著。我發現，第二身體無法穿過通電的籠壁。但在斷掉法拉第籠的電流以後，就沒有問題了。

在出體實驗的早期階段，不管試圖在第二身體狀態下移動多遠，都會受到頭頂上方像是電力電纜或電線之類的限制，就像一些老城鎮街道上空縱橫交錯的電線那樣。要讓第二身體成功離開肉體去到更遠的距離，其中一點是要認識到這一「屏障」的性質及其與電磁輻射間的關係。心智在第一次感受到這種力量時，將其解讀成了「電線」。一旦識別出這一情況，通過屏障就相對簡單了。

還有一次出體經歷也證實了上述關聯性，當時我的第二身體——後來在物質界實地考驗後得以證實——正位於一條街道上方，在上空高壓電線磁場的包圍下移動著。在第二狀態下，無論何時遇到第三種力的「現身」，我們的心智都會首先把它感知和解譯成「電」。

截至目前，還沒有出現任何有效方式能探測或測量這「第三種力」，而且將來也不會有，除非人們開始重視「三位一體中是否真的存在第三種力」這一問題。

假設前提：現場二的存在。

這一實相是一種人類意識無法想像的「比例」（proportions）概念。然而，所有的實驗都不可避免地指向了該結論。

縱觀歷史，我們不難辨認出「現場二」正是人類的夢和沉思的主體，也不難理解人類與之相關的各種模式了。這些模式是人類試圖用合適的語言對「現場二」這一巨大未知進行詮釋時產生的。從現有的證據來看，現場二確實可以既是天堂也是地獄，就像我們現在的世界一樣。但其中最重要的一點是，現場二的大部分領域，實際上既非天堂，也非地獄。

從我們迄今爲止的出體實驗來看，還不確定是否每個人在去世後都會自動「去」到現場二。此外，也沒有現存證據材料可以表明現場二中的人類人格會永久存在。也許我們在離開現場一（此時—此地）後，就會像漩渦或渦流一樣逐漸失去能量，並最終消融到現場二環境中。可以想像，上述過程會使我們承認，「生命不會止於墳墓，但也不會永遠存在」這個意義上的「永生」是存在的。也許人格的構成愈強，那麼它在這種非物質存在狀態下的「生命」就愈長。因此，「死後存在」既是現實也是幻覺。

現場二似乎是無邊無際的。在我們目前爲止遇到的情況中，似乎都沒有什麼辦法能夠測量或計算這一陌生而又熟悉之地的廣度和深度。從一個區域移動到另一區域的速度通常很快，我們也就無法估算或觀察兩地的相對空間位置。就目前所能確定的來說，現場二中的地點和我們的物質宇宙之間沒有什麼關聯、關係。兩者的地點之間可能對應，也可能沒有。當然，這一非物質領域並不以我們所生活的地球爲中心。相反，現場二似乎只有很小一部分包繞著物質世界，因此是我們的「入口」。

在現階段，我認爲人類意識不可能完全理解現場二的實相，這就像讓電腦去做沒有讓它編程好的事。我們目前發展出的意識水準，還沒有做好理解這些的準備。然而，這並不是說我們的意識沒有這種能力，或以後也無法做到。通過練習目前這些還不甚清晰或有待成形的技巧，我們很可能可以對意識進行深化或擴展，從而能開始認識和接受現場二的實相。

另一方面，我相當確定的一點是，潛意識、無意識、超意識、超我、靈魂——或無論將我們這一「非物質、非意識」的東西稱爲什麼——通常都比較能覺察到現場二的存在，且對它也比較熟悉。這種覺察對人類意識思維有多大影響？人類最卓越的哲學家們都曾對這一問題有過深思。許多人認爲它支配著我們清醒時的行爲，實驗記錄似乎也證明了這一點。我們是「自我」的主人，但並非在「意識」層面。現場二中的行爲可能會對我們的日常活動產生強而有力的影響，而「意識自我」卻對此完全沒有覺察。

毫不誇張地說，與現場二有關的筆記眞的足足有成千上百頁，但其中大部分都無法被轉譯成現場一思維模式能理解的內容。無疑，其中大多數筆記也與「吸引該人格自我（同類相聚）」的那個部分有關，而這也只不過是整體中的一小片。

假設前提：一處矛盾的存在。

我們與動物及所有生物都有著相同的「第一指令」，早至受孕時刻起，就已經存在。它凌駕於任何其他本能之上。這一深深銘刻在我們生命之中的指令就是：生存！

「恐懼障礙」就是由此而生。要想實現隨意地離體，必須先克服這一障礙，畢竟靈魂出體與死亡十分類似，而死亡是種終極的、對「生存」這一指令的失敗響應。

我們進食，是爲了滿足生存欲望。而有些人常常會強迫性地進食，因爲這是對「生存」指令的一種反應（在面臨饑餓以外的威脅時）。我們把這一指令解讀爲了「追求物質財富並保護自己的財產」，而繁殖的衝動又以另一種方式響應著生存指令的號召。任何威脅到自我的事物，都會觸發我們的自動防禦或否認機制。我們熟悉的「戰或逃反應⑧」就是對生存指令的一種身體反應。將「生存」作爲首要指令，就意味著我們要用一切可用的方法來避免死亡。

但是矛盾在於，人類最重要的理想主義觀念、崇高美德及偉大壯舉，都是建立在否認和/或拒絕這一指令的基礎上。把自己的麵包施與他人的人，以早逝爲代價供養家庭的人，毫不利己地服務社會、爲國奉獻之人，甘冒生命危險甚至爲了他人犧牲生命的人，他們都做了「正確的事」。

因此去做「正確的事」（人類觀念中最值得崇敬的、最神聖的人類行爲），就是直接違反了上帝對所有生命的首要指令——生存。此外，使這一矛盾雪上加霜的是，如果（以最基本形式表現出來的）生存衝動的服從和/或臣服沒有實現，就不可能達到第二狀態。

DNA啊，可眞是個交錯的矛盾體⑨。

通過這些基本原理，我們可以引申出一千個次級假設，就像層層氣泡從大海底部有機碎石下的原始物質中冒出來一樣。氣泡上升，穿過沉積了一層又一層的誤解，滲入光中。燒掉證據，忽略它們，會不會更好？還是說，我們可以利用現有的所有潛力，來拓寬這道門？

後者會帶來這種可能：在二〇二五年，現場一的一名男孩按下了類似手提式收音機設備上的按鈕。我察覺到了信號，把注意力轉向了他。

「你好，孩子，」我熱情地向他打招呼，而我的曾曾孫子回以微笑。

---

⑧戰或逃（fighter-flee），又稱「戰鬥或逃跑反應」（Fight-or-flight response），是動物感知到有害事件、攻擊或生存威脅時做出的生理反應。

⑨原文是 have the wires crossed，此為英語諺語，直譯是交織的線，引申為不同意見及迷惑。此處作者意思是，遺傳物質DNA（去氧核糖核酸）雙螺旋結構就像交織在一起的電線，一語雙關地暗示他提出的「矛盾」在DNA的雙螺旋結構中似乎已經有了體現。

結語：個人檔案

羅伯特．門羅來到托皮卡①退伍軍人醫院研究部（Veterans Administration Hospital Research Department），讓我們能夠對他的人格與出體經歷之間的關係做更加深入的研究。我們這一調查的主要目標是獲取深入的「心理評估」。在密集的面談和一系列多種心理測試中，門羅以非常積極、開放的態度配合我們的工作。這些測試的目的是爲了檢查他的「無意識心智」的深度、他的價值結構、幻想生活以及他心智的人文主義或自我實現方面。我們也對他進行了一次簡短的心理—生理實驗，將在後文予以詳述。

在回顧我們了解到的門羅的大量生活訊息時，我試圖從中理出脈絡或是提取出主題以作總結。一些使他區別於其他（出體體驗）報告者的個人經歷是我們需要關注的，如：門羅，時年六十歲，是一位商人，儘管受過相對純粹正統的美國「南方式」教育，但是從他的一些人生經歷中可以看出，他自幼時起就異於常人，在智力與情感方面的發展不均衡，而且他的個體感與獨立感也異常成熟。他報告說，他的第一次出體經歷發生在成年後，這是另一個不同之處。因爲在我們的研究工作中，我們發現許多人的出體或類似經歷是發生在童年時期。

首次的出體經歷通常發生在嚴重疾病、分娩、使用各種藥物（包括麻醉劑）或對個體心理或身體有威脅的極端狀態出現之時。而羅伯特・門羅第一次出體時，似乎沒有身患任何嚴重的身體疾病。他當時已經四十二歲，正處於人到中年的調整變化階段。還需要注意到的一點是，他小時候得過嚴重的猩紅熱，這種病會使人發高燒。據他說，雖然他母親是醫生，能夠在家裡照顧他，但他當時還是病得很重。此外，後來門羅的腦部出現了動脈硬化性狹窄的跡象，這可能造成了容易引發這類出體經歷的腦部低氧狀態。

門羅最不尋常的地方，在於他對出體經歷的處理方式。如果我們也遇到這些情況，大多數都會被嚇得魂不附體，並會竭盡全力避免再次體驗到。很顯然，最初門羅會去反覆就醫、想得到關於這些異常體驗的解釋，就是受到其父母的學識和醫學背景影響。

眞是令人驚訝，人類行爲竟會如此——試圖通過行動和實驗，去理解他們潛意識中占主導地位的事情。「天空」是貫穿門羅人生的一個興趣主題。天空是他的舞台，從很小的時候開始，他就製作過飛機模型。在高中時還學過駕駛飛機，後來還成爲一名出色的滑翔機飛行員。這是我注意到的兩類人（擁有直接出體經歷的人與只是研究這種現象的人）之間的不同

①托皮卡（Topeka），美國堪薩斯州東北部肖尼郡的郡治，也是堪薩斯州的州政府所在地。

之處。我注意到，擁有直接出體經歷的人不僅常常在兒時有過一些幻想（如和想像中的朋友們一起玩、見到神仙等），還經常會記得自己有過想要像鳥一樣飛翔的幻想，並且做飛行夢和墜落夢的次數也更多。門羅人生中的另一個重要主題是他很關注事物的「移動」。在一起回顧他的家庭背景時，他在回憶起童年的時候情緒激動，尤其說到乘坐火車的經歷時。「移動」這一主題在他的人生中常常出現，就像在心理測試材料中展現的一樣。

門羅有許多發展「不平衡」的才能。他從小就非常獨立。他的父親是一位學者，性格沉穩而威嚴，但脾氣平和，是一位模範家長。他的母親是一位醫生，在家庭中更占主導地位，不過並非是以專制激進的方式。門羅的個人天賦是以傳統家庭中不常見的方式得以實現的。他的父母給予相當大的自由度，他們也較爲認可其不尋常的天賦，尤其是機械方面的能力，這一能力在他的直系親屬身上都沒有出現過。他有兩個姐姐，大姐跟他之間的競爭頗爲激烈，他還有一個小他很多的弟弟。他的天賦還包括四歲時就能夠讀寫。儘管如此，他在學校表現平平無奇，直到大學時遇到一位他感到能理解、接納他的老師，在這位老師的指導下他成爲了一名優等生。小時候他是同齡孩子中的帶頭人，極具創造力，求知若渴。他自學成才，就像這個領域的許多人一樣。他還表現出探索「意識轉化」狀態之人共有的一個特徵，即遵從自己的主觀經驗，並由此而行事。換句話說，他相信自己的經歷，並且會非常獨立和堅定地探求自己心中認定的事。

我們在研究中發現，有出體能力之人都存在某些個性特徵，而這一點在門羅身上確實也有所顯露。這些特徵包括從年紀很小時就傾向於在社交方面感到較爲孤獨，感覺與眾人不同，經常認爲世界有些陌生。這種相對孤立的個性，總是伴隨著形成獨立自主個性的傾向，同時也會傾向於成爲領導者，並且較有進取性，喜愛冒險。

門羅能夠運用其領導能力和其他天賦才能，將一些經歷（大多數人會試圖否認和避免的）放在一個高度創造性的框架中加以研究。因此像門羅這樣的人，能夠利用其內在心靈體驗來指導自己的人生。門羅沒有受過東方的、冥想類的或其他玄學方面的特殊訓練，但不知何故，他能運用這些直覺式的能力。像其他出體者一樣，門羅是一個形象化思維的人，即以視覺方式記憶，並以格式塔②來思考。他的夢也是視覺化的，色彩鮮明，栩栩如生。

也許貫穿門羅人生最常見的一個主題，就是他擁有一種安全感——不必持續「界定」外部世界。這種態度賦予他在不同實相間穿梭的能力，而這些實相領域是一般人無法觸及的，

②格式塔（Gestalt），又稱為「完形」，是德文 Gestalt 的譯音，指「模式、形狀、形式」的含義，指「動態的整體（dynamic wholes）」。

因為這些人總是出於這樣或那樣的原因，被人生驅使著對物質外部世界進行持續的界定。

門羅早年不僅獨立，還有倔強和反抗傳統的傾向，但沒有證據表明他這種主要隱藏在內心的叛逆給他的生活帶來過什麼大問題。他身上沒有顯露出童年受過重大創傷的跡象，也沒有顯露出精神科醫生可能會尋找的那種童年問題。我認為這是由於他與父母的關係很好。他的父母沒有典型的中產階級生活態度，自身也很獨立。他的母親充滿活力，傾向於將生活中的陰暗面置之腦後，這一點在門羅的性格分析結果中也體現出來了。門羅及其母親似乎都具有傳統精神病學的術語中所稱的「否認」或「迴避」態度，只不過他們是有意識地這麼做，而且也沒有帶給自身不便。他在與人溝通時總是持有一種妙微的交流方式——專注於求同存異，從而常常能夠激發出人們最好的一面。他沒有過重大的童年創傷，儘管有過一次被他稱為「嚴重創傷」的經歷是從小城市搬家到大城市。他十五歲上了大學，進入醫學預科學校，並最終以優異成績取得了工程師資格，儘管他大學期間選擇的課程相當不「循規蹈矩」。

門羅在少年和青年時期主要忙於創業。他開辦過劇院，製作並導演過許多廣播劇和電視節目，他創業多次，也失敗過不少，但每次都能把願意幫助他的人聚集到身邊。這種獨立、虔誠、接地氣、不故弄玄虛的典型「美國夢」式事業發展方式，看來為本書及門羅後來工作中所充分體現的簡潔明瞭的觀察方式奠定了良好基礎。在他與自身、親近的小圈子、家庭、同事和朋友的關係中，普遍存在著對「人與人間的關係」而非物質財富的重視，並有著「人性本善」的總體觀點。

門羅既能接受本書描述的極度神祕的旅程，又同時是一名稱得上「傳統」的成功商人、幾個孩子的父親，既不顯得怪異，從不奇裝異服，也不經常「拋頭露面」證明自己的特殊能力，他是如何做到的？他不僅能堅持不懈地進行自己的研究，建立自己的人脈，還能始終對自己的人生負責。一項心理測試顯示，他擁有「自我實現③」的個體特徵，特別是擁有一種「從生活中的對立面看到有意義的關聯性」的突出能力，在這方面他的測試得分特別高。門羅還顯示出一些在引領「意識轉換」領域、爲該領域帶來發展的人士身上會注意到的特徵，即對無意識中一些強烈的情緒進行分離和封存的傾向。「從對立面中看到意義」這種心態部分還包括謹慎對待對立雙方，並利用對立雙方間的張力能量進行創造。這類人往往會表現出強烈的思想和感情，對批評也會很敏感。

我們對他做了「死亡態度」測試，結果表明，與常人相比，門羅對死亡的焦慮和恐懼非常少。而一些有過靈魂出體經驗人士的著作和相關研究，明顯強調了「對死亡的抗拒」。從

③自我實現（self-actualization），指個體的各種才能和潛能在適宜的社會環境中得以充分發揮，實現個人理想和抱負的過程，亦指個體身心潛能得到充分發揮的境界。

某種程度上來說，這似乎合乎邏輯，尤其是其中一些人的首次出體恰恰就發生在我們大部分人不會經歷的瀕死體驗過程中。也許瀕死體驗就這樣被深深地烙入腦海，並可能使「無意識心智」不斷擔心這種危險狀況的再次發生。在深入分析門羅的心理測試結果後，我們沒有發現任何證據表明他害怕或試圖否認死亡，測試結果主要顯示了他會包容、控制和利用其無意識中強烈的分裂情緒。

在高強度心理測評的間隙，我們在醫院的心理–生理實驗室做了一次簡短的實驗。來自美國堪薩斯大學醫學中心（Kansas University Medical Center）的心理學家福勒・瓊斯（Fowler Jones）博士到場參與了共同觀察。我們要求門羅進入他定義爲「靈魂出體」的意識狀態。我們讓門羅接上記錄儀，測量他的腦電波以及焦慮度和警覺度（根據GSR膚電反應④）。在三十分鐘時長範圍內，我們通過單向鏡對他進行觀察。驚人的是，他的呼吸速率極爲緩慢，而放鬆程度很深。他的呼吸很淺，有時根本就不呼吸，隨後又會大口呼吸幾次。在一名技術人員進入房間告訴我們他的腦電波在發生變化之時，我和瓊斯博士正看到門羅上半身彷彿像熱浪似的扭曲，而下半身則清晰可見。這一扭曲現象一直持續到實驗結束前約兩分鐘。門羅在實驗前曾表示，他可以很快離開肉體，但不能發出信號，不過，他可以在回體的五秒鐘內發出信號——他確實做到了。這個信號也與他腦電波一次變化的出現有關聯。由於記錄儀的連接有問題，技術員在實驗過程中進入房間檢查過導線的連接情況。有趣的是，當技術人員試圖調整連接電極時，並沒有出現相應的使門羅的GSR水平升高的記錄。從技術角度來看，在出體過程中，門羅的GSR水平顯示出大約一百五十微伏的升高，並且在出體實驗開始後，就完全不受特異性或非特異性反應⑤的影響，即使技術人員在調整電極時碰到過他的身體。這一點很反常，畢竟GSR對這種干擾非常敏感。技術員還注意到，當時門羅的皮膚非常乾燥並在發熱。

在重新回到肉體以後，門羅稍顯混亂，口頭表達不太清晰，也無法立即回憶或描述剛剛的經歷，不過後來他清楚描述了自己在出體後離開了實驗室，進入了記錄儀和技術員所在的房間。還有一項值得注意的是，相比其他擅長出體者做的報告，門羅在這個短短的非正式心理─生理實驗開始之前，向我們展示了在靈敏電壓表上方揮揮手掌就能使指針移動。這類對能量的操縱行爲也可能爲實驗中一些技術問題的出現提供了解釋——高靈敏儀器經常會因技

④GSR膚電反應（Galvanic Skin Response），又稱「皮膚電反應」，是一種情緒生理指標，指機體受到刺激時皮膚電傳導的變化。

⑤特異性反應（specific response），是指針對某種特定來源的反應；非特異性反應（nonspecific response），是不針對某種特定來源的一種普遍性反應。

術問題而發生故障。在這種情況下，能量就像被引爆一樣，以至於無論是實驗員還是受試者都無法完全掌控這種局面。

對門羅的腦電波進行計算機分析後，我們發現他大部分大腦能量的頻率處於4-5Hz（θ）範圍內，完全沒有高於10Hz。他將大腦能量集中在了很窄的頻段內。在對門羅的錄音帶系統進行實驗時，我們也發現了類似現象。雖然門羅在這次實驗中並沒有聽錄音帶，但顯然他可以專注意識，使腦能量集中在狹窄的頻帶內。當技術人員注意到腦電圖出現變化時，他的大腦能量顯然正從左側轉移到右側。他的常規腦電圖十分正常，沒有癲癇跡象，也沒有表現出對過度換氣⑥或光刺激有什麼異常反應。後來我們對他的腦電圖進行統計分析（變異數分析）後發現，在腦電波頻率方面，他的左腦與右腦之間沒有明顯異差，但當他進行出體活動時，腦電波頻率顯著降低了。在離體過程中，他的腦電波頻率的變化相比之下要小得多，此時相比於左腦，右腦的變化也小很多。此處的差異在統計學上十分顯著（$P<0.001$⑦）。

這表明了什麼？本質上來說，這個簡短實驗表明，門羅在他定義爲「出體」的狀態下，能夠將大腦能量集中在狹窄頻帶內，並能使身體產生肉眼可見的扭曲，且此現象已由兩個人在低照明條件下獨立觀察到。他能夠使身體達到罕見的深度放鬆狀態，這就是他聲稱的在

「焦點10」錄音帶狀態下所做的。就好像當時他的肉體處於麻痹昏迷狀態，而不是睡著了。在其他實驗中，我們發現對應於「出體」的發生，還出現了別的腦電波類型，但都有一個共同點：腦電波頻率減慢，能量焦點轉移。

總而言之，我們可以這樣評價門羅，他的人生充滿活力，使命感極強，而且他對知識的追求和不懈渴望，很好地印證了W．R．英格⑧曾經說過的話：「我們的考驗（test）是不會有錯的。任何觀點，只要能讓我們加深對於所處世界中重大問題的意識，那麼它都比削減這種意識的觀點更讓我們接近眞理。」

斯圖亞特．W．特威洛（Stuart W. Twemlow），醫學博士、精神病學家
托皮卡退伍軍人醫院研究部主任
門寧格精神病學學校（Menninger School of Psychiatry）教職員

---

⑥過度換氣（overbreathing），即 hyperventilation，當個體過度換氣時，過量的肺部通氣會導致二氧化碳不斷排出，超過身體產生二氧化碳的速率。

⑦統計學中的 p 表示機率（Probability），反映某一事件發生的可能性大小。$P<0.01$ 就表明有顯著的統計學差異。

⑧W．R．英格（William Ralph Inge, 1860-1954），是英國作家、聖公會牧師、劍橋大學神學教授和聖保羅大教堂院長。曾三次被提名為諾貝爾文學獎候選人。

This translation published by arrangement with Doubleday,
an imprint of The Knopf Doubleday Group, a division of Penguin Random House, LLC.

衆生系列　JP0214

靈魂出體之旅——對「生命」根本真理的探索記錄
Journeys Out of the Body: The Classic Work on Out-of-Body Experience

---

作　　者／羅伯特．A．門羅（Robert A. Monroe）
譯　　者／心夜明、空青
責任編輯／劉昱伶
業　　務／顏宏紋

總 編 輯／張嘉芳
出　　版／橡樹林文化
城邦文化事業股份有限公司
104 台北市民生東路二段 141 號 5 樓
電話：(02)2500-7696 ext2736　傳眞：(02)2500-1951
發　　行／英屬蓋曼群島商家庭傳媒股份有限公司城邦分公司
104 台北市中山區民生東路二段 141 號 5 樓
客服服務專線：(02)25007718；25001991
24 小時傳眞專線：(02)25001990；25001991
服務時間：週一至週五上午 09:30 ～ 12:00；下午 13:30 ～ 17:00
劃撥帳號：19863813　戶名：書虫股份有限公司
讀者服務信箱：service@readingclub.com.tw
香港發行所／城邦（香港）出版集團有限公司
香港灣仔駱克道 193 號東超商業中心 1 樓
電話：(852)25086231　傳眞：(852)25789337
Email：hkcite@biznetvigator.com
馬新發行所／城邦（馬新）出版集團【Cité (M) Sdn.Bhd. (458372 U)】
41, Jalan Radin Anum, Bandar Baru Sri Petaling,
57000 Kuala Lumpur, Malaysia.
電話：(603)90563833　傳眞：(603)90576622
Email:services@cite.my

內　文／歐陽碧智
封　面／耳東惠設計
印　刷／中原造像股份有限公司

初版一刷／ 2023 年 7 月
ISBN ／ 978-626-7219-41-6
定價／ 600 元

城邦讀書花園
www.cite.com.tw

國家圖書館出版品預行編目（CIP）資料

靈魂出體之旅：對「生命」根本真理的探索記錄 / 羅伯特．A．門羅（Robert A. Monroe）著；心夜明，空青譯．-- 初版．-- 臺北市：橡樹林文化，城邦文化事業股份有限公司出版：英屬蓋曼群島商家庭傳媒股份有限公司城邦分公司發行，2023.07
面；　公分．--（衆生：JP0214）
譯自：Journeys out of the body : the classic work on out-of-body experience
ISBN 978-626-7219-41-6（平裝）

1.CST: 靈魂　2.CST: 超心理學

175.9　　112008868

廣　告　回　函
北區郵政管理局登記證
北台字第10158號

郵資已付　免貼郵票

104 台北市中山區民生東路二段 141 號 5 樓

城邦文化事業股份有限公司

橡樹林出版事業部　收

請沿虛線剪下對折裝訂寄回，謝謝！

|橡|樹|林|

書名：靈魂出體之旅──對「生命」根本真理的探索記錄　書號：JP0214

橡樹林文化

讀者回函卡

感謝您對橡樹林出版社之支持，請將您的建議提供給我們參考與改進；請別忘了給我們一些鼓勵，我們會更加努力，出版好書與您結緣。

姓名：________________ □女 □男 生日：西元________年

Email：________________________________

●您從何處知道此書？

□書店 □書訊 □書評 □報紙 □廣播 □網路 □廣告 DM □親友介紹

□橡樹林電子報 □其他________

●您以何種方式購買本書？

□誠品書店 □誠品網路書店 □金石堂書店 □金石堂網路書店

□博客來網路書店 □其他________

●您希望我們未來出版哪一種主題的書？（可複選）

□佛法生活應用 □教理 □實修法門介紹 □大師開示 □大師傳記

□佛教圖解百科 □其他________

●您對本書的建議：

____

____

____

____

____

非常感謝您提供基本資料，基於行銷及個案管理或其他合於營業登記項目或章程所定業務需要之目的，家庭傳媒集團（即英屬蓋曼群商家庭傳媒股份有限公司城邦分公司、城邦文化事業股份有限公司、書虫股份有限公司、墨刻出版股份有限公司、城邦原創股份有限公司）於本集團之營運期間及地區內，將不定期以MAIL訊息發送方式，利用您的個人資料於提供讀者產品相關之消費與活動訊息，如您有依照個資法第三條或其他需服務之業務，得致電本公司客服。

我已經完全瞭解左述內容，並同意本人資料依上述範圍內使用。

________________（簽名）

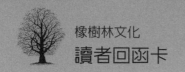